ジェームズ・C・スコット

反穀物の人類史

国家誕生のディープヒストリー

立木勝訳

みすず書房

AGAINST THE GRAIN

A Deep History of the Earliest States

by

James C. Scott

First published by Yale University Press, 2017

深まるアントロポセンへと向かう孫たちに

リリアン・ルイス
グレイム・オーウェル
アーニャ・ジュリエット
エズラ・デーヴィッド
ウィニフレッド・デイジー

クロード・レヴィ＝ストロースは書いている。

文字は、中央集権化し階層化した国家が自らを再生産するために必要なのだろう。……文字というのは奇妙なものだ。……文字の出現に忠実に付随していると思われる唯一の現象は、都市と帝国の形成、つまり相当数の個人の一つの政治組織への統合と、それら個人のカーストや階級への位(くらい)付けである。……文字は、人間に光明をもたらす前に、人間の搾取に便宜を与えたように見える。

反穀物の人類史

目次

はじめに

この本は不法侵入者による偵察報告のようなものだ。まずは事情を説明させてほしい。わたしはハーバード大学で２０１１年に開催されるタナー講義〔「人間の価値についてのタナー講義 Tanner lectures on Human Values」。アメリカの学者オバート・クラーク・タナーが創始した人文学の記念講義。英米の有力大学で開催される〕を２講座受け持つよう依頼された。分不相応な依頼ではあったが、難渋した本をようやく仕上げた直後のことで、ひとときの「自由な読書」を楽しめるからと、これといった考えもなく引き受けてしまった。しかし、4カ月後に興味深いものを仕上げるには、いったいなにをすればいいだろう。扱えそうなテーマを探し回るなかで、ここ20年ばかり大学院課程で行ってきた、農耕社会に関する二つのオープニングレクチャーのことが頭に浮かんだ。その講義は、動植物の家畜化・作物化 domestication と最初期国家の農耕構造を扱うものだった。どちらも少しずつ進化はしていたのだが、あまりに時代遅れになっていることもわかっていた。そこで、これを取り上げれば、きっと両方の分野に関する新しい研究に取り組むことができるだろう、少なくとも新しい知識を反映した講義、目の肥えた学生のために少しでも価値ある講義を２本書くことはできるだろうと考えたのだった。

ところが驚くまいことか！　講義の準備をするうちに、自分で知っていると思っていたことが次々とひっくり返され、新しい議論や発見が山ほど出てきたのだ。わたしは、このトピックを正しく扱うには、まず自分がこれをしっかり消化しなければならないと悟った。したがって、当初は多くの一般通念の再検討を試みるつもりだったのに、実際の講義は、むしろ徹底した再検討を要する一般通念がいかに多いかという、わたしの驚きを参加者の心に刻むものとなってしまった。講義のホスト役であるホミ・バーバが選んだ気鋭のコメンテーター3人――アーサー・クラインマン、パルタ・チャタジー、ヴィーナ・ダス――からも、講義のあとのセミナーで、自分の議論がまったく未熟だということを思い知らされた。十分な根拠があって刺激的だと思える原稿ができたのは、それから5年後のことである。

というわけで、この本は、その講義後のわたしの取り組みを反映したものだ。まだまだアマチュアの仕事である。わたしは正式には政治学者であり、ほかに人類学者、環境学者としても認めてもらっているが、今回の取り組みでは、先史学、考古学、古代史学、人類学が交わる地点での作業が要求された。こうした分野のどれについても、これといった専門知識をもたないのだから、思い上がりだと批判されてもしかたがない。不法侵入の口実は――全部合わせても不法侵入そのものを正当化するものにはならないかもしれないが――三つある。第一に、わたしには専門知識に素人の目を持ち込めるという強み（?）がある。それぞれの分野の綿密な議論にどっぷり浸かっている専門家とは違って、わたしのような門外漢は過去20年ほどの新知識にあまり注意を払ってきていないので、動植物の家畜化・作物化についても、定住についても、初期の人口中心地についても、そして最初期の国家群についても、さまざまな仮定を未検証のまま当然視してしまいがちだ。わたしはそうした地点からスタートした。その点で、わたしの無知とそこからくる驚きは――知っていると思っていたことの多くが間違いだったことにわたしは瞠目した――同じ誤った概念を抱いて読み始めてくれる人たちのために書くという意味で、ひとつのアドバンテージになるのではないだろうか。第二に、わたしは消費者として、こうした課題に関係する生物学、疫学、考古学、古代史学、人口統計学、環境史の近年の知識と議論を理解することに、意識的に努めた。そして最後に、わたしは自身の過去20年の背景を——『国家のまなざし *Seeing Like a State*』〔未邦訳〕では近代国家権力の論理を、また『ゾミア *The Art of Not Being Governed*』では、国家に吸収されることをつい最近まで回避してきた（とりわけ東南アジアの）無国家民の実践を理解しようとしてきたことを——持ち込んでいる。

　したがってこの本は、自意識過剰な派生的プロジェクトだといえる。独自に新たな知識を生み出すものではなく、せいぜいが、既存の知識の「点と点を結ぶ」ことで新たな光を投げかけるか、なにかのヒントを提示する程度のものだ。わたしたちの理解は過去数十年ほどで驚くほど進歩し、メソポタミア沖積層など各地の最初の「文明」について、これまでわかっていると思っていたことが劇的に改訂されたり、完全に書き換えられたりしてきている。わたしたちは——ともかくもわたしたちの大半は——動植物の家畜化・作物化が定住と固定した畑での農業に直接つながったと考えていた。しかし今では、定住は動植物の家畜化・作物化よりずっと早かったこと、そして定住も家畜化・作物化も、農耕村落らしきものが登場する少なくとも４０００年前には存在していたことがわかっている。定住と最初の町の登場は、ふつうは灌漑と国家が影響したものだと見られていた。これも今はそうではなく、たいていは湿地の豊穣の産物だということがわかっている。また、定住と耕作がそのまま国家形成につながったと考えられていたが、国家が姿を現したのは、固定された畑での農耕が登場してからずいぶんあとのことだった。さらに、農業は人間の健康、栄養、余暇における大きな前進だという思い込みがあったが、初めはそのほぼ正反対が現実だった。以前は、国家と初期文明はたいてい魅力的な磁石として見られ、その贅沢、文化、機会によって人びとを引きつけたと考えられてきた。実際には、初期の国家はさまざまな形態での束縛によって人口を捕獲し、縛りつけておかなければならず、しかも群集による伝染病に悩まされていた。初期の国家は脆弱ですぐに崩壊したが、それに続く「暗黒時代」には、実は人間の福祉が向上した跡が見られることが多い。最後に、たいていの場合、国家の外での生活（「野蛮人」としての暮らし）が、少なくとも文明内部の非エリートと比べれば、物質的に安楽で、自由で、健康的だったことを示す強い証拠がある。

この本で述べたことが、動植物の家畜化・作物化についても初期国家の形成についても、あるいは初期国家とその後背地の人びととの関係についても、決定的なものになるなどという幻想はまったく抱いていない。わたしの目標は二つある。一つめは控えめな目標で、こうした問題について現時点での最高の知識を凝縮し、それが国家形成について、および国家という形態が人間と生態系に与えた影響について、示唆しているものを提示することだ。これは、それ自体が難しい注文なので、わたしはチャールズ・マンの『１４９１』やエリザベス・コルバートの『6度目の大絶滅』が設定したこのジャンルの標準に倣うようにした。二つめの目標は――といっても、これは各分野を専門としてそれぞれのテーマを追求している「ネイティヴ・トラッカー」のあずかり知らぬことなのだが――なにか「考えるよいきっかけ」になりそうな、従来の枠を越えた、暗示的な意味合いを引き出すことだ。そこでわたしは、domestication という用語を最大限に拡張し、これを「再生と繁殖の管理」として理解したうえで、火、植物、動物だけでなく、広い意味での〈飼い馴らし〉として、奴隷、国家の臣民、そして家父長的家族における女性にも適応することを提案する。また、穀物には希有な特徴があって、ほぼあらゆる場所で、初期国家の建設に不可欠な主要課税作物になったという考えも提出したい。さらには、初期国家の人口統計学的な脆弱性における（感染性）群集疾患の重要性がずいぶんと過小評価されてきたのではないかと考えている。多くの歴史家と違ってわたしは、初期国家の中心部が頻繁に放棄されたのは、文明の崩壊を示す「暗黒時代」ではなかったのではないか、そこに暮らす人びとにとっては、むしろ健康面、安全面での恩恵だったのではないかと考えている。そして最後に、最初の国家が樹立されてから数千年にわたり、国家の中心部に含まれず、外界に留まった人びとについても、彼らは条件がよかったからそこに残った（またはそこに逃げ込んだ）のではないのかと問いかける。こうした推測は、どれもわたしが証拠を読み込んで引きだしたもので、あえて物議を醸すことを意図したものだ。これが刺激となって、いっそうの考察と調査が行われることを望んでいる。自分でも困惑しているところについては、素直にそれを示すようにしたし、証拠が薄弱で推測になってしまったところでは、それも示しておくようにした。

地理と歴史学的な時代区分についても少し述べておくのがいいだろう。焦点はほぼすべてメソポタミアで、とくに現在のバスラ以南の「南部沖積層」に絞っている。理由は、ティグリス川とユーフラテス川に挟まれたこの地域（シュメール）に、世界最初の「原始」国家が集中しているからだ（ただし、ここは最初の定住が行われた土地ではないし、最初の栽培作物の証拠が発見された場所でもない。都市の原型となる最初の町が現れたところですらない）。わたしが扱う歴史上の時期は（domestication の深層史（ディープヒストリー）を除けば）紀元前６５００年頃に始まるウバイド期から、古バビロニア時代の終わる紀元前１６００年頃までで、慣習的な下位区分は以下の通りである（早い時期については議論もある）。

ウバイド期（紀元前６５００—３８００年）
ウルク期（紀元前４０００—３１００年）
ジェムデト・ナスル期（紀元前３１００—２９００年）
初期王朝時代（紀元前２９００—２３３５年）
アッカド期（紀元前２３３４—２１９３年）

ウル第三王朝時代（紀元前２１１２―２００４年）
古バビロニア時代（紀元前２００４―１５９６年）

現時点でわたしが提出する証拠の大半は、紀元前４０００年から紀元前２０００年の時期に関わるものだ。理由は、これが国家形成の重要な時期に当たり、しかも既存研究の大半がこの時代に集中していることによる。

これ以外では、中国の秦・漢王朝、初期エジプト、古典期のギリシア、ローマの共和国と帝国、さらには新世界の初期マヤ文明といった初期国家にも、必要に応じて簡単に言及している。このように世界をめぐるのは、メソポタミアでの証拠が薄弱だったり議論があったりした場合に、この「三角測量」による比較を基礎に、さまざまなパターンに関して根拠のある推測をすることが目的だ。これがとくに当てはまるのは、初期国家での不自由労働の役割、国家崩壊における病気の重要性、崩壊の影響、そして最後に、国家とその周辺の「野蛮人」との関係である。

わたしを待ち受けていた――そしてきっとこの本の読者をも待ち受けている――驚きの数々を説明するためには、馴染みのない専門領域に踏み込んでいかなければならない。これについては、信頼できる多くの「ネイティヴ・トラッカー」を頼った。これが獲物の横取りに当たるかどうかは問題にはならない――わたしは意図して横取りしている！　問題は、最も経験豊富な、慎重な、旅慣れた、信頼できるネイティヴ・トラッカーから横取りしているかどうかだ。ここで一部だけだが、最も重要なガイド役の名前を挙げておきたい。これには、わたしの進むべき道を発見するうえで彼らの叡智が大いに助けになったことを伝えるとともに、その限りにおいて、彼らをこの企ての共犯者に仕立てるという意味もある。まずは考古学とメソポタミア沖積層のスペシャリストとして、ジェニファー・パーネル、ノーマン・ヨフィー、デーヴィッド・ウェングロウ、セス・リチャードソンを挙げておく。いずれも並はずれた寛容さを発揮して、貴重な時間と重要なアドバイスを提供してくれた。ほかにも、以下の方々の研究からインスピレーションを得た——ジョン・マクニール、エドワード・メリロ、メリンダ・ジーダー、ハンス・ニッセン、レス・グルーベ、ギレルモ・アルガゼ、アン・ポーター、スーザン・ポーロック、ドリアン・Q・フラー、アンドレア・セリ、テート・ポーレット、ロバート・マック・アダムズ、マイケル・ディートラー、ゴードン・ヒルマン、カール・ジャコビー、ヘレン・リーチ、ピーター・パーデュー、クリストファー・ベックウィズ、シピリアン・ブラッドバンク、オーウェン・ラティモア、トマス・バーフィールド、イアン・ホッダー、リチャード・マニング、K・シヴァラマクリシュナン、エドワード・フリードマン、ダグラス・ストーム、ジェームズ・プロセク、アニケット・アガ、サラ・オステルフート、パドリアク・ケニー、ガーディナー・ボーヴィンドン、ティモシー・ペチョラ、スチュアート・シュヴァルツ、アナ・チン、デーヴィッド・グレイバー、マグヌス・フィスケショ、ヴィクター・リーバーマン、ワン・ハイチェン、ヘレン・スー、ベネット・ブロンソン、アレックス・リヒテンシュタイン、キャシー・シュフロ、ジェフリー・アイザック、アダム・T・スミス（順不同）。とりわけジョー・マニングには深く感謝している。マニングは、穀物と国家に関するわたしの主張の主要部分を先取りする著作をものしながら、持ち前の知的寛大さをさらに広げて、その題名（*Against the Grain*）をこの本のメインタイトルとして盗用することを認めてくれた。

見通しについて臆するところは少しもなかったのだが、それでも、まずは考古学者や古代史の専門家の前で自分の主張を披露してみた。わたしの話に聴き入ってくれた忍耐と有益な批判に感謝したい。初期の改訂を押しつけた相手としては、２０１３年にヒルデール講義を行った際に参加してくれたウィスコンシン大学の多くの元同僚をはじめ、２０１４年にシカゴ大学で開催された「古代国家におけるインフラパワーと独裁権力」に関する会議に招いてくれたクリフォード・アンドーとその同僚、そして、２０１６年にユニバーシティ・カレッジ・ロンドンの考古学研究所でゴードン・チャイルド講義を行う機会を与えてくれたデーヴィッド・ウェングロウとスー・ハミルトンに感謝したい。さらに、ユタ大学（O・メレディス・ウィルソン講義）、ロンドン大学東洋アフリカ研究学院（百周年記念講義）、インディアナ大学（パッテン講義）、コネティカット大学、ノースウェスタン大学、フランクフルト大学、ベルリン自由大学、コロンビア大学法理論ワークショップ、オーフス大学でも、わたしの主張を部分的に提示した（そしてずたずたに切り刻まれた！）。おかげで、そのために有給休暇をとって追加の調査と著述に取り組むという贅沢を楽しませてもらった。とりわけデンマークの同僚たち――ニルス・ブバント、ミーケル・クラフス、クリスチャン・ルンド、ニールス・ブリムス、プレブン・カールスホルム、ボディル・フレデリクソン――の知的寛容さに、またわたしの学びを深めてくれた洞察に、格別の感謝を申し上げる。

これまでに、どこの誰も、アニッキ・ハーラナンほど価値のある、しかも知的な面では決して容赦しないリサーチアシスタントを得た者はいないだろう。今は人類学者としてのキャリアをスタートさせているアニッキが毎週のように並べてくれる豪華版の「テイスティング・メニュー」には、最高の料理に到達する間違いのないガイドが添えられていた。ファイザ・ザカリアは、この本に収録する写真の使用許可をどこまでも追い求め、ビル・ネルソンは、読者を正しい方向に導く地図、図表、樹状グラフを巧みに描き上げてくれた。最後に、イェール大学出版局編集部のジーン・トムソン・ブラックは、わたしをはじめとする多くの著者が同出版局に忠誠心を抱く理由そのものである。その仕事の質の高さ、心遣い、能率は、誰もがかくあれかしと望まずにはいられない、希有な水準のものだ。また、最終原稿での誤りや不適切さや矛盾を可能なかぎりゼロにすることについて、まさに頼れる「用心棒」だったのがダン・ヒートンである。しかしその完璧さへの執着も、彼の不屈の精神と持ち前のユーモアによって楽しいものとなった。というわけで、読者には、あらゆる手は尽くされたと思ってもらって構わない。それでも残った欠陥については、言い逃れの余地なく筆者の責任である。

序章

ほころびだらけの物語——わたしの知らなかったこと

いったいどんな経緯があって、ホモ・サピエンス・サピエンスはこんな暮らし方をするようになったのだろう。定住コミュニティに密集した状態で、飼い馴らされた家畜とわずかな種類の穀物と一緒に、いま国家とよばれているものの祖先に支配されて暮らすようになったのは、種としての歴史のうちの、ごく最近になってからだ。この新奇な生態的・社会的複合体は、わたしたちの種の歴史が文字で記録されるようになってからずっと、ほぼすべての鋳型となってきた。この鋳型は、人口の増加、水力および通気力、帆走船、そして長距離交易によって大きく増強されながら、化石燃料の利用まで、６０００年以上をかけて広がってきた。この本を書く原動力となっているのは、農業を基礎とするこの生態学的複合体の起源と構造、そしてその影響についての好奇心だ。

このプロセスは、一般に進歩の物語、文明と公的秩序の物語、そして健康と余暇の増進増加の物語として語られてきた。しかし現時点でわかっていることから考えて、こうした物語の多くは間違いか、そこまででないにしても、きわめて誤導的だ。この本の目的は、過去20年にわたる考古学、歴史学研究の進展からわたしが学んできたことを基に、そうした物語に疑問を投げかけることにある。

メソポタミアで最初の農業社会、農業国家が誕生したのは、わたしたちが種としてこの惑星に残してきた歴史のうちの、最後の5パーセントに入ってからだ。この尺度でいけば、18世紀末に始まる化石燃料の時代は、種としての歴史の1パーセントの、さらに4分の1にすぎない。それなのにわたしたちは、地球環境に残してきたうちの、この最後の時代の足跡にばかり目を奪われがちだ。しかも、その傾向はどんどん強まっている。理由は驚くほど明白だ。人類による影響がどれほど巨大なものになっているかは、いわゆる「人新世（アントロポセン）」をめぐって活発な議論があることからもわかる。これは地質学上の一時代をさす新語で、人類の活動が世界の生態系と大気に決定的な影響を及ぼすようになった時代を意味している。[1]

人類の活動が現在の生態圏に決定的な影響を及ぼしていることに疑いはないが、いったいいつそれが決定的になったのかについては議論がある。最初の核実験が行われ、永続的かつ検出可能な放射能の層が全世界に広がってからだとする考えもある。アントロポセンの時計の動きだしを、産業革命と化石燃料の大規模使用に合わせる説もある。ほかにも、時計が動きだしたのは産業社会が景観を劇的に変容させるツール――ダイナマイト、ブルドーザー、鉄筋コンクリート（とくにダム用）など――を獲得したときだという主張もできるだろう。この三つの候補のうち、産業革命はほんの200年前のことだし、あと二つはまだ大半の存命者の記憶に残っている。わたしたちの種が生まれてからおよそ20万年だから、そのスパンで考えれば、アントロポセンはまだ始まったばかりということになる。

わたしはこれに替わるものとして、歴史的にもっと遠い出発点を提案したい。環境への影響の質的量的な飛躍という前提を受け入れたうえで、アントロポセンは火の使用から始まったとするのはどうだろう。火は、景観形成（もしくはニッチ構築）のためにヒト科（ホミニド）動物が最初に用いた偉大なツールだ。火の使用の証拠は少なくとも40万年前にさかのぼるから、使用自体はもっと早くて、ホモ・サピエンスの登場よりずっと前のはずである。[2] 次に、約1万2000年前に永続的な定住、農業、牧畜が登場したことで、人類による景観変容はさらなる飛躍を遂げた。ホミニドの歴史的な足跡に注目するのなら、近年の爆発的な「濃い」アントロポセンのずっと前の、この時点に「薄い」アントロポセンを認めてもよいのではないだろうか。「薄い」というのは、この時代には、こうした景観形成のツールを使うホミニドがごくわずかしかいなかったことが大きい。紀元前1万年頃の人口は、世界全体でもせいぜい200万から400万で、今の数千分の一もなかったからだ。そしてもうひとつ、近代以前の決定的な制度的発明といえるものがある。それは国家だ。最初期の国家がメソポタミアの沖積層に生まれたのは、どんなに早くても約6000年前だから、この地域で農業と定住が行われたことを示す最初の証拠より数千年も新しい。しかし国家ほど、自身の利益のために景観修正のテクノロジーを動員してきた制度はほかにない。

そこである感覚が要求してくる——わたしたちが定住し、穀物を栽培し、家畜を育てながら、現在国家とよんでいる新奇な制度によって支配される「臣民」となった経緯を知るために、深層史（ディープ・ヒストリー）を探れ、と。わたしは、歴史学ほど破壊的な学問分野はないと思っている。歴史学は、今わたしたちの多くが当然視しているものについて、それがどんな経緯でそうなったかを語ることができるからだ。深層史の魅力は、たとえば産業革命、最終氷期極大期、あるいは中国・秦王朝の形成に至った多くの偶発事件を明らかにすることによって、長期持続 la longue durée の歴史を発見できるところにある。これは、フランス・アナール学派の初期世代が公的事象の年代記に代わって探求したものに対応する。しかし現代の「深層史」探求は、アナール学派からさらに進んで、種の歴史にまで及ぶことが多い。それが、わたし自身を含めた今の時代精神（ツァイトガイスト）だからだ。そしてこの時代精神は、あの「ミネルヴァのフクロウは夕闇に飛ぶ」という公理の、まさに実例でもあるのである[3]〔ヘーゲルが『法の哲学』の序文で述べたことば。ミネルヴァはローマ神話の智恵の女神で、肩に乗せたフクロウは知性を象徴する。多くは、学問は歴史の終末期にならなければ事象の真理を見出せないという意味に解される〕。

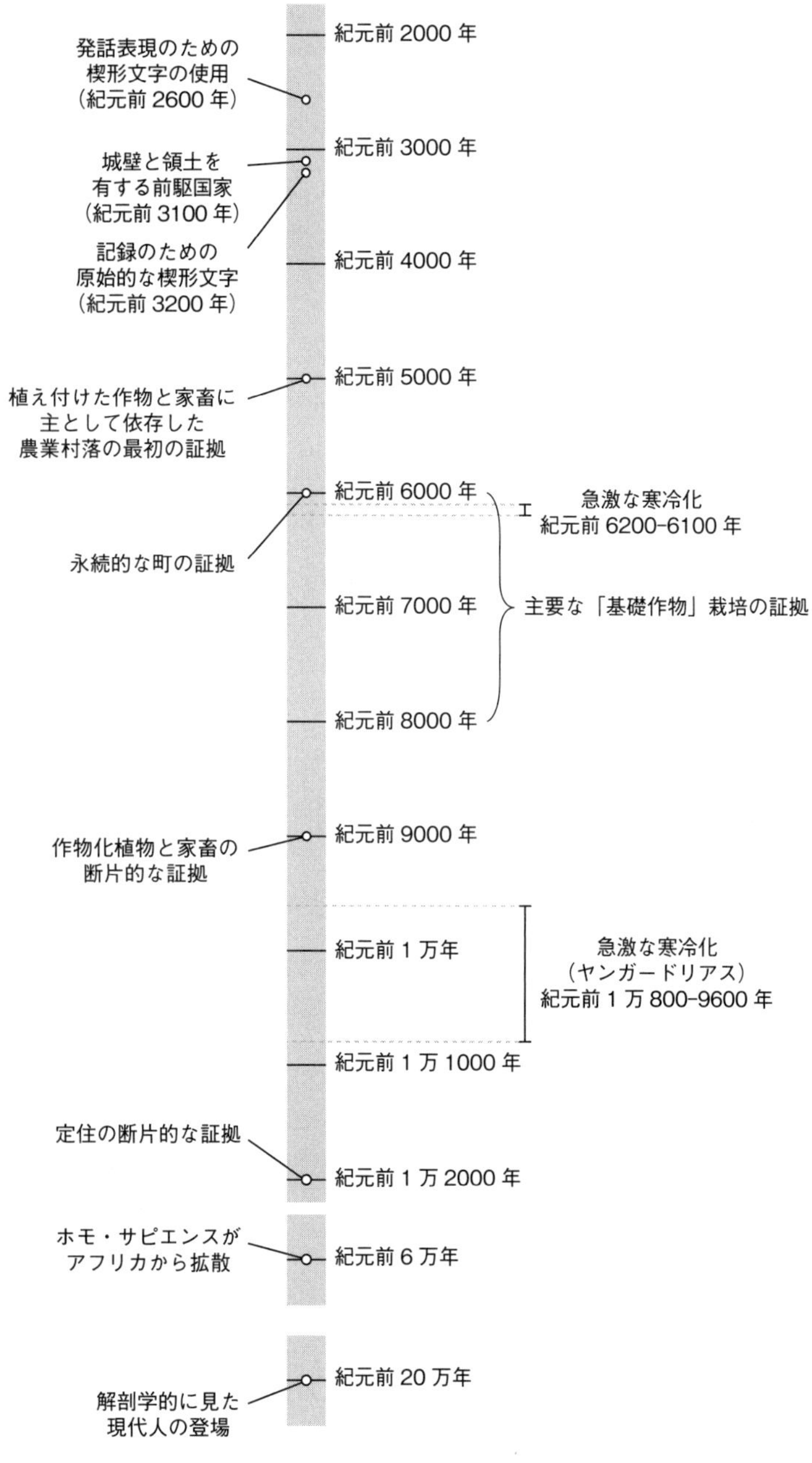
紀元前 2000 年
発話表現のための
楔形文字の使用
（紀元前 2600 年）
紀元前 3000 年
城壁と領土を
有する前駆国家
（紀元前 3100 年）
記録のための
原始的な楔形文字
（紀元前 3200 年）
紀元前 4000 年
紀元前 5000 年
植え付けた作物と家畜に
主として依存した
農業村落の最初の証拠
紀元前 6000 年
急激な寒冷化
紀元前 6200-6100 年
永続的な町の証拠
紀元前 7000 年
主要な「基礎作物」栽培の証拠
紀元前 8000 年
紀元前 9000 年
作物化植物と家畜の
断片的な証拠
紀元前 1 万年
急激な寒冷化
（ヤンガードリアス）
紀元前 1 万 800-9600 年
紀元前 1 万 1000 年
定住の断片的な証拠
紀元前 1 万 2000 年
ホモ・サピエンスが
アフリカから拡散
紀元前 6 万年
紀元前 20 万年
解剖学的に見た
現代人の登場

図 1　年表：火から楔形文字まで

国家と文明の物語のパラドックス

国家形成にまつわる根本的な疑問は、わたしたちホモ・サピエンス・サピエンスがいったいどういう経緯でこんな暮らし方——作物化・家畜化された植物と動物、および人間による前例のない集住——をするようになったのかということだ。そして、この暮らし方は国家の特徴でもある。こうした幅広い視点で考えると、国家という形態はどう見ても自然ではないし、既定のものでもない。ホモ・サピエンスがひとつの亜種として登場したのは約20万年前で、アフリカを出てレヴァント地方に姿を見せたのは、どんなに早くても6万年前だ。植物栽培と定住コミュニティの最初の証拠が現れたのはおよそ1万2000年前だった。それまでは——すなわち地上での経験の95パーセントは——人類は小さな、移動性の、分散した、比較的平等な、狩猟採集民の小集団（バンド）で暮らしていた。国家という形態に関心のある者にとってさらに驚きなのは、ティグリス川とユーフラテス川の流域に、小規模で、階層化した、税を集める、壁をめぐらせた国家が初めて生まれたのがやっと紀元前3100年頃だったこと、つまり、作物栽培と定住が始まってから4000年以上もあとだったことだ。この大きなタイムラグは、国家という形態を自然発生的なものと考える理論家を悩ませている。こういう人たちは、作物栽培と定住はそれぞれ国家形成のための技術上、人口統計学上の要件であり、それが確立しさえすれば、論理的かつ最も効率的な政治秩序の単位として、直ちに国家ないし帝国が生じてくると決めつけているからだ。(4)

こうした生の事実は、筆者を含めたわたしたちの大半がよく考えもせずに継承してきたバージョンの人類先史時代にとって、悩ましい問題となる。歴史時代に入ってからの人類は、最初の偉大な農業王国が編んだ

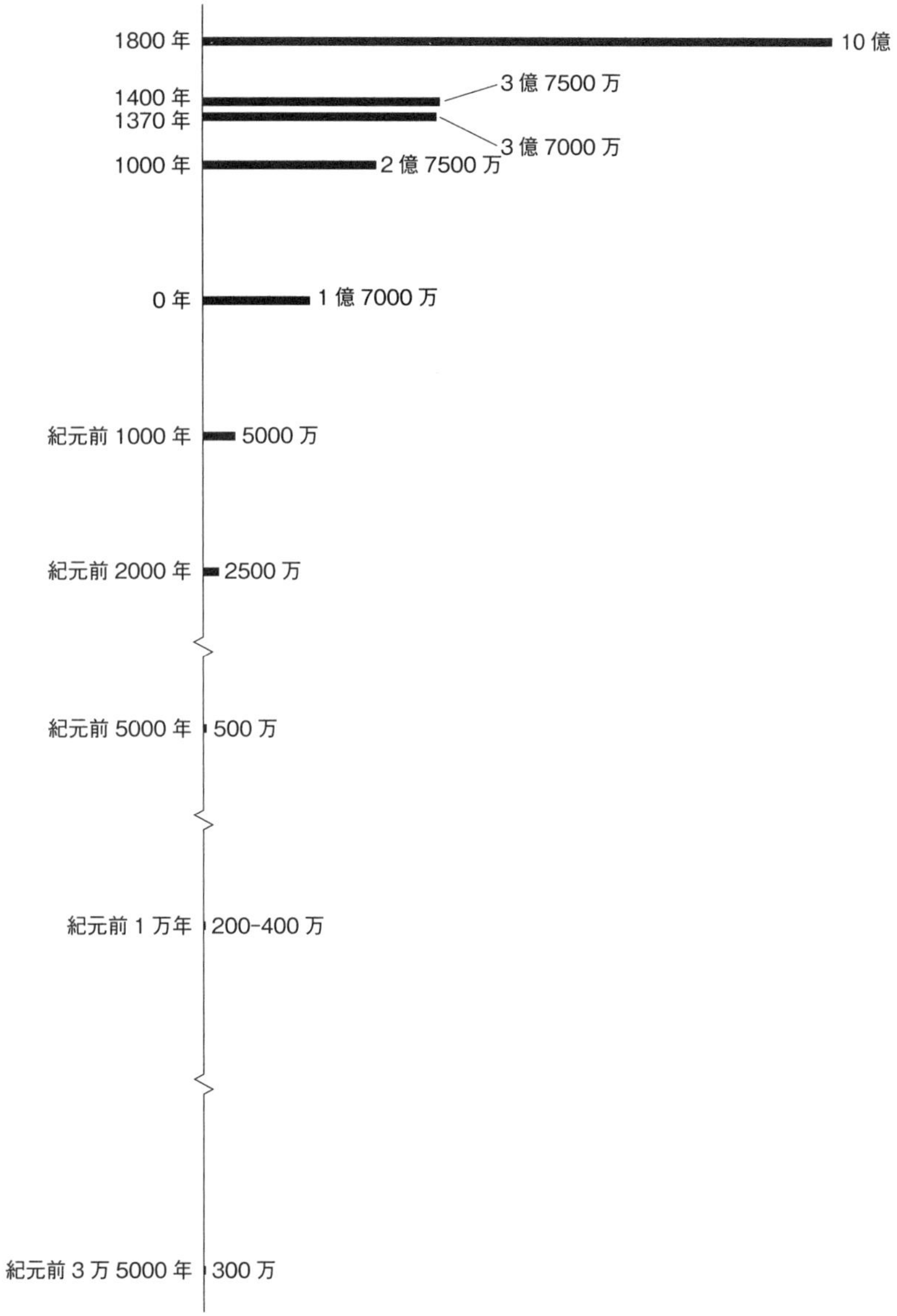

図2　古代世界の推定人口

進歩と文明の物語によって、催眠術にかけられてきた。新しい、強力な社会としての初期王国は、自身の起源である人びと、当時もなお辺境から手招きし、かつ脅威でもあった人びとから、自分たちを可能な限り区別しようとした。それは本質的に「人類の向上」の物語だった。そこでは農業が、狩猟採集民や遊牧民による未開で、野生の、原始的な、無法の、暴力的な世界に取って替わったとされた。その一方では、固定した畑の作物が、定住生活の、公式宗教の、社会の、そして法による支配の源泉となり、保障となった。農業の採用を拒絶した人びとは、無知だったからか、そうでなければ適応できなかったからそうしたのだとされた。初期の農業環境のほぼすべてには、農業の優位性を裏書きする神話があって、強力な神または女神が、選ばれた民に、聖なる穀物を委ねるいきさつが巧みに語られている。

　ここには、固定された畑での農耕が、先行するどの生業形態よりも優れた、魅力的なものだという基本的な前提がある。しかし、ひとたびこの基本を疑いはじめると、この前提そのものが、さらに深いところに埋め込まれた、ほとんど疑問視されたことのない前提に依存していることが明らかとなる。それは、定住生活そのものが、移動性の生業形態よりも優れた、魅力的なものだという前提だ。文明の物語に登場するドムス〔一戸建ての住宅〕や固定住居の位置づけは、非常に深いところにまで入り込んでいるので、わたしたちの目には見えない。まさに、魚は水を語らず、だ。わたしたちは、疲れ果てたホモ・サピエンスは待ちかねたように腰を落ち着けて永住し、数十万年におよぶ移動と周期的転居の生活を喜んで終わらせた、と単純に思い込んでいる。しかし、移動民が至るところで——ときにはその方が好ましい環境の下ですら——永続的な定住に頑強に抵抗したことを示す膨大な証拠がある。遊牧民や狩猟採集民が永続的な定住と戦ってきたのは、これを病気や国家支配と結びつけて捉えたからで、その考えは往々にして正しかった。多くのネイティヴ・アメリカンが居留地に押し込められたのも、軍事的に敗北した部族に限ってのことで、それ以外は、ヨーロッパ人との接触がもたらした歴史的な機会を捉えて、スーやコマンチのように馬上の民となって狩猟や交易や略奪をするか、ナヴァホのようにヒツジを基礎とする遊牧民になった。大半の人びとは、家畜の群れを追い、食べ物をあさり、海産物を採り、焼畑農業をするなどして移動性の生業形態を実践しつつ、近代的な交易をすばやく取り入れながら、永続的定住と激しく戦った。どれほど控えめに見ても、現代の定住生活で「当然」と思われていることが、人類史をさかのぼっても普遍的に熱望されていたと考える正当な理由はない(5)。

定住と農業についての基本的な物語は、最初にお墨付きを与えてくれた神話よりずっと長く生き続けている。トマス・ホッブズからジョン・ロック、ジャンバッティスタ・ヴィーコ、ルイス・ヘンリー・モーガン、フリードリヒ・エンゲルス、ハーバート・スペンサー、オズヴァルト・シュペングラー、そして社会の進化全般に関する社会ダーウィン主義者の説明まで、狩猟採集から遊牧、農業へ（そしてバンドから村、町、都市へ）という一連の展開が、教義として定着した。こうした見方はユリウス・カエサルの枠組みをほぼなぞるものだ。カエサルは、社会は家族から親族、氏族、民族、国家（＝法の下で暮らす人びと）へと進化するもので、その頂点にはローマがあり、ケルトがいて、その向こうにゲルマンが広がっているとした。細部に違いはあるが、こうした説明は文明の歩みの記録であって、大半の教育でルーチンとして伝えられ、世界中の男女生徒の脳にすり込まれている。ひとつの生業様式から次の様式への移行は鋭角的かつ最終的なものと見られている。ひとたび農業技術を目にすれば、遊牧民や狩猟採集民のままでいたいとは誰も思わない。そこには、一つひとつのステップが人類の幸福にとっての画期的な飛躍だという前提があって、そうした飛躍のたびに余暇が増え、栄養状態が向上し、平均余命が伸び、最後には安定した生活が得られ、それが家政を、そして文明の発展を推進してきたと思い込んでいるのだ。世界の想像力からこの物語を取り除くことはほとんど不可能だし、それを実現するのに必要な「12ステップ回復プログラム」など想像もつかない。しかし、それでもわたしは、ここで小さな一歩を踏み出そうと思う。

結局のところ、積み上がった考古学的証拠を前にすれば、標準的な物語とでもよぶべきものの大半は放棄するしかないことがわかる。以前の前提とはまったく違って、狩猟採集民は――今日なお周縁の避難地に暮らしている人びとにしても――民話に出てくるような、空腹を抱えて明日にも餓死しそうな無法者などではない。実際に、今ほど狩猟採集民が、その食生活、健康、余暇の視点から、優秀だと見られたことはない。反対に、今ほど農耕民が、その食生活、健康、余暇の視点から、劣っていると見られたこともない(6)。近年流行の「石器時代」食は、こうした考古学の知識が大衆文化に漏れ出していることを反映している。狩猟採集から農耕への移行は、緩慢で、途切れがちで、可逆的で、ときには不完全な移行であって、少なくともその利益と同じくらい多くのコストを要した。だから作物の植え付けも、標準的な物語ではユートピア的な現在へ向けた決定的なステップのように思われてきたが、最初にそれを経験した者には決してそうは見えなかったはずだ。聖書でアダムとイヴがエデンの園から追放される物語には、そうした事実が反映していると見る研究者もいるほどだ。

標準的な物語が近年の研究から受けた傷は、わたしには致命的なように思える。たとえば、固定住居（定住）は畑作農業の結果だと考えられてきた。作物が集中と定住を可能にし、国家形成に必要な条件を提供したとされてきたのである。この物語にとっては不都合なことだが、実際には、農耕以前の環境でも、生態学的に豊かで多様な場所――とりわけ魚や鳥、大型狩猟獣の季節ごとの移動ルートに接する湿地――ではふつうに定住が見られた。古代メソポタミア（ギリシア語で「川に挟まれた土地」の意）の南部では、ほぼ農業なしに定住する人びとがあちこちに見られ、住民数が５０００人に達する「町」まであった。また逆の例外もあって、短い収穫期を除いて、作物栽培に移動と分散が伴うこともあった。この最後のパラドックスは、再びわたしたちに警鐘を鳴らす——標準的な物語が暗黙の前提としていること、すなわち、人びとは待ちかねたようにきっぱりと移動を捨てて「定住」したという考えも、やはり誤りなのではないだろうか、と。

おそらく最大の問題は、この物語全体の中心となる文明活動そのものにある。すなわち〈飼い馴らし〉というものが、どこまでいっても把握できないのだ。結局のところホミニドは、ホモ・サピエンスが登場する前から（主として火を使って）植物世界を成形してきている。では、いったいなにをもって飼い馴らしのルビコン川とすればよいのだろう。野生植物の世話をすることだろうか。草抜きをすることだろうか。新しい場所へ移すことだろうか。一握りの種を肥沃な沈泥（シルト）にばらまくことだろうか。点蒔き棒で作った窪みに1、2粒を入れることだろうか。それとも畑を耕すことだろうか。そこには「ア・ハ体験」や「エジソンの電球」のような瞬間はなさそうだ。ジャック・ハーランが示した有名な例にあるように、現在でも、アナトリアで大規模に群生している野生種の小麦からは、石刃鎌を使って3週間で、1家族が1年食べていけるだけの穀物を集めることができる。耕した畑に意図的に種を播くずっと前から、狩猟採集民は、篩（ふるい）、石臼、すり鉢とすりこぎなど、野生の穀物や豆類を加工するためのあらゆる収穫具を作り出していた。(7) わたしのような門外漢には、あらかじめ準備しておいた溝や穴に種を落とすというのが決定的なように思える。果物を食べたあとの堅い種を、野営地の近くの、植物くずが堆肥になっているところに捨てることに——それで多くが発芽してすくすく育つと知っていたにしても——価値があるだろうか。

植物考古学者にいわせると、栽培穀物の証拠は、見つかった穀物に非脆性の軸穂があることと（開花したあとの種子が作るシードヘッドが弾けずに「収穫者を待って」くれるので、初期の耕作者に意識的、無意識的に好まれた）、あとは種子が大型化していることだという。今では、こうした形態学的な変化の起こったのが、穀物が栽培されるようになってからずいぶんあとだったらしいことがわかっている。ヒツジとヤギの完全な家畜化にしても、以前は疑いようのない骨格的証拠と見られていたものが、今は疑問視されるようになっている。こうした曖昧さには二重の意味がある。第一に、単一の作物化イベントの識別が恣意的で的外れなものになってしまう。第二は、きわめて長い「低水準の食料生産」期があったという説が補強されることで、つまりは、完全な野生ではないが全面的に作物化されてもいない植物の時期が長かったということになる。植物作物化についての最も優れた分析では、単一の作物化イベントという概念は破棄される。それに代わる主張は遺伝学的・考古学的な強力な証拠に基づいたもので、栽培のプロセスは最長３０００年にわたって多くの地域で続けられ、それが主要穀物の大半（コムギ、オオムギ、イネ、ヒヨコマメ、レンズマメ）の、多角的で分散的な作物化につながったのだとされている。[8]

こうした考古学上の発見によって標準的な文明物語は切り刻まれてしまうが、その一方で、この早い時期を、現在も継続中の、この本が関心を寄せている長いプロセスの一部として見ることもできるだろう。このプロセスのなかで人類は、植物や動物の生殖機能に介入してその支配を広げてきた。わたしたちは動植物を選択的に繁殖させ、保護し、利用してきた。この主張を拡張すれば、初期の農業国家と、そうした国家による女性、捕虜、奴隷の繁殖への家父長的支配を論じることもできるかもしれない。ギレルモ・アルガゼはこの問題についてさらに大胆に、こう述べている。すなわち〈飼い馴らし〉によって「初期近東の村々は植物を作物化し、動物を家畜化した。一方、ウルの都市制度は人間を家畜化した[9]」のだ、と。

国家の正しい位置づけ

そもそも、こうした国家形成の研究には必ずリスクが伴う。人間に関すること全般をバランスよく語っていけば決して与えないような特権的な地位を、ついつい国家に与えてしまうのだ。わたしとしては、これは避けたい。公平な目で種の歴史を見れば、国家に与えられる役割は、ふつうに認められているよりずっと控えめなものになることはわかっている。

考古学や歴史の記録が国家のことばかりになるのは不思議でもなんでもない。わたしたちは――というのはホモ・サピエンスのことだが――ものごとを一世代かせいぜい数世代の単位で考えることに慣れているから、国家とその管理空間の永続性が、自分たちを条件づける避けがたい定数に思えるのだ。いま国家形態の覇権が徹底していることを別にしても、世界中の考古学や歴史学の大半は国家がスポンサーだから、たいていは自己愛的な自画像が描かれている。こうした制度的なバイアスが組み合わさってできた考古学の伝統は、つい最近まで、主だった歴史的廃墟の発掘と分析で成り立っていた。だから、なにかの記念物を石で造り、廃材を都合よく一カ所に集めておけば、それはきっと「発見」されて古代史のページを支配するようになる。その一方で、木やタケやヨシで造ったものが考古学上の記録に登場することはまずない。建造者が狩猟採集民や遊牧民であれば、生分解性のゴミが景観全体に薄くばらまかれるだけだから、どれだけ数が多くても、考古学の記録からは完全に消し去られてしまうだろう。

ヒエログリフや楔形文字のような文字が歴史記録に登場すると、バイアスはいっそう顕著になる。こうしたものは、税、作業単位、貢納品リスト、王家の系図、建国の神話、法律など、例外なく国家を中心としたテクストだ。これに反する声は書かれていないから、こうしたテクストを穀物に反対する立場から読み解く試みは、英雄的であると同時に、並はずれて困難なものになる。(10) 国家の残したアーカイブは、一般に規模が大きくなるほど、歴史上の王国とその自画像に割くページが多くなっている。

けれど、メソポタミア南部やエジプトや黄河の沖積層の、吹きさらしのシルトの上に最初期の国家が現れたことは、人口統計学的にも地理学的にも、まったくちっぽけなできごとだった。それは古代世界の地図上では単なる染みにすぎなかったし、人口の面からも、四捨五入の範囲に入る程度だった（紀元前２０００年の地球の総人口はざっと２５００万と推定されている）。それは権力の小さな結節点で、周囲には、国家をもたない「野蛮人」とよばれる人びとが暮らす広大な景観があった。シュメール、アッカド、エジプト、ミュケナイ、オルメカ／マヤ、ハラッパ、秦などはあったけれど、世界人口の大半は、国家とその税が容易に及ばないところで長い年月をすごしていた。かといって、国家がはっきりと政治的景観を支配するようになったのはいつかと言われても、正確に答えることはできないし、答えたとしてもかなり恣意的なものになる。大まかな解釈としては、今から４００年前まで、地球の３分の１は狩猟採集民、移動耕作民、遊牧民、独立の園耕民で占められていたのに対して、国家は本質的に農耕民で構成されるので、その範囲は世界にわずかしかない耕作好適地にほぼ限られていたと考えていいだろう。おそらく世界の人口の大半は、国家の証明ともいうべき存在＝徴税官とまったく顔を合わせなかっただろう。多くの（おそらくは大多数の）人びとは、国家の空間を出入りして生業様式を切り換えることができた。国家の締めつけをかわすチャンスは十分にあったわけだ。そこで、明確な国家覇権の時代の始まりを紀元１６００年頃だとすれば、国家が支配してきたのは、わたしたちの種の政治生活の最後の１パーセントのうちの、そのまた最後の10分の2にすぎないことになる。

最初期の国家が現れた例外的な場所にばかり目を向けていると、重要な事実を見失う危険がある。それは、世界の大部分には、つい最近になるまで国家などまったくなかったということだ。東南アジアの古典的な国家はシャルルマーニュの統治とほぼ同時代だから、農耕の「発明」から６０００年以上も経っている。新世界の国家にしても、マヤ帝国を別にすれば、生まれたのはさらに新しい。領土もごく小さかった。その勢力の届く範囲外には、歴史家が部族、酋邦、バンドなどとよぶ「管理されない」人びとがひしめいていた。そうした人びとは、国家主権がまったくないか、あっても消えそうに弱い、名目だけの主権範囲で暮らしていた。

ここで取り上げている国家は、どれもこのうえなく強力な支配をしていたように記述されているのでそう思いがちだが、そんな恐るべき巨大海獣(レビアタン)になるのはごく稀な、しかもごく短いあいだのことだった。ほとんどどの地域でも、王の空位期間や分裂時代、あるいはまったく記録のない「暗黒時代」の方が一般的で、確固とした有効な支配の方が少なかった。ここでもわたしたちは——そしてこれは歴史家も同様だが——ある王朝の樹立やその古典期の記録による催眠術にかかってしまいそうになる。一方、その解体期や乱世にはほとんどなんの記録も残されない。ギリシアの4世紀にわたる「暗黒時代」はまるで読み書きの能力を失ったかのようで、古典時代の膨大な演劇や哲学の文献と比べると、ほとんど空白のページになっている。歴史研究の目的が、わたしたちの崇める文化的な達成を審(つまび)らかにすることだというのなら、これでもまったく問題はない。しかし、それでは国家という形態の脆さや壊れやすさを見逃してしまう。世界の大半では、国家は、勢いが盛んだったときでさえ、季節限定の制度だった。東南アジアではごく最近まで、モンスーンの季節になるたびに、国家が権力を誇示できる範囲はほぼ王宮の城壁まで収縮していた。国家の自己イメージや、標準的な歴史の大半における重要性にもかかわらず、最初に登場してから数千年にわたって、国家は定数ではなく変数だった。それも、大半の人類の生活では、きわめて不安定な存在だったのである。

この本が国家をもたない人びとの歴史だということには、また別の意味もある。わたしたちの関心を引くのは、国家の形成と崩壊のすべての側面だが、そうしたものは不在か、あってもかすかな痕跡しか残さない。気候変動や人口統計学的な変遷、土壌の質、食習慣などの研究では多大な進歩があって、かなり詳しいことがわかるようになってきたが、それでも最初期の国家の多くの側面については、年代順に記録した物理的な遺物も初期のテクストも発見されそうにはない。そのような側面は、潜行性の、ゆっくりとした（しかも、おそらくは象徴的な意味で脅威でもある）プロセスで、言及する価値すらないからだ。たとえば、初期国家の領域から周縁地域への逃亡はかなりふつうのことだったようだが、そうしたことは、臣民に文明の恩恵を施す存在としての国家の物語と矛盾するから、人目にふれない法典で記述されることになる。これはわたしだけの考えではないが、初期国家の脆弱性の大きな要因は病気だったと確信してよさそうだ。しかし、その影響を証明するのは難しい。病気は突然やってくるうえに、ほとんど理解されていなかったからだ。また多くの流行病は、目に見える痕跡を骨に残さない。同様に、奴隷制や束縛、強制再定住がどの程度まで行われたかも証明が困難だ。手枷などがなければ、奴隷の遺体も自由な臣民の遺体も区別はつかない。あらゆる国家の周囲には国家をもたない人びとがいたが、その分散性のゆえに、その興亡、国家との流動的な関係、政治構造についてはほとんどわかっていない。たとえばある都市が焼け落ちたとしても、それが偶然の火事によるものなのか（古代都市は可燃性の素材で築かれたので、どこも失火に悩まされた）、内戦や反乱によるものなのか、それとも外からの襲撃によるものなのか、見わけのつかないことが多いのだ。

わたしとしては、国家の自己表現という光から可能な限り目をそらすよう努めながら、王朝の書き記した歴史が体系的に見過ごしてきたもの、標準的な考古学の技術になじまない、歴史上のさまざまな力を探ってきたつもりである。

手短な行程表

第1章のテーマは火の道具化・植物の作物化・動物の家畜化と、そうした飼い馴らしによって可能となった食料と人口の集中だ。国家形成の対象となるためには、すぐには餓死しないという合理的な予測を抱いた相当数の人間が集まってくる――もしくは集められる――必要がある。こうした飼い馴らしによって自然界は再構成され、食事の範囲は大幅に縮小した。火の道具化は古い祖先であるホモ・エレクトスに始まるが、これが大きな切り札になって、わたしたちは景観を作り変え、食べ物の実る植物（ナッツ類、フルーツ類、ベリー類）が増えるのを助け、新芽を作り出して好ましい獲物を引きつけることができた。火を使って調理することで、それまで消化できなかった多くの植物が食べられるようになったし、吸収できる栄養も増えた。わたしたちは、霊長類を含めたほかの動物と比べると脳が大きくて内臓が小さいが、これは、体外での調理によって消化が助けられたからだと言われている。

穀物（ここではとくにコムギとオオムギ）および豆類の作物化は、集中のプロセスをさらに推し進める。人間と共進化するなかで、栽培品種として、とくに果実（種子）の大きいもの、熟す時期の決まっているもの、脱穀が可能なもの（砕けにくい性質のもの）が選択された。こうした栽培品種はドムスの周囲（農場とその直近の環境）に年ごとに植えられ、凶作の年の保存用として、または日々の主食として、まずまず信頼できるカロリーとタンパク質の供給源となった。家畜動物（この場合はとくにヒツジとヤギ）についても同じ見方ができる。こうした動物は、わたしたちに仕える四本足の（ニワトリ、アヒル、ガチョウの場合は二本足の）献身的な採食者だった。独自の腸内細菌をもつ彼らは、わたしたちには見つけられない植物を見つけ、嚙み砕けない植物を嚙み砕き、消化することができる。しかもそれを、わたしたちに必要かつ消化可能な脂肪やタンパク質のかたちにして――いわば「調理済み」にして――戻してくれる。わたしたちは、繁殖の速さ、閉じこめられることへの寛容さ、従順さ、肉や乳や毛の生産など、わたしたちの望む性質に合わせて、こうした家畜動物を選択的に育てているのだ。

すでに指摘したように、植物の作物化と動物の家畜化は定住に絶対必要というわけではないが、未曾有のレベルでの食料と人口の集中に向けた条件を生み出したことは事実だ。とくに、肥沃な氾濫原ないしレス土壌（黄土）と恒常的な水という環境は、農業生態学的に最も好ましい。そこでわたしは、こうした場所を後期新石器時代複数種再定住キャンプとよんでいる。こうした場所は、国家形成に向けて理想的な条件を提供してくれるのだが、その一方で、狩猟採集よりはるかに多くの重労働が必要なうえ、健康にもまったくよくないことがわかってきている。飢えや危険や抑圧によって強制されたのでなければ、自分からすすんで狩猟採集や遊牧の生活を捨てて農業に専念する者などいるはずがない。

植物を作物化したり動物を家畜化したりして〈飼い馴らす〉という意味の英語 domesticate は、ふつうは直接目的語を取る動作動詞として理解されていて、たとえば「ホモ・サピエンスはイネを作物化し、……ヒツジを家畜化した」などと使われる。しかしこれは、domesticate される側の植物や動物の能動的な行為主体性を見過ごしている。たとえば、どこまでわたしたちがイヌを家畜化したのか、あるいは、どこまでイヌがわたしたちを家畜化したのかは、それほど明確ではない。またツバメやネズミ、ゾウムシ、ダニ、ナンキンムシなどの「片利共生生物」は、再定住キャンプに招かれたのではなく、人間のそばにいれば食べものが手に入って居心地がいいからと、向こうから押しかけてきたものだ。さらに〈飼い馴らし〉の「最高責任者」であるホモ・サピエンスについてはどうだろう。〈飼い馴らされた〉のはむしろホモ・サピエンスの方ではないだろうか。耕作、植え付け、雑草取り、収穫、脱穀、製粉といったサイクルに縛りつけられているうえ（このすべてがお気に入りの穀物のためだ）、家畜の世話も毎日しなければならない。これは、誰が誰の召使いかという、ほとんど形而上学的な問いかけになる——少なくとも、食べるときまでは。

植物と人間、そして動物それぞれにとっての〈飼い馴らし〉の意味を探っていくのが第2章だ。わたしは

〈飼い馴らし〉ということの意味を拡張して、ホモ・サピエンスが自分の望むように環境全体を形作っていこうとする現在進行中の努力、として理解するべきだと主張する（同様の主張をする者はほかにもいる）。しかもそうした努力の影響は、わたしたちが自然界の機能の仕方についてほとんどなにも知らないことから考えて、意図した効果より意図しなかった結果の方が大きいといえるかもしれない。一部では、最初の原爆投下によって放射性物質が世界中に広がったところから濃いアントロポセンが始まったと考えられているが、わたしの考える薄いアントロポセンは、ホモ・エレクトスが火を使い始めた約50万年前に始まり、農業や放牧のための開墾や伐採を通じて拡大し、その結果として森林破壊とシルトの堆積をもたらした。この初期のアントロポセンは、世界の人口が急増して紀元前２０００年に約２５００万に膨れあがった頃から影響が大きくなり、テンポも上がってきている。もちろん「アントロポセン」というレッテルに固執する特段の理由はない。この用語は曖昧なうえに、先に述べたように異論も多い。しかし火と植物、そして草食動物の〈飼い馴らし〉による地球環境への影響については、強く主張するだけの理由が数多くある。

〈飼い馴らし〉は、ドムス周辺の動植物の遺伝子構造と形態を変えてしまった。植物と動物と人間が農業定住地に集まることで新しい、非常に人工的な環境が生まれ、そこにダーウィン的な選択圧が働いて、新しい適応が進んだ。新しい作物は、わたしたちがつねに気をつけて保護してやらなければ生きていけない「でくのぼう」になってしまった。家畜化されたヒツジやヤギについてもほぼ同じことがいえて、どちらも野生種と比べると小柄だし、おとなしい。周囲の環境への意識も低く、性的二形性〔雌雄差〕も小さい。こうした文脈のなかで、わたしは、同様のプロセスがわたしたちにも起こっているのではないかと問いかける。ドムスによって、狭い空間への閉じこめによって、過密状態によって、身体活動や社会組織のパターンの変化によって、わたしたちもまた〈飼い馴らされて〉きたのではないだろうか。また、その道筋はどのようなものだったのだろうか。そして章の最後には、主要穀類というメトロノームに縛りつけられた農耕民の生活世界と狩猟採集民の生活世界とを比較することで、わたしは、農業生活は経験の幅がはるかに狭く、文化的な意味でも儀式的な意味でもずっと貧しいのだと主張していく。

最初期の国家で非エリート層にのしかかった生活の負担が第3章のテーマになる。これは相当に重かった。第一は、先にも指摘した重労働だ。洪水が引いたあとの肥沃な土地に作物を植える氾濫農耕（減水農法）は別かもしれないが、一般に農業は、狩猟採集と比べてはるかに手間がかかる。エスター・ボーズラップらの研究に見られるように、人口圧がかかるか、なにかのかたちで強制されないかぎり、ほとんどの環境では、狩猟採集民が農業に移行する理由などない。農業による第二の大きな、そして予期せざる負担は、密集からくる直接的な疫学的影響だった。この場合の密集には、人間だけでなく、家畜や作物、そしてそれと一緒にドムスへやってきた（またはドムスで発達した）多種多様な寄生虫も含まれる。はしか、おたふく風邪、ジフテリアなど、今ではおなじみの市中感染症は、初期国家で初めて現れたものだ。最初期の国家の大半は、ヨーロッパで紀元1000年までに起こったアントニヌスの疫病やユスティニアヌスの疫病、14世紀の黒死病のような流行病によって崩壊したとみてほぼ間違いない。しかも、もうひとつの疫病があった。それは、つらい農作業に加えて穀物、労働、徴兵というかたちで徴収される、税という名の国家の疫病だ。そんな環境で、初期の国家はどうやって臣民人口を集め、維持し、増やしていったのだろう。一部には、国家形成が可能となるのは、人口が砂漠や山岳地、あるいは敵対的な周縁地域に取り囲まれた環境だけだとする主張もあるほどだ。[11]

第4章はいわゆる「穀物仮説」に割いている。ほぼすべての古典的国家が雑穀を含めた穀物を基礎としていたということは、まさに衝撃的だ。歴史はキャッサバ国家を記録していないし、サゴ〔南洋産のサゴヤシの髄からとれる澱粉〕、ヤマノイモ、タロイモ、プランタン、パンノキ、サツマイモなどの国家もない（もちろん現代の「バナナ共和国」は論外だ）。これはわたしの推測だが、集中的な生産、税額査定、収奪、地籍調査、保存、配給のすべてに適したものは穀物だけだったのだろう。適切な土壌であれば、コムギは臣民を高密度に集中させるのに必要な農業生態を提供してくれる。

対照的に、キャッサバ（別名マニオク、ユカ）は塊茎が地中で育つ。ほとんど世話はいらないし、隠すのも容易で、1年で成熟する。最も重要な点は、地中に放っておいても腐らないので、向こう2年は食べられることだ。国家がキャッサバを欲しいと思えば、現地へ出向いて塊茎を一つひとつ掘り出さなければならない。運ぶためには荷車に積まねばならないが、満載しても価値は低いうえ、重量も大きい。近代以前の「税務署員」の視点から作物を評価すれば、最も好ましいのは主要穀物（なかでも水稲）で、地下茎や塊茎を収穫するイモ類は最低ランクになるだろう。

こう考えてくると、国家の形成が可能となるのは、作物化された穀物が食生活を支配していて、替わるものがほとんどない場合のみということになる。狩猟採集民、焼畑耕作民、海洋採集民などのように、生業がいくつかの食物網にまたがっているあいだは、国家が起こってくることは考えにくい。すぐに査定とアクセスができて、収奪の基礎となる主食がなければ困るのだ。では、昔から作物化されていた豆類はどうだろう。エンドウマメ、ダイズ、ピーナッツ、レンズマメなど、どれも栄養価が高く、乾燥保存が可能だから、徴税作物になるのではないだろうか。この場合の障害となるのは、大半の豆類が無限成長性の作物で、成長しているかぎり実を摘み取ることができる点だ。収穫期が決まっていないと税務署員は困ってしまう。

農業生態学的環境には、すでに穀物畑と人口の集中に「前適応」していたと思えるものもある。これは豊かなシルトと大量の水のおかげなのだが、一方では、そうしたところは国家作りの可能な土地でもある。しかしそのような環境は、初期の国家作りの必要条件ではあっただろうが、十分条件ではなかった。国家にはこうした土地に対する選択的親和性があるのだといえるだろう。一方、先に挙げたいくつかの前提とは対照的に、人口を集中させる手段として灌漑を発明したのは国家ではない。ましてや植物の作物化はまったく違う。どちらも国家以前の人びとが達成したことだ。しかし多くの国家は、ひとたび確立されてからは、権力の基盤である農業生態学的環境を維持、増強、拡大していった。いわば「国家による景観の修正」だ。これには、シルトで塞がった水路の補修、新たな引込水路の掘削、耕作可能地への戦争捕虜の植民、耕作しない臣民への懲罰、焼畑や狩猟採集など課税対象とならない生業活動の禁止、さらには臣民の逃亡を予防する試みなどが含まれる。

わたしは、大半の初期国家を特徴づける農業経済上のモジュールのようなものがあると考えている。問題となる穀物は、コムギでもオオムギでもコメでもトウモロコシでも構わない。この四つの作物は今も世界のカロリー消費の半分以上を占めているが、そこに見られるパターンはどれも家族的な類似を見せている。初期の国家が腐心したのは、課税可能な穀物を栽培する、見た目にわかりやすい、整然とした、ほぼ画一的な景観を作り出すことであり、その土地に大規模な人口を維持して、賦役や徴兵、そしてもちろん穀物生産に当たらせることだった。こうした目的は、生態学上、疫学上、政治上の多くの理由によって達成されないことが多い。しかし国家にとっては、これが見果てぬ夢なのだ。

注意深い読者なら、この時点で疑問を抱くかもしれない――それにしても、国家とはなんなのだ、と。わたしが考えているのは初期メソポタミアの、国家になりつつある頃の政体群だ。つまり、わたしは「国家らしさ」を制度的な連続体として捉えていて、あれかこれかという陳述ではなく程度で判断するべきものだと思っている。ある政体に王と専任の行政スタッフがいて、社会的階級があり、記念碑的なセンターがあって、市が城壁で囲われ、税の徴収と分配が行われていれば、それはもちろん、この用語の強い意味での「国家」になる。そのような国家が登場するのは紀元前３０００年代の最後の数世紀のことで、遅くとも紀元前２１００年頃のメソポタミア南部には、ウル第三王朝による強力な地域政体があったことが十分に証明されているようだ。それ以前にも、かなりな人口を抱え、通商を行い、職人が暮らす、町の集合体のような政体はあったが、こうした特徴が「国家らしさ」の強い定義をどこまで満たすかについては議論の余地があるだろう。

すでに明らかとは思うが、わたしが地理的に注目するのはメソポタミア南部の沖積層が中心となる。理由は単純で、ここで最初の小規模国家が興ったからだ。こうした国家について述べるときは、ふつう「原始的な」という形容詞が使われる。定住や作物化された穀物はもっと早くからほかの場所（たとえばイェリコ、レヴァント地方、さらには沖積層の東の「側翼丘陵」）で見られるが、こうしたところに国家は興らなかった〔本来の側翼丘陵は肥沃な三日月地帯を囲む丘陵地帯のことで、レヴァントの高地地域からトルコ南部のトロス山脈、およびイラン高原南西部のザグロス山脈を含む〕。それに対してメソポタミアの国家形態は、のちのエジプト、メソポタミア北部、さらにはインダス川流域での国家作りにも影響を及ぼしている。こういった理由から、また、現存する楔形文字の粘土板やこの地域に関する膨大な学問研究が助けとなることからも、わたしはメソポタミアの国家群に焦点を絞っている。もちろん、類似や対比が顕著で、かつ適切な場合には、中国北部、クレタ、ギリシア、ローマ、マヤでの初期国家作りにも言及していくつもりだ。

国家が興るときは生態学的に豊かな地域で興る、と言いたい人もいるだろう。しかしこれは誤った理解につながる。必要なものは富だ。そしてその富は、収奪と測定が可能な主要穀物と、それを育てるための、管理と動員が容易な人口というかたちをとる。湿地など、非常に豊かだが多様性に富んだ地域は、移動性の人びとに生業の選択肢を数多く提供してくれるが、そうした選択肢は、判別が難しく、多様なうえに、それぞれが一過性なので、国家を作ろうとしてもうまくいかない。「査定とアクセスが可能な穀物と人間」という

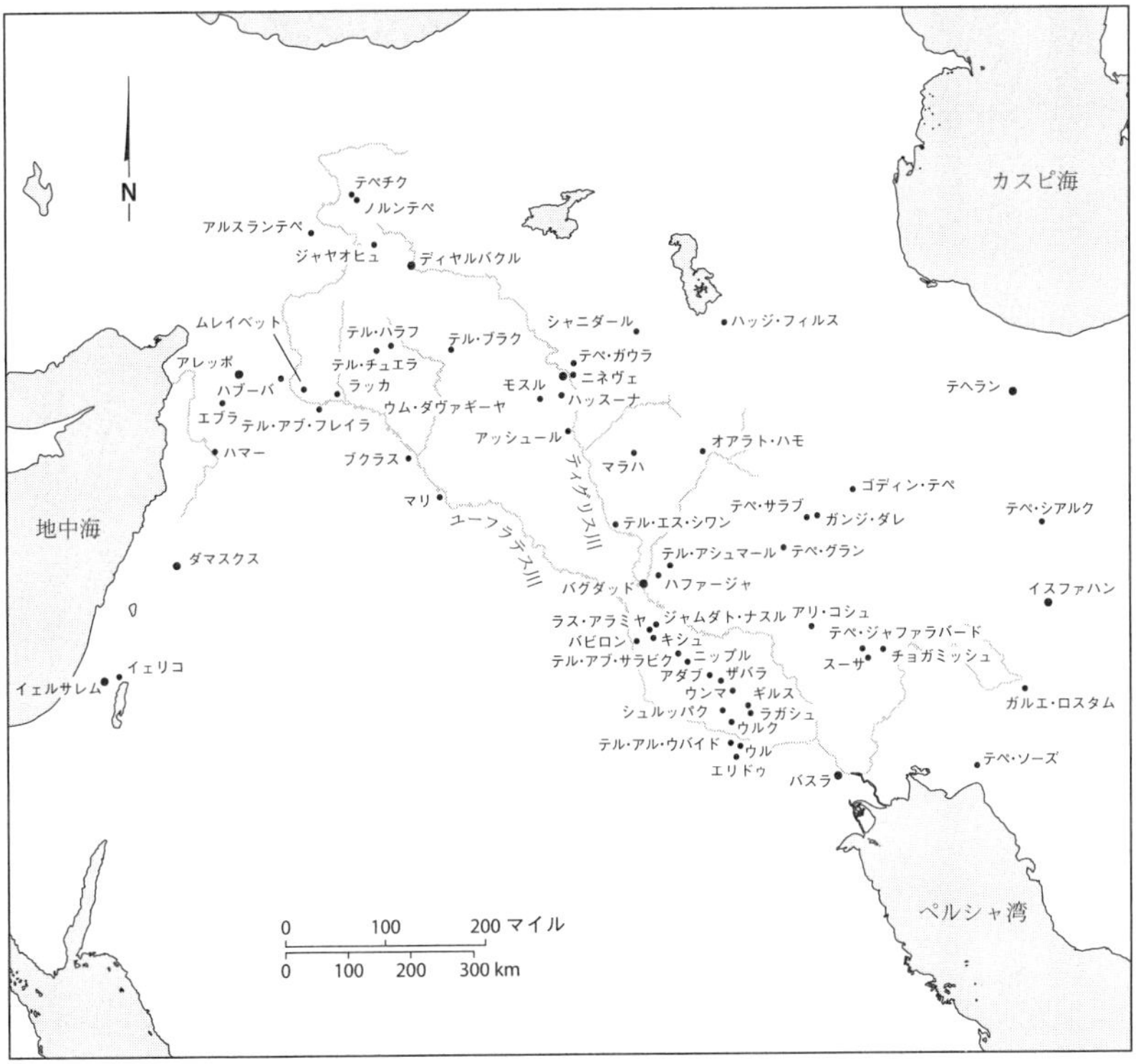

図3　メソポタミア：ティグリス＝ユーフラテス地域

ロジックは、管理と見た目のわかりやすさという点で、もっと小規模な営みにも当てはまる。例としては、新世界のレドゥクシオン〔ラテン・アメリカのスペイン植民地で先住民のキリスト教への改宗を目的に設けられた生活共同体〕や多くの宣教師居留地が挙げられるし、労働者をバラックに押し込んだ単作プランテーションなどは、見た目のわかりやすさの模範というべきだろう。

第5章ではさらに大きな問題に取り組む。古代国家の樹立と維持に当たっての強制の役割に影響してくるだけに、この問題は重要だ。これは今も熱い議論のテーマになっているが、この問題は、文明の進歩という伝統的な物語の核心に真っ向から踏み込むものになる。もし最初期の国家形成が主として強制による事業だったことが示されれば、ホッブズやロックのような社会契約論者が大切にした国家観――市民的平和や社会秩序、恐怖からの自由という魅力で人びとを引きつけた磁石としての国家観――は見直しが必要になるだろう。

これから見るように、初期の国家は、実は人口の維持に失敗したところが多い。当時の国家は疫学的にも生態学的にも、そして政治的にもことのほか脆弱で、すぐに崩壊したり分裂したりした。しかし、国家がたびたび崩壊したからといって、国家がありったけの強制力を振るわなかったというわけではない。さまざまな非自由労働――戦争捕虜、年季奉公奴隷、神殿奴隷、奴隷市場、労働植民地への強制移住、囚人労働、共同体奴隷（スパルタの農奴(ヘロット)など）――が広範に用いられていたという圧倒的な証拠がある。非自由労働がとくに重要となるのは、都市城壁や道路の建設、運河の掘削、鉱物の採掘、石材の切り出し、材木の伐採、記念物の建造、毛織物の編み上げ、そしてもちろん、農作業だ。ここからは、女性を含めた臣民を富の一形態として家畜のように「管理」しようとしていたこと、そのなかで多産と繁殖率の高さが奨励されたことが読み取れる。古代社会がアリストテレスの考えを共有していたことは明白で、奴隷は鋤を引かせる動物と同じ「生命ある道具」だった。初期の文字記録に奴隷という語句が登場する前についても、考古学的記録が雄弁に語ってくれている。浅浮き彫りを見れば、惨めな姿の捕虜を奴隷にして勝利の戦場から凱旋するようすが描かれているし、メソポタミアでは、面取りした同型の小さな碗が何千と出土している。集団作業に当たる奴隷のためにオオムギかビールを配給したものと見て間違いないだろう。

古代世界の公的な奴隷制度が頂点に達したのは古典時代のギリシアと初期のローマ帝国で、どちらも本当の意味での奴隷制国家だった（これは南北戦争前の合衆国南部にも当てはまる）。メソポタミアや初期エジプトに家財奴隷がいないわけではなかったが、これほどの規模ではなかった。多かったのはそれ以外の形態の非自

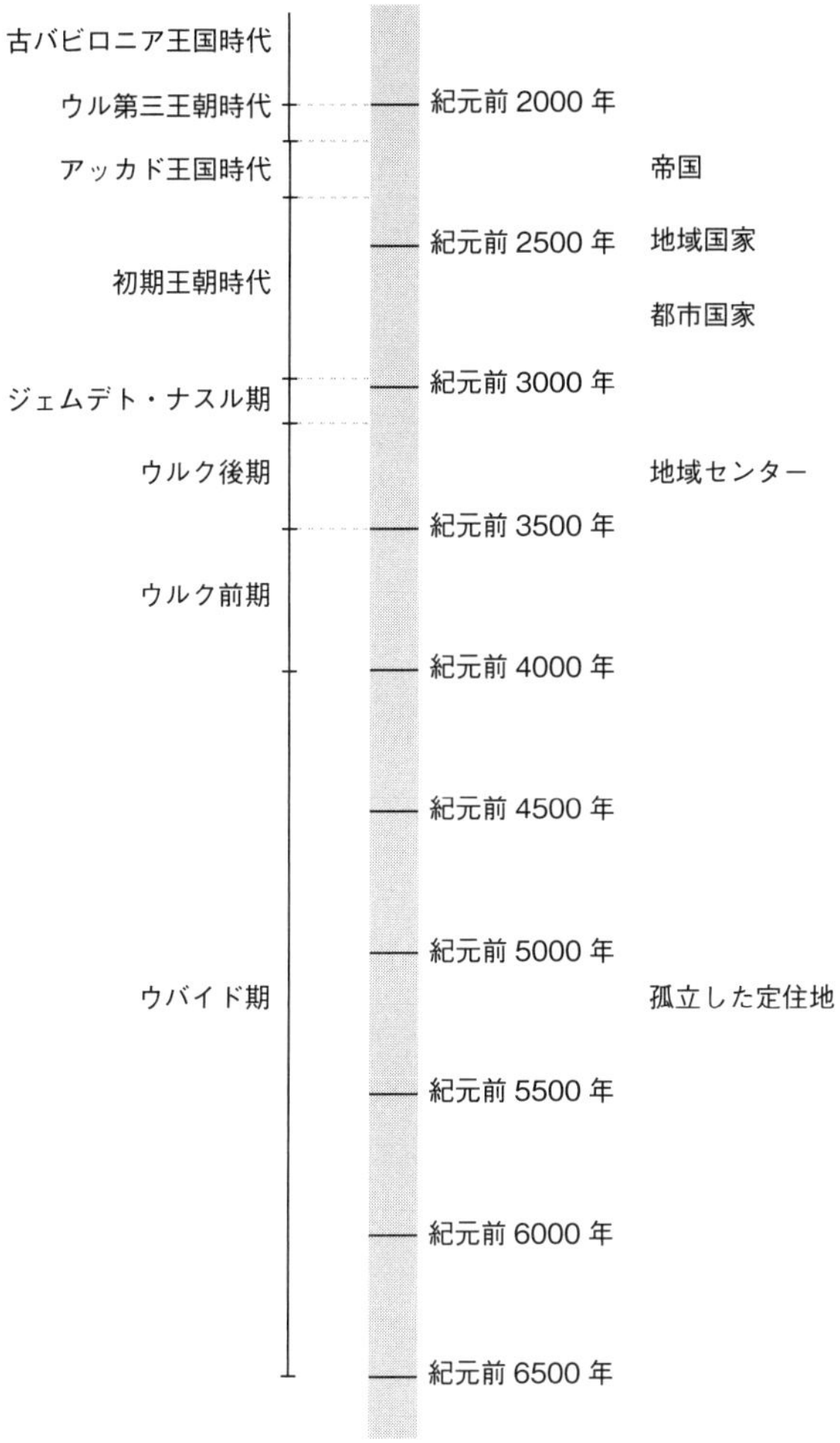
古バビロニア王国時代
ウル第三王朝時代
アッカド王国時代
初期王朝時代
ジェムデト・ナスル期
ウルク後期
ウルク前期
ウバイド期
紀元前 2000 年
紀元前 2500 年
紀元前 3000 年
紀元前 3500 年
紀元前 4000 年
紀元前 4500 年
紀元前 5000 年
紀元前 5500 年
紀元前 6000 年
紀元前 6500 年
帝国
地域国家
都市国家
地域センター
孤立した定住地

図 4　古代メソポタミア：時代区分と政体

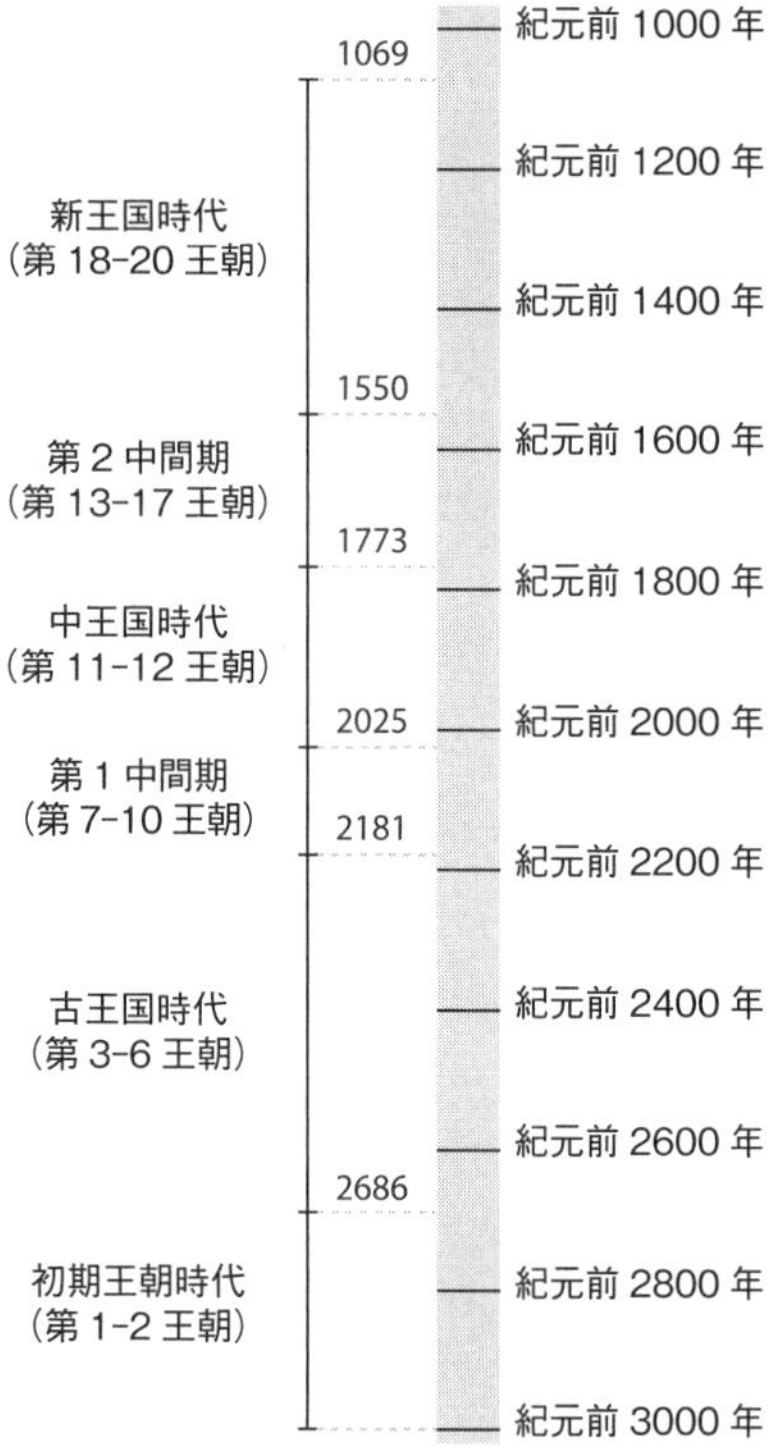

図 5　年表：古代ナイル川文明（エジプト）

由労働で、たとえばウルの大規模な作業場では何千人という女性が輸出用の織物を織っていた。古代ギリシアやローマ時代のイタリアの人口のうち、かなりな割合が意思に反して束縛されていたことは、ローマ時代のイタリアやシチリアで奴隷の反乱が相次いだこと、戦時中には解放の提案が（スパルタからアテナイの奴隷に対しても、アテナイからスパルタのヘロットに対しても）あったこと、さらにはメソポタミアで民の逃亡や失踪がたびたび言及されていることなどが証言している。この文脈からは、中国で万里の長城が築かれたのは蛮族を中に入れないためと同じくらい、中国人の納税者を外へ出さないためでもあったという、オー

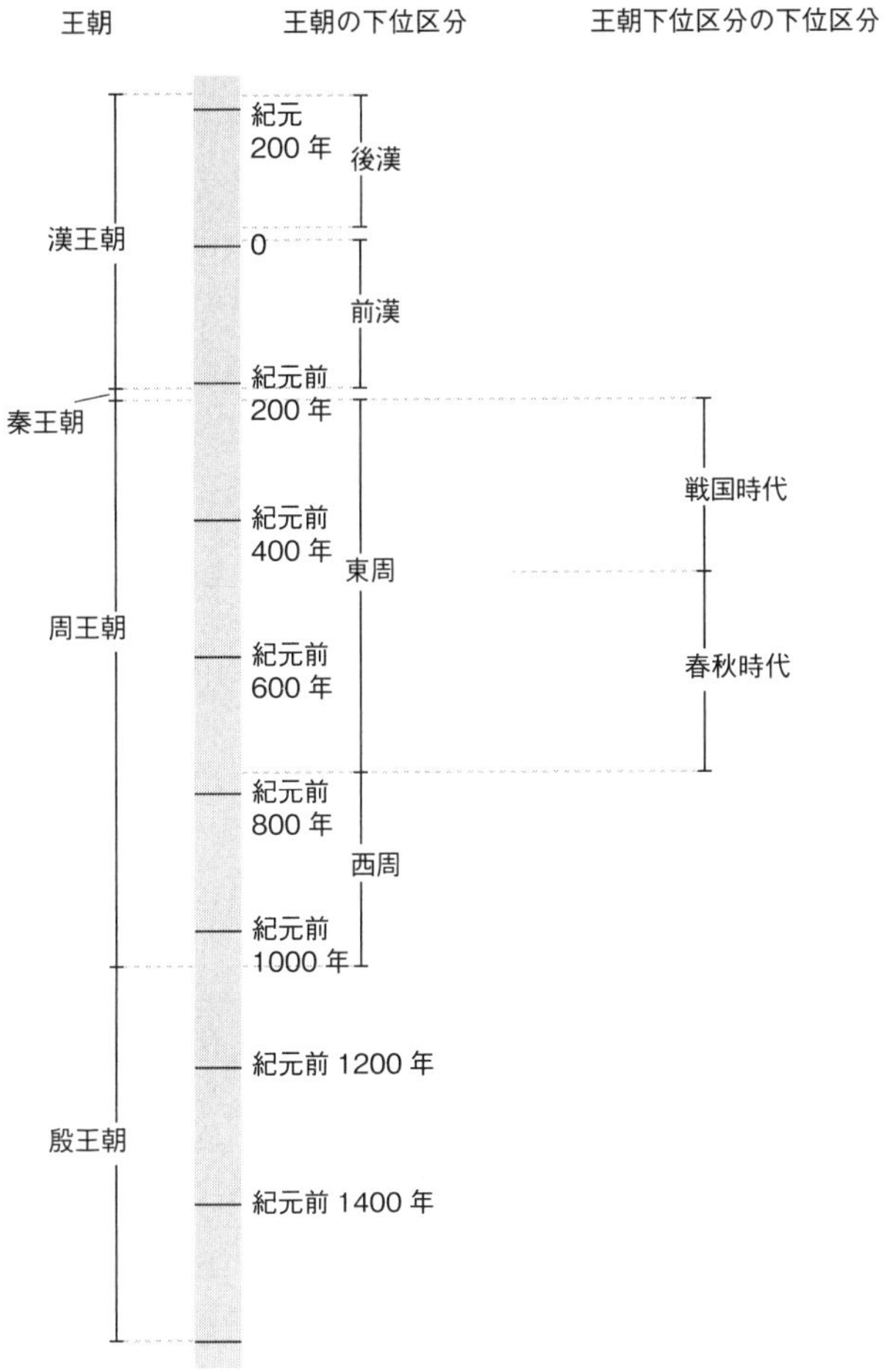

図６　年表：古代黄河文明（中国）

ウェン・ラティモアの警句が思い出される。時代による変化も大きいし、定量化は難しいのだが、束縛は、古代国家が生き残るための条件のひとつだったように思える。奴隷制度を発明したわけではないにしても、初期の国家が国家プロジェクトとして奴隷制を法制化し、組織したことは間違いない。

最初期の国家は、歴史的にはまったく新しい制度だった。国政術のマニュアルもなければ、支配者が助言を求めていくマキアヴェリもいなかったのだから、多くの国家が短命だったのも驚くには当たらない。中国の秦王朝は多くの革新によって強力な統治を行ったことで知られているが、それでも15年しか続かなかった。国家作りに好適な農業生態は比較的安定しているのだが、こうした土地にときおり現れてくる国家は、まるで不規則に点滅する交通信号のように、現れては消えていっている。こうした脆弱性の理由と、そのさらに大きな意味をどう理解するかが第6章のテーマとなる。

考古学では、マヤの「崩壊」やエジプトの「第一中間期」、ギリシアの「暗黒時代」などを説明するために多くのインクが費やされてきた。しかし往々にして、手に入る証拠からは解決の手がかりは得られない。原因は複数あるのがふつうで、決定的なものをどれかひとつ選びだそうとしても恣意的になってしまう。表面化しない多くの病に苦しんでいる患者と同じで、死因の特定が困難なのだ。たとえば旱魃から飢餓が起こり、反乱と逃亡が続いたとしよう。それを見た近隣の王国が好機とばかりに侵略し、当該の王国を略奪して人口を連れ去ったとしたら、このうちのどれを滅亡の原因として重く見ればいいのだろう。点在する文書記録はほとんど助けにならない。ある王国が侵略、略奪、内戦、あるいは反乱で破壊されれば、書記官もその座を追われるから、国の瓦解を記録する時間などほとんどないはずだ。ときおり、王宮の建物群が消失した証拠が見つかることはあるが、それを誰が、どんな理由で行ったかまで明らかになることはほとんどない。

最初期の国家の脆弱性にはさまざまな原因があるが、ここでわたしがとくに強調するのは、国家の農業生態それ自体がもっている内生的な原因だ。たしかに、旱魃や気候変動などの外生的な原因がいくつかの広域的な同時「崩壊」に関連していることは明らかだから、国家の崩壊については、全体としてこちらの方が重要なのかもしれない。しかし、初期国家の自己限定的な側面については、内生的な原因の方が多くを語ってくれる。この目的から、わたしは国家形成そのものの副産物である三つの断層線について考えてみたい。第一は、作物と人と家畜（およびそれに付随する寄生虫や病原菌）がかつてないほど集中したことによる病気の影響で、作物の病気も含めたあれこれの伝染病が、少なからぬ国家を突如として崩壊させたと想像しているのはわたしだけではない。ただし、証拠を見つけることは困難だ。そして、さらに潜行的で見つけにくいのが、都市化と集中的な灌漑農業という、二つの生態学的影響だ。前者によって、河川流域国家の上流地域で着実な森林破壊が進み、やがてシルトが堆積して洪水が起こった。後者の結果はもう十分に証明済みだが、土壌が塩類化し、収量が低下して、最終的には耕作可能地の放棄となった。

最後にわたしが（わたしだけではないが）疑問を呈したいのは、こうしたできごとの多くを語るときの「崩壊」ということばの使い方だ。[12]深い考えなしに使った場合の「崩壊」は、偉大な初期王国が衰えていくという文明の悲劇を意味し、それとともに文化的な達成も失われたという印象を与える。しかし、そのような使い方をする前に、いちど立ち止まってみるべきだろう。多くの王国は、実際には小さな定住地の集まりだった。「崩壊」とは、それが分解して元の構成要素に戻っただけで、おそらくは、しばらくしてまた集まってきたと思われる。雨が少なくて作物の収穫が減少した場合の「崩壊」は、周期的な気候変動に対処するための、かなりルーチン的な分散を意味していたのではないだろうか。さらには、税や賦役や徴兵に抵抗しての逃亡や反乱の場合でさえ、抑圧的な社会秩序が破壊されたのだから、むしろ祝福するか、少なくとも嘆かなくてもいいのではないだろうか。最後に、城門に迫ったいわゆる野蛮人が「崩壊」の原因だったケースでも、その野蛮人が、自分たちの倒した支配者の文化や言語を取り入れていることを忘れてはいけない。文明はふつう国家よりも長く続くのだから、これを国家と混同してはならない。また、深く考えもせずに、政治秩序の単位は大きい方が小さいよりいいと決めつけるのもよくない。

さらに、その野蛮人はどうだろう。彼らは初期国家の時代には、国家の臣民よりずっと数が多かったし、分散していたとはいえ、地球の居住可能な地域の大半を占有していた。英語で「野蛮人」を意味する **barbarian** は、周知のとおり、ギリシア人がギリシア語以外の言語を話す者をさして用いた「バルバロイ（単数形はバルバロス）」が語源で、捕らえてきた奴隷以外にも、すでに相当「文明化」されていたエジプト人、ペルシャ人、フェニキア人といった隣人にも用いられていた。この「バ・バ」という音は、ギリシア語以外の言語の音を写したものだ。すべての初期国家は、このことばをさまざまに変形して、自分たちと国家の外にいる者とを区別するために使っていた。したがって、この本の最後となる第7章は、きわめて大きな人口を占めながら国家支配の対象とならなかった「野蛮人」のために割くのが相応しいだろう。わたしはこのあとも、もうすっかり根付いた「野蛮人」という用語を使っていく。これはひとつには、最初の脆弱な国家の時代は、野蛮人にとってはいい時代だったと言いたいからだ。この時期の長さは場所によってさまざまで、国家の強さや軍事テクノロジーによっても違ってくるのだが、とにかくこれが続いているあいだは、野蛮人の黄金時代とよんでもいいのではないだろうか。この「野蛮人ゾーン」とでもいうべきものは、本質的に、国家の農業生態の鏡像となる。それは狩猟、焼畑農業、貝類の採集、採食、遊牧、イモ類、そして（自生していれば）わずかな穀類のゾーンだ。物理的な移動のゾーンであり、混合的で移動性の生業戦略のゾーンでもある。ひとことで言えば「判読不能な」生産ということだ。野蛮人の領域が多様性と複雑性の領域だとすれば、国家の領域は、農業経済的にいえば、相対的な単純性の領域になる。「野蛮人」は本質的に文化上のカテゴリーではない。これは政治上のカテゴリーであって、国家によって（まだ）管理されていない人びとのことをさしている。野蛮人の領域が始まるフロンティアは、税と穀物の領域が終わるラインだ。中国人は、野蛮人どうしを区別するのに「生」「熟」という用語を用いた。言語、文化、氏族制度が同じ集団のなかでも「進んだ」集団を「熟」として世帯ごと登録し、名目だけとはいえ中国人の行政官の管理下に置いて、それをもって「版図に入った」としたのである。

最初期の国家は、定住型コミュニティだったがゆえに、移動性の無国家民と比べて脆弱だった。狩猟採集民を、食料のありかを見つけて利用するスペシャリストだと考えれば、人や穀物や家畜や織物や金属器が一カ所に集まって動かない定住型コミュニティは、彼らにとってずいぶんおいしい獲物になる。なにをわざわざ苦労して、作物を育てる理由があるだろう、国家がしているように穀物倉から奪ってくればいいだけなのだ。ベルベル人の諺が雄弁に語っているように「略奪こそわれらの耕作」なのだ。定住型の農業コミュニティの成長は、各地で初期国家の基礎となったが、国家をもたない人びとの側からは、これは新しい、きわめて利益の大きい採食場とみることができる。いわば「ワンストップ・ショッピング」だ。ネイティヴ・アメリカンが認識していたように、ヨーロッパ人が家畜化したウシはオジロジカよりずっと簡単に「狩る」ことができたのだ。初期国家への影響は甚大だった。国家は襲撃を防ぐために防備に大きな投資をするか、襲ってきそうな相手に貢納金（つまりはみかじめ料）を払って略奪を免れるか、あるいはその両方を行った。どちらにせよ、初期国家の財政負担（と、したがって脆弱性）は目に見えて増大した。

初期国家と野蛮人の関係を記述する場合、略奪に関するものばかりに目を奪われがちだが、重要度では、間違いなく交易の方がはるかに大きかった。豊かな沖積層低地に位置している初期国家は、近隣の野蛮人にとって自然な交易パートナーだった。初期国家が長く生き残るために不可欠な必需品——金属鉱石、材木、皮革、黒曜石、ハチミツ、薬草類や香草類――を提供できたのは、はるかに多様性に富んだ環境に広がって暮らす野蛮人だけだったのである。野蛮人からしても、低地の王国は、長期的に見れば、略奪の場としてよりも交易拠点としての価値の方が高かった。この大規模な、新しい、儲かる市場に後背地の産物を持ってくれば、穀物や織物、ナツメヤシ、干し魚といった低地の産物と交換することができた。沿岸海運が発達してからはさらに長距離の交易が可能となって、そちらの交易量が爆発的に増えた。この影響を想像するには、ヨーロッパでビーバーの生皮の市場ができたことで、ネイティヴ・アメリカンの狩猟にどのような影響があったかを考えれば十分だろう。採集も狩猟も、交易が拡大したことで、純粋な生業活動よりも交易やベンチャー事業の意味合いが強くなっていった。

こうした共生の結果、典型的な「文明 vs 野蛮」という二分法に収まらない、文化的な交雑が起こった。初期の国家や帝国にはたいてい「野蛮人の双子」が影のように寄り添っていて、国家とともに興り、国家が滅亡したときには運命を共にしたという説には納得させられる。[13] ローマ帝国の辺境にケルト人が築いた交易拠点「オッピドゥム」は、こうした依存性の例を提供してくれている。

というわけで、相対的に弱い農業国家と馬を操る多数派の無国家民による長い時期は、いわば野蛮人の黄金時代だった。彼らは初期国家との交易で利益をあげ、貢納品と、必要なときには略奪でその利益を増やしながら、税と農作業の煩わしさは回避しつつ、栄養価が高くて多様性のある食事と大きな物理的移動性を謳歌した。

しかしこの交易には、憂鬱で不吉な二つの側面があった。初期国家と取引された最大の商品はおそらく奴隷で、たいていは別の野蛮人を連れてきていた。古代国家は、戦争による捕虜の獲得と、奴隷貿易に特化した野蛮人からの大規模な買い付けで人口を補充していた。さらに、ほとんどの初期国家が、野蛮人を傭兵に雇って国防に当たらせていた。初期国家に仲間の野蛮人を売ることと軍事的に奉仕することによって、野蛮人は、自分たちの短い黄金時代の終焉に大きく貢献していたのだった。

1 火と植物と動物と……そしてわたしたちの飼い馴らし

火

ホミニドにとって、そして究極的には自然界のすべてにとって、火がなにを意味していたかは、南アフリカで発掘された洞窟から生き生きと読み取ることができる[1]。最も深い、したがって最も古い層には炭素堆積物がなく、火はなかったと考えられる。この層には大型のネコ科動物の全身骨格があって、あとはホモ・エレクトスを含めた多くの動物の骨片が、歯形を残して散らばっている。もっと上の、のちの時代の層になると炭素堆積物があって、これは火があったことを意味している。ここにはホモ・エレクトスの全身骨格があって、骨片になって散らばっているのはさまざまな哺乳類、爬虫類、鳥類だ。数は少ないが大型のネコ科動物の骨もあって、ガリガリとかじった痕が付いている。洞窟の「主」が変わり、食う側と食われる側が入れ替わったらしいことは、最初にその利用法を学んだ種にとって、火のパワーがどれほどのものだったかを雄弁に物語っている。火は最低でも暖かさと光、そして夜行性捕食動物からの相対的な安全をもたらしただろうし、ドムスや炉床の先駆けとなったはずだ。

火の使用こそがホミニドの未来を決定的に変えたのだという主張には納得がいく。火は、人類が自然界を作り変えるための、最古にして最大の道具となってきた。しかし「道具」ということばは必ずしも正しくない。命のないナイフと違って、火はそれ自体が生きている。これはせいぜい「準道具化」という程度で、放っておくと――そして注意深く見張っておかないと――すぐに足枷をふりほどいて危険なほどに野生化してしまう。

ホミニドによる火の使用は、歴史的に見て深く、また広い。人類による最古の火の証拠は少なくとも40万年前のもので、わたしたちの種が登場するはるか前になる。ホミニドに焼かれ続けたことで、世界の動植物の多くは「耐火性」の種を含むようになった。人為的な原因による火の影響は甚大で、人間による自然界への影響を公平に見れば、同じ飼い馴らしでも、植物の作物化や動物の家畜化を圧倒するかもしれない。では、なぜ景観設計者としての人類の火は、歴史においてしかるべく記述されていないのだろう。理由はおそらく、その影響が数十万年をかけて広がったことと、達成したのが「未開人」ともよばれる「文明以前の」人びとだったことだろう。ダイナマイトやブルドーザーのある現代からすれば、とんでもないスローモーションでの環境修景だった。しかし、すべてを足し合わせた影響はとんでもなく大きかった。

自然に発生する野火がいかに景観を変えるかを、わたしたちの祖先が見逃したはずはない。古い植生は焼き払われ、根付きやすい草や低木の繁殖が促進されて、人間にとって望ましい種子やベリー、さまざまなフルーツ、ナッツ類が実った。ほかにも、狩りの対象となる動物が火に追われていつもの小径から飛びだしてきたり、小動物の隠れている穴や巣が露出したりした。そしてなによりも、燃えたあとに草木の新芽やキノコが生えだして、獲物になる草食動物が集まってきた。北アメリカのネイティヴ・アメリカンは、火を使ってヘラジカ、シカ、ビーバー、ノウサギ、ヤマアラシ、エリマキライチョウ、シチメンチョウ、ウズラが好むように環境を作り変え、そのすべてを獲物にした。そうして仕留めた獲物はある種の「収穫」だった。動物を引き寄せそうな生息場所を注意深く作り上げることで、自分たちの食料になる動物を意図的に集めたのだ。[2] また、こうした狩猟用地――というか正真正銘の自然動物保護区――の設計とはまったく別に、初期の人類は、火を使って大型の獲物を狩ることもしていた。さまざまな証拠からは、弓と矢が登場するずっと前（およそ2万年前）に、ホミニドが火を使って動物の群れを崖から追い落としたり、ゾウを穴へ突き落としたりしていたことが示唆されている（動けなくしておけば仕留めるのは簡単だ）。

火は、人類が自然界に影響力を拡大していく鍵であり、この種だけが独占する切り札だった――それも世界中で。アマゾンの熱帯雨林には、火を使って土地を開き、樹冠を取り払ってきたことを示す、消しようのない痕跡が残っている。ユーカリが広がるオーストラリアの景観も、かなりな程度まで、人類による火の影響だ。北アメリカでの景観修正はさらに大規模だった。それがヨーロッパ人のもたらした壊滅的な疫病によって突如としてストップし、新たな森林被覆が野放図に広まったときには、白人の入植者のあいだに、北アメリカはほとんど手つかずの原始林だという幻想が生まれたほどだ。少なからぬ気象学者は、1500―1850年頃に小氷期といわれる寒冷期間があったのは、北アメリカの専従焼畑農民が死に絶えたことで温室効果ガスのCO_2が減ったからだろうと考えている。[3]

こうしたスローモーションでの景観工学の、この本の視点から見た成果は、長い時間をかけて、より多くの生業資源をより小さな地域へと集中させていったことだろう。火の力を借りた応用園耕によって、望ましい動植物を野営地周辺の小さな圏内に配置することで、狩猟と採食が容易になった。「食事の半径」が縮小したと言ってもいいだろう。生業資源が手近になり、量も増え、予測もつけやすくなった。人類が火を活用して、狩猟採集をしやすいように景観を作り変えたところでは、栄養価に乏しい極相段階まで発達できる森林はほとんどなくなった。この時点では、まだ去勢した役牛はいないし鋤もない。手なずけた家畜をドムスに置くのはまだずっと先だ。しかし、それでも、これは大規模な景観の系統的集中と資源管理だった。完全に作物化した植物の栽培や牧畜が行われる数十万年も前のことである。最適採餌理論では、自然界の恵みを所与の条件として、合理的な行為者はどんな力配分で食料を生産するか、と問う。しかしこの段階で人類は、意図的な生態系の攪乱を行っていた。そのなかでホミニドは、長い時間をかけてモザイクのような種の多様性を作り上げ、自分の好みに沿った望ましい資源を配置していったのである。進化生物学者は、こうした所在地の結合や資源の再配置、物理的安全保証などの活動を「ニッチ構築」とよんでいる（ビーバーを思い浮かべればいい）。資源の集中ということをこの視点から見れば、古典的な文明物語の一里塚である動植物の家畜化・作物化にも新しい光が当たる。これは長期持続する連続体の数多い要素のひとつであり、かつてなく巧妙なニッチ構築なのだ。[4]

火にはもうひとつ、人びとを集中させる強力な理由があった。それは調理だ。人類の進化における調理の重要性はどれほど強調してもしすぎにはならない。生の食物を火にかけることで消化のプロセスが外化される。デンプン質はゼラチン化され、タンパク質は変性する。生の食物を化学分解するために、チンパンジーはわたしたちの3倍の長さの腸を必要とするが、ホモ・サピエンスはずっと少ない量の食物からずっと少ない消費カロリーで栄養分を抽出している。その効果は絶大だった。おかげで、初期の人類は以前よりずっと幅広い食物を集め、食べられるようになった。棘のある植物や表皮・樹皮の分厚い植物でも、調理すれば実を開き、皮を剝き、毒を抜くことができる。堅い種や繊維質の食物など、以前なら消化してもカロリーコストが引き合わなかったものも、おいしく食べられるようになった。小型の鳥や齧歯類の肉、内臓を消毒できるようにもなった。調理が始まる前でも、ホモ・サピエンスは広範囲の雑食性だったし、生肉や植物を叩いたり、粉にしたり、すりつぶしたり、発酵させたり、塩漬けにしたりしていた。しかし火を使うことで、人類が消化できる食物の範囲は飛躍的に広がった。その範囲の広さを物語るものとして、アフリカ東部を走る大地溝帯には2万3000年前の遺跡発掘現場があって、食習慣が水中、森林、草原、乾燥の四つの食物網にまたがっていた証拠が発見されている。これには少なくとも20種類の大型・小型動物、16種類の鳥類、140種類のフルーツ、ナッツ、種子、豆類のほか、医療や工芸（籠、織物、罠、梁（やな）〔魚を捕るための仕掛け〕）に用いる植物も含まれている。[5]

　人口の集中ということでは、調理のための火の重要度は、景観設計者としての火と比べても決して劣るものではなかった。後者の火によって、望ましい食物を容易に手の届く範囲に置くことができたのに対して、前者の火によって、それまで消化できなかった広範囲の食物を、栄養価が高くて食味のよいものに変えることができた。食事の半径はまた大幅に縮まった。それだけではない。体外咀嚼のひとつの形態として食物を柔らかく調理することで、離乳が容易になったほか、老人や歯をなくした者にも食べものが与えられるようになった。

　火を武器にして環境を作り変え、以前よりずっと多くの食物を得られるようになったことで、初期の人類は炉床に近い範囲に留まることができ、しかも同時に、それまで足を踏み入れられなかった環境に新たな炉床を作れるようになった。ネアンデルタール人による北ヨーロッパへの入植はその好例で、火を使った暖房、狩猟、調理なしにはまったく考えられないことだった。

　少なくとも50万年にわたる調理は、遺伝的、生理的に絶大な影響を及ぼした。ほかの霊長類と比較すると、わたしたちの腸の長さは半分だし、歯もずっと小さい。咀嚼と消化に費やすカロリーもはるかに少なくて済んでいる。リチャード・ランガムは、わたしたちの脳がほかの哺乳類から予想される大きさの3倍あることも、栄養面での効率向上によってほぼ説明できるとしている。[6] 考古学的な記録で見ても、脳のサイズの急速な拡大は炉床および食事の残骸と適合している。これに匹敵する規模の形態的変化はほかの動物でも知られていて、食習慣と生態的地位に劇的な変化があれば、ほんの２万年で起こることだという。

わたしたちが繁殖に成功し、世界で最も成功した「侵入生物」となったことも、火でほとんど説明がつく。[7] ある種の樹木、植物、菌類と同様に、わたしたちは火に適応した「耐火性」の種だ。わたしたちは生活習慣、食事習慣、身体を火の特徴に適応させてきた。そしてそうすることで、火の世話をすることと火を絶やさないことに、いわば縛りつけられている。植物が作物化しているかどうか、動物が家畜化しているかどうかの判断基準は、人間の助けなしに繁殖できないことだ。そうだとすれば、わたしたちは、それなしには種としての将来がないほどに、火に適応してしまっている。完全に火に依存した職業——陶芸、鍛冶、パン焼き、レンガ作り、ガラス細工、金属加工、金銀細工、醸造、炭焼き、燻製作り、漆喰作り——が発達するのはもっとあとのことだが、こうしたものをすべて除外したとしても、わたしたちは全面的に火に依存しているといっても過言ではないだろう。本当の意味で、火はわたしたちを家畜化している。その小さな、しかし雄弁な証拠として、一切の食物を加熱調理しないことにこだわる生食主義者（ローフーディスト）は例外なく体重を落としている。[8]

集中と定住——湿地仮説

温暖で湿潤な条件によって、肥沃な三角地帯では、人口増加と定住に向けた初期の流れが生じていたのかもしれない。しかしそれは紀元前１万８０００年頃に突如として終わり、あとには１０００年におよぶ寒冷期がやってきた。その原因としては、北アメリカにあったアガシー湖の氷床が温暖な気候によって融解し、初めはミシシッピ川を通ってメキシコ湾へ注いでいたのが、急に向きを東に変えて、現在のセントローレンス川を通って大西洋に流れ込むようになったためだとする説がある。[9] 人口は縮小し、生き残った人びとは、限界の高地から、気候がおだやかで動植物の豊かな避難地へと後退した。紀元前９６００年頃になって急激な寒冷期は終わり、再び温暖で湿潤な気候がやってきた。しかも急速に。10年もしないうちに摂氏にして7度も平均気温が上昇することもあったようだ。樹木も哺乳類も鳥類も避難地を飛びだし、突如として快適になった環境へと広がっていった。そして当然のことながら、随伴種であるホモ・サピエンスもそのあとを追った。

　考古学者は、これとほぼ同時期に、多くの遺跡が通年で占有されていたことを示す散発的な証拠を発見している。レヴァント南部のナトゥーフ文化期や、シリア、トルコ中部、イラン西部の新石器「先土器」時代の村落などのものだ。これは一般には水の豊かな地域に発生し、主に狩猟と採集で生活していたが、穀草類の園耕や家畜の飼育もしていたという証拠がある（異論もある）。しかし紀元前８０００―６０００年に、穀草類や豆類――レンズマメ、エンドウマメ、ヒヨコマメ、ビターベッチ〔ソラマメの一種〕、亜麻（布作り用）――などの、いわゆる「基礎作物」が、全般に小規模とはいえ、すべて植えられていたことには異論はない。この同じ２０００年間には（穀草については時期が不明確だが）家畜化されたヤギ、ヒツジ、ブタ、ウシも登場している。こうした一連の作物と家畜が加わったことで、いわゆる「新石器時代パッケージ」が整えられ、最初の小規模な都市的地域も含めた文明の始まりを示す、決定的な農業革命が起こったとみられている。

　恒久的な定住地としての原始都市は紀元前６５００年頃、ペルシャ湾に近い、南部沖積層の湿地帯に現れた。南部沖積層は最初の通年定住地ではない。作物化された穀物の最初の証拠が見つかった場所でもない。その点では後発組だ。この本でこうした後発遺跡を集中的に取り上げる理由は二つある。第一は、ユーフラテス川河口のこうした都市的地域（エリドゥ、ウル、ウンマ、ウルクなど）が、ずっとあとになって、世界で最初の前駆国家になっていくからだ。第二は、これ以外の古代社会――エジプト、レヴァント、インダス川流域、黄河流域、新世界のマヤ――にもそれぞれ独自の新石器革命があるとはいえ、やはりメソポタミア南部は最初に国家制度が始まった場所であり、それが中東の他の地域やエジプト、インドの後発国家にも直接的な影響を与えているからだ。

ここまでは年代を追って大雑把に述べてきただけで、なかにはまだ異論のあるものも多いが、これだけでも、標準的な文明物語との食い違いがいかに多いかはわかると思う。標準的な物語は穀物の作物化を永続的な定住生活の――ひいては町、都市、文明の――基本的な前提条件としている。狩猟や採食には大きな移動性と分散性が必要だから定住など問題外だという推定が、今も広く支持されているのだ。しかし定住は、穀物や動物の作物化・家畜化よりはるかに古く、穀物栽培がほとんど行われない環境で継続することも多かった。同じく絶対的に明らかなこととして、作物化・家畜化された穀物や動物が、農業国家らしきものが登場するずっと前から――それも、これまで想像されてきたよりはるかに昔から――存在していたこともわかっている。最新の証拠に基づけば、この二つの重要な飼い馴らしとそれを基礎とする最初の農耕経済との年代差は、今では4000年にもなると考えられているのだ。(10) わたしたちの祖先が新石器時代の革命へと――あるいは最初期の国家の腕の中へと――一気に突き進んだわけではないことは明らかだ。

古い物語を紡ぎ出した人たちが犯した劇的な誤りがもうひとつある。彼らが出発点とした近年のティグリス＝ユーフラテス川流域は、そのほとんどが並はずれて乾燥した環境だったので、その乾燥状態をそのまま農業の夜明けの時代に投影してしまったのだ。それはそれで合理的ではあったのだが、限られたオアシスと河川流域しかないなかで、限られた耕作可能地から増えた人口分の抽出を増やすためには、生業活動を強化

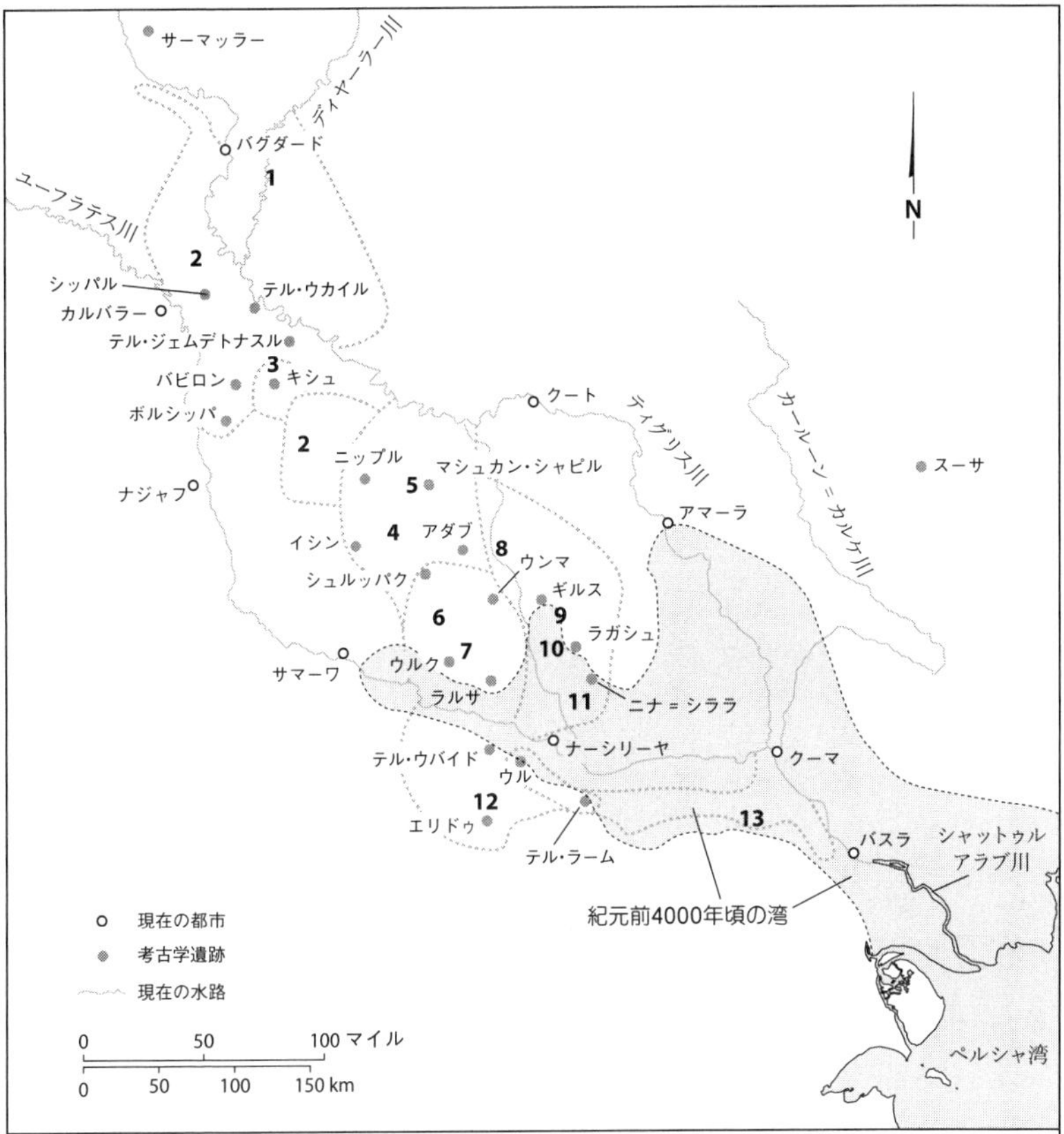

メソポタミア沖積層の主な考古学遺跡（調査地域とともに）

1 ディヤーラー調査
2 アッカド調査
3 キシュ調査
4 ニップル調査
5 マシュカン・シャピル
6 ワルカ（ウルク）調査
7 ウルク
8 東ガラフ
9 テロー地方
10 ラガシュ
11 ズールガール（ニナ＝シララ）
12 ウル＝エリドゥ調査
13 ハンマール湖調査

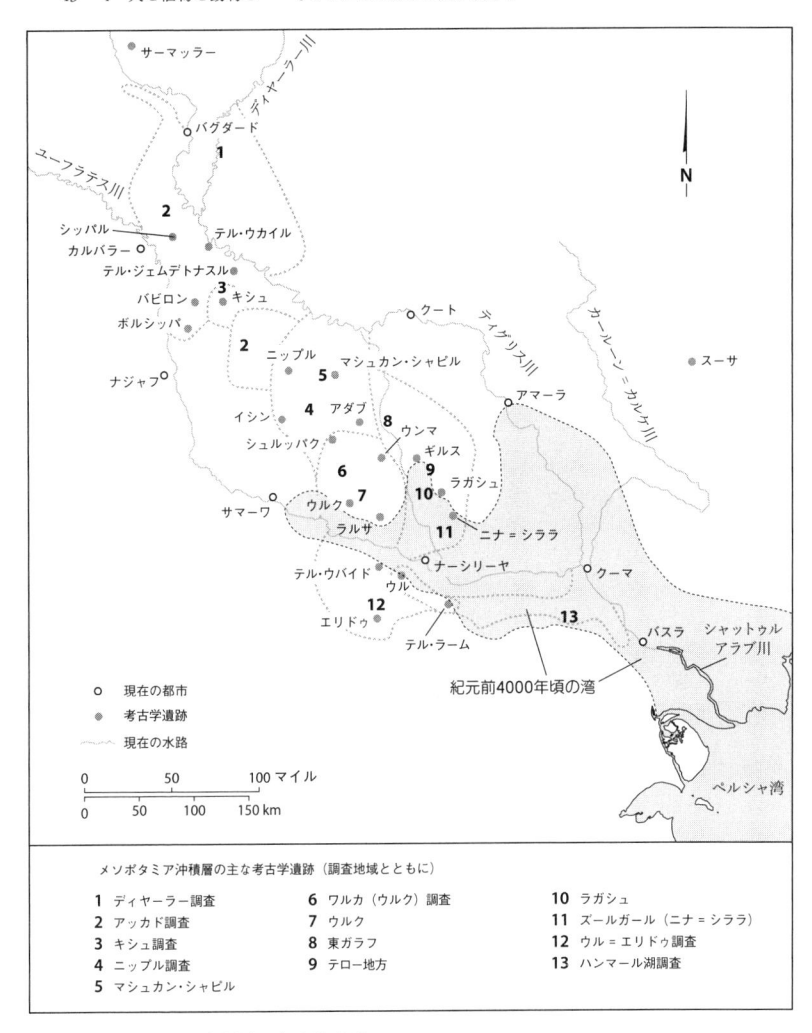

図7　メソポタミア沖積層：考古学遺跡

するしかない。そういう前提で考えれば、実行可能な強化戦略は灌漑しかないし、実際にそれを支持する考古学的な証拠もあった。哀しいまでに降水量の少ない土地で豊富な収穫を保証してくれるものは灌漑だけだ。一方、これほど大規模な景観修正プロジェクトとなれば、運河を掘削し維持するための労働力を動員しなければならない。すると、それだけの労働力を集めて統制できるだけの公的権威の存在が示唆される。高密度の農耕－牧畜経済のために行われた灌漑事業が存在条件となって国家形成が促進された、と彼らは考えたのだった。

湿地と定住

しかし、灌漑農業によって「砂漠に花を咲かせた」ことが最初の実質的定住コミュニティの基礎だったという一般的な見方は、ほとんどあらゆる点で誤りだということがわかっている。これから見るように、最初の大規模な定住地は、乾燥環境ではなく湿地帯で発生した。そうした定住地が生業のために依存したのは、圧倒的に湿地の資源であって、穀物ではなかった。また、ふつうの意味での「灌漑」は必要なかった。この環境で人間による修景が必要だとすれば、それは灌漑ではなく排水だった可能性の方がずっと高い。古代シュメールを、乾燥した景観のなかで国家が組織した灌漑による軌跡だとする古典的な見方は、完全な誤りとなる。この本では、こうした路線に沿った修正主義的な主張をジェニファー・パーネルに負っている。紀元前5000年代および6000年代のメソポタミア南部沖積層に関するパーネルの先駆的な研究は、最も包括的で、証明もすぐれている。[11]

当時のメソポタミア南部は乾燥地帯などではなく、むしろ狩猟採集民の天国ともいうべき湿地帯だった。

海面が今よりずっと高かったことと、ティグリス＝ユーフラテス三角州が平坦だったおかげで、現在は乾燥している地域にまで大幅な「海進」が起こっていた。パーネルは、リモートセンシング、以前の航空測量、水文誌、古代の堆積物や水路の読み取り、気候史、考古学上の遺物などに基づいて、この広大な三角州の湿地圏を再構築している。さらに、以前の研究者の大半（すべてではない）が犯した誤りは、今の地域に一般的な乾燥性を1万年前に投影したことだけではなかった。彼らは当時の――すなわち年々の堆積物が重なる前の――沖積層が現在の水準より10メートル以上も低かったことを無視していたのだ。こうした昔の条件下では、ペルシャ湾の水は、今はずっと内陸にある古代ウルの門前を洗い、満ち潮になれば、塩水が北に広がってナーシリーヤやアマーラまで達していた。

ここまで簡単に見たように、灌漑による大規模な穀物栽培などしなくても、ほぼ自生植物や海洋資源だけに依存していれば、かなりの人口は生じてくる。すると分析上、興味深い点が二つ明らかになってくる。第一は、いくつもの多様な食物網を基礎とする生活の、安定性と豊かさが明確に示されることだ。ウバイド期（紀元前6500―3800年。広く用いられた土器の様式からこうよばれている）には、湿地で豊富に獲れる魚、鳥、カメなどから大半の食物が得られていた。第二は、あまりに広い生業の網――多様性に富んだ生態学的環境での狩猟、漁労、採食、採集――は、単一の政治的権威を強要するうえで、克服しがたい障害になるということだ。

二つの川に挟まれた地域は今でこそほとんどが乾燥地帯だが、かつての沖積層南部では三角州の湿地が複雑に入り組み、洪水の季節になるたびに何百という流路が、あちらで現れこちらで消えしながら交差していた。沖積層は巨大なスポンジの働きをしていて、毎年、流水量が増えるとそれを吸収して地下水面を上昇させ、やがて5月に乾期が始まると、こんどはゆっくり放出していく。ユーフラテス川下流の氾濫原はとりわ

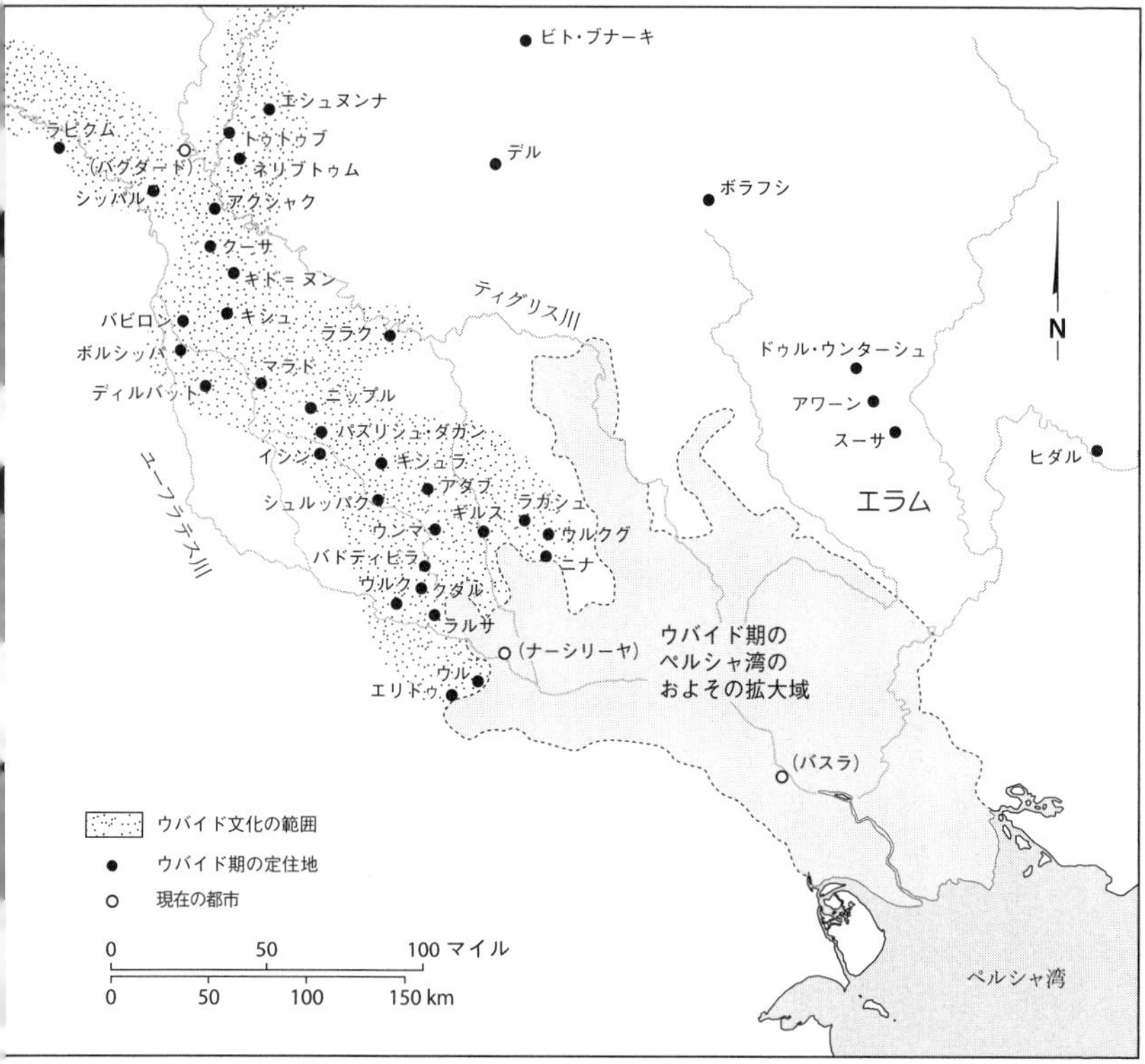

図8　メソポタミア沖積層――紀元前6500年頃のペルシャ湾拡大域（資料提供：ジェニファー・パーネル）

け平坦だった。勾配は、北で1キロメートル当たり20―30センチ、南では1キロメートル当たり2―3センチしかないため、川の経路は歴史的にきわめて不安定だった[12]。毎年の洪水の最盛期には、粗い堆積物が積み上がってできた自然の畝や土手を、水が当たり前のように乗り越え、斜面を流れ落ちて、となりの低地や窪地に流れ込んだ。多くの水路では河床が周囲の土地より高いので、水位の高いところの堤を1カ所破るだけで、灌漑と同じ目的が達せられた。この最後の技術は「補助付き自然灌漑」とよんでもいいかもしれない。[13] あとはなにもしなくても、自然が準備した畑に種子粒が広がっていく。栄養豊かな沖積層は、ゆっくりと乾燥していくなかで、野生の草食動物のために豊富な飼い葉も用意してくれた——もちろん家畜化されたヤギ、ヒツジ、ブタのためにも、である。

こうした沼地の住民は、俗に「亀の甲羅」とよばれる、わずかに盛り上がった小さな土地に暮らしていた。比べるならミシシッピ・デルタの「シェニエ」のようなもので、高さはせいぜい最高水位線から1メートルほどだ。住民は、こうした亀の甲羅から手の届く範囲にある湿地資源のほぼすべてを利用していた。ヨシやスゲは家の材料や食料になったし、ほかにも多種多様な可食植物（イグサ、ガマ、スイレン類）があった。主なタンパク源はリクガメ、魚類、軟体動物、甲殻類、鳥類、水禽類、小型哺乳類、そして季節ごとに移住してくるガゼルなどだった。豊かな沖積層の土壌とたっぷりの栄養を（生きたものも死んだものも）含んだ二つの大河の河口という組み合わせは、並はずれて豊かな水辺の生活を生み出し、膨大な数の魚類、ミズガメ、鳥類、哺乳類——そしてもちろん人間！——などが、食物連鎖の下位にいる生きものを食べようと、引き寄せられてきた。紀元前6000年代から5000年代の温暖で湿潤な条件の下で、野生の生業資源は多様で、量も豊富で、安定していて、しかも回復力があった。狩猟採集民や遊牧民にとってはほぼ理想的だった。

とりわけ食物連鎖の下位にある資源の密度と多様性は、定住をいっそう現実的なものとした。たとえばアザラシ、バイソン、カリブーといった大型の獲物を追う狩猟採集民と比べると、植物、貝類、フルーツ、ナッツ、小型魚類など、もっぱら栄養段階が下位の食物を摂取する人びとは、移動がうんと少なくて済む。こうした食物は、ほかの条件が同じなら、大型の哺乳類や魚類よりも密集しているうえ、あまり移動しないからだ。メソポタミアの湿地帯には栄養段階が下位の生業資源が豊富にあり、それがまたとない好条件となって、早い時期に多くの定住コミュニティができたのだろう。

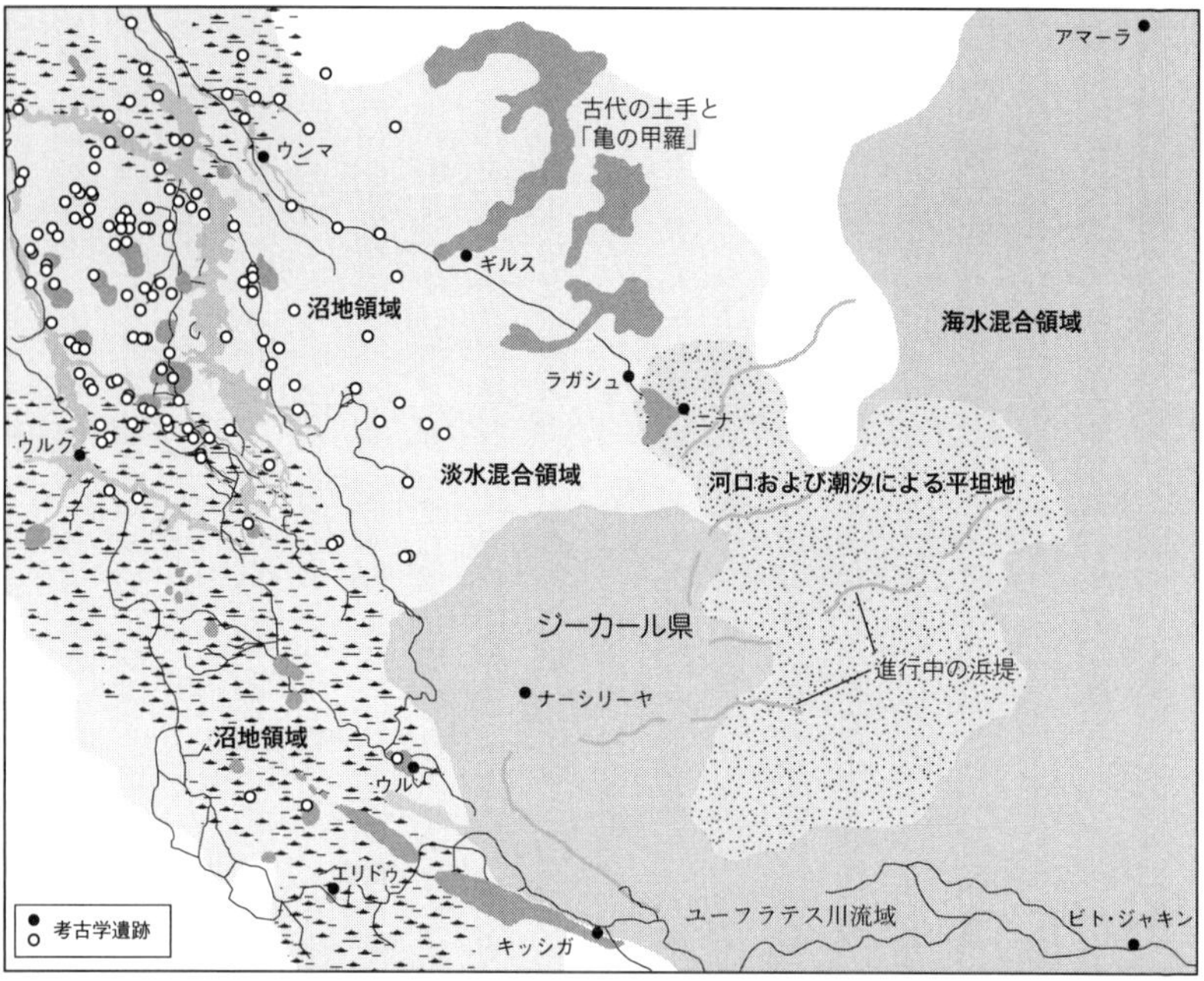

図9　メソポタミア南部沖積層——紀元前4500年頃の水路、土手、「亀の甲羅」（資料提供：ジェニファー・パーネル）

南部沖積層にできた最初の固定村落は、単に生産性の高い湿地領域にあったのではなく、いくつかの異なる生態圏を縫うように位置していた。おかげで村人はどの生態圏からも収穫できたし、どれかひとつに排他的に依存するリスクも低減されていた。村人は、海岸や河口の資源豊かな海水環境と、それとは非常に異なる上流河川環境の淡水生態圏との境界に暮らしていた。実際に、汽水域と淡水域の境界線はつねに動いていて、潮汐によって行ったり来たりした。しかも、こうした平坦な地形では、その移動距離が大きい。二つの生態圏が環境を横切って移動するおかげで、多数のコミュニティが、居ながらにして両方の生活資源を手にすることができた。季節ごとの氾濫と乾燥、およびそれぞれに特有の資源についても同じことが、さらに強く言えるだろう。雨期の水性資源から乾期の陸生資源への（およびその逆の）移行は、この地域で年ごとに繰り返される雄大な拍動だった。沖積層に暮らす人びとは、ひとつの生態圏から別の生態圏へと移動する必要などなく、同じ場所に留まっていれば、異なる生息地が、いわば向こうからやって来てくれたのだ[14]。メソポタミア南部の湿地帯での生業ニッチは、農業のリスクと比べればずっと安定的で、回復力があるうえ、毎年の労働などほとんどなしに再生可能なものだった。

好適な位置取りとタイミングの感覚は、狩猟採集民にとってまた別の意味で重要だ。狩猟民、採集民にとっての「収穫」は、1日単位で当たり外れを繰り返すようなものではなく、大まかに予測できる時期（4月終わりから5月）に、沖積層にガゼルや野生のロバの大群が大挙して移動してくるところを捕まえるという、慎重に計算された取り組みだからだ。狩りは前もって注意深く準備された。長い通り道を用意し、幅がだんだん狭くなるようにしておいて群れを追い込み、最後に仕留める。獲物はその場で処理し、乾燥・塩漬けして保存する。ほかの土地の狩猟民でも同じことだが、沖積層の狩人にとって、1年分の動物性タンパク質の供給は、この1週間ほどの集中的な取り組みから得られるものが大部分を占めるので、その間は24時間働き詰めで、移動してくる獲物を可能な限り獲りまくる。移動してくる獲物は場所によって違うが、大型の哺乳類（カリブー、ガゼル）、水禽類（アヒル、ガチョウ）、その他の渡り鳥（休息場所やねぐらにいるもの）、移動性の魚類（サケ、ウナギ、各種のニシン、キュウリウオ）などだった。多くの場合、この「タンパク質収穫」の限定要因となるのは、獲物が少ないことではなく、肉が腐る前に処理するのに必要な労働力の不足だった。ポイントは、大半の狩猟民のリズムが自然の拍動に支配されていたことで、動物の渡りは食料供給の大半を占めるかけがえのないものだった。こうした獲物の大規模移動には、ハーマン・メルヴィルがマッコウクジラについて示唆しているように、人間による捕食への対応と考えられるものもあるが、いずれにせよ、動物の移動が狩猟民や漁労民の生活テンポを農耕民と大きく異なるものに――農耕民には往々にして怠惰と映るリズムに――したことは間違いない。

こうした渡りの群れの大半の通り道として最も一般的なものは、密度の高い栄養資源を提供してくれる湿地、河口、大きな河川の流域を経由するルートだ。鳥は、渡りルートとして沼地と河川流域がお気に入りだし、昇流性のサケや、その逆に降流性のウナギでは、これがさらに明瞭になる（ここでは二つだけだが、魚類は回遊性の種が多い）。すべての水路はそれ自体が栄養豊富な雨樋のようなもので、それぞれに氾濫原があり、後背湿地があり、沖積扇状地がある。水路沿いの水生生物は、この流れではなく氾濫原の周期的な侵略（洪水の「拍動」）に依存して産卵、成長し、それがまた、渡り鳥の群れを引きつける。したがって、いくつもの移行帯の縁にある豊かな湿地に位置し、好適な気候期に当たり、しかも好みの獲物の渡りルートが交わる地点に暮らす人びとには、沖積層で繁栄するための条件が揃いすぎているほどだったろう。ほかの地域での初期の定住についても、多くの説明が、信頼できる生業に最も好ましい条件を提供するものとして、水生資源の重要性を強調している。

しかし、沼地や河川沿いの環境の超越的な豊かさだけを強調したのでは、もっと重要な、沿岸部および河川沿いの地の利を見逃してしまう。それは輸送ということだ。初期の定住には湿地が不可欠な条件だったかもしれないが、のちの大規模な王国や交易センターの発達は、水上交易に有利な位置取りであるかどうかに左右された。[15] 陸路を荷車やロバで運ぶのと比較した場合の水上輸送の優位は、どれほど強調しても足りない。ディオクレティアヌス（在位284―305年）時代のローマ帝国のある布告には、荷車1台分のコムギの価格は約80キロメートル先では2倍とすると明記されている。摩擦が劇的に軽減することから、水上移動は効率が飛躍的に向上する。[16] 薪を例に取ってみよう。鉄道や全天候型道路が登場する以前のさまざまな情報源は、荷車1台分の薪を売って利益が出る距離はほぼ15キロメートルまでだとしている。険しい地形だと距離はさらに縮まるだろう。炭は木材の甚だしい浪費ではあるのだが、これが重要視されたのは、ひとえに輸送可能性が高かったからだ。単位重量・体積当たりの発熱量は「生」の薪よりはるかに大きい。近代以前には、材木、金属鉱石、塩、穀物、ヨシ、土器などのばら積み貨物は、水路を使わなければ一定以上の距離を運ぶことができなかった。

メソポタミア南部の沖積層はこの点からもまたとない好適地だった。1年の半分は水に浸かった世界だったので、ヨシ舟での輸送が容易だったうえに、湿地で必要となる資材の産地は多くが上流にあったため、川の流れを利用することができた。また思い違いをしてはいけないが、こうした初期の定住村落は、自分たちの生産するものだけを消費する自立経済ではなかった。その祖先である狩猟採集民にしても、孤立していたわけではまったくなくて、黒曜石をはじめとする高級品の交易を、相当な距離を越えて行っていた。沖積層の大半で水路による交易が容易だったことが、そうした交換を、陸路に縛られた環境ではありえないほど増幅したのである。

なぜ無視されてきたのか

湿地を起源とする初期の定住村落や初期アーバニズムが無視されてきたのはなぜなのか、という疑問は誰しもが抱くだろう。これにはもちろん、文明は乾燥地の灌漑から起こってきたとする古い物語による部分もある。そうした物語は、それを形作った人びとが目にしていた当時の景観とよく合っていた。しかしわたしは、この歴史的な近視眼は、コムギ、オオムギ、コメ、トウモロコシといった主要穀物と文明との消しがたい結びつきから来ていると考えている（第二の国歌とも言われるアメリカの愛国歌「アメリカ・ザ・ビューティフル」にある amber wave of grain［穀物の琥珀の波］という歌詞を思い浮かべてほしい）。この視点から見れば、沼地（スウォンプ）、沼沢地（マーシュ）、泥炭湿地（フェン）、湿地（ウェットランド）などは一般に文明の裏返しであり、手なずけられない自然のままの領域、道なき荒地、健康と安全にとって危険なところだと見られてきた。文明の仕事は、たとえば沼沢地ならそれを排水して、秩序だった、生産的な穀物畑や村落に作り替えることにほかならなかった。乾燥地の文明化は灌漑を意味していた。沼地の文明化は排水を意味していた。どちらも、終着点は穀物のとれる耕作可能地を作ることだった。H・R・ホールは、初期メソポタミアについて「バビロニア南部の［沖積］扇状は半ばが水、半ばが陸の混沌とした状態だったが、やがて文明が排水と運河の作業を開始した」と述べている[17]。文明の（さらに正確には国家の）仕事とは、これから見るように、泥を消し去り、もっと純粋な構成要素である陸と水に置き換えることだった[18]。古代中国でも、オランダでも、イングランドの泥炭湿地でも、ムソリーニが最終的に抑え込んだポンティノ湿地でも、あるいはイラク南部に残存しサダム・フセインが排水した沼沢地でも、国家はつねに、統治不能な湿地を課税可能な穀物畑にするために、景観を作り替えようと努めてきたのである。

この際だから触れておくと、湿地帯の豊かさが果たした圧倒的に中心的な役割が無視されてきたのはメソポタミアだけではない。イェリコの近くにあった初期の定住コミュニティやナイル川下流で最初の定住地は湿地が基盤で、人の植えた穀物への依存はほとんどないか、あってもごくわずかだった。ほぼ同じことは、河姆渡（かぼと）文化が栄えた中国・杭州湾についてもいえる。新石器時代だった紀元前４５００年頃の中国の東部沿岸地域には、大量の水を含んだ土地がパッチワークのように広がっていて、作物化される前のイネ（水生植物）が豊かに実っていた。インダス川の初期の定住地やハラッパ、さらにはタイのハリプンチャイもこの記述がぴったり当てはまるし、東南アジアのホアビン文化でも、重要な遺跡のある地域は大半が同じような環境だった。さらには、メキシコシティの近くにある初期のテオティワカンの遺跡や、ペルーのティティカカ湖のシユスタニ遺跡など高地にある古代定住地の遺跡にしても、栄えていた当時はやはり広大な湿地帯にあって、いくつもの生態系が接する環境から、魚類、鳥類、貝類、小型哺乳類などの豊かな収穫を得ていた。

湿地発祥の人口定住地が比較的目に入ってこなかった理由はほかにもある。なんといっても、ここで扱っているのはほとんどが口承文化で、参照するべき文書記録が残っていない。さらに、この相対的な見えにくさを増幅しているものとして、ヨシ、スゲ、タケ、木、ラタンヤシなど、用いられた建築資材の傷みやすさということがある。あとの時代になると、文字をもった隣国の文書記録から小規模な社会の存在が知られる場合もあるが（スマトラのシュリーヴィジャヤ王国など）、それですら細かいことはほとんどわからず、さまざまな遺物が水と土と時間によって元の姿に戻ってしまっている。

湿地社会が見えにくい最後の、そしてさらに推論的な理由は、こうした社会が、中央集権化や上からの支配に環境面で抵抗しつづけたことだ。こうした社会は今でいう「共有的資源」を基礎にしていた。つまり、植物も動物も水生生物も育つにまかせ、それをコミュニティ全体で利用していたのである。単一の資源が支配的ではないので、中央からの独占や管理ができないし、ましてや簡単に課税などするわけにいかない。こうしたゾーンでの生業は多様で、変化しやすく、きわめて多くのテンポに依存しているから、中央での会計処理が容易ではない。あとで検討する初期国家とは違って、中央の権力が耕作可能地や穀物、灌漑用水の利用権を独占することが——したがって分配することも——できなかった。そういうわけだから、こうしたコミュニティになんらかの階級構造があったという証拠はほとんど残っていない（ふつうは副葬品の違いでわかる）。このような地域でも文化は発達したかもしれないが、その可能性は低い。比較的平等主義の定住地が網の目のように複雑に絡みあった地域では、大酋長や王国は生まれないだろう。ましてや王朝などありえない。国家には――たとえ小規模な原始国家であっても――ここまで見てきたような湿地の生態系よりもずっと単純な生業環境が必要なのである。

ギャップに注目する

〈飼い馴らし〉によって作物化・家畜化された穀物と動物の登場から、初期文明と聞いて思い浮かぶ農耕−牧畜社会の連合体までに4000年もの大きなギャップがあることに、ぜひ注目してほしい。歴史にこれほど長期の逸脱があるということは、古典的な農耕社会を築くためのブロックはすべて揃っているのに、それがつなぎ合わさらなかったということだ。これはぜひとも説明が必要だろう。標準的な「文明の進歩」の物語は、ひとたび穀草類が作物化され、動物が家畜化されれば、多かれ少なかれ自動的かつ急速に、完成形の農耕社会が生み出されることを暗に前提としている。なんであれ新しい技術が取り入れられて新しい生業ルーチンになるまでには、ある程度の時間がかかると予想されるし、それが1000年かかるときもあるだろう。しかし4000年、およそ160世代というのは度が過ぎている。

ある考古学者は、この長い時期を「低水準食料生産」のひとつとして特徴づけた。[19] しかし、この用語はまったく不適当に思える。「生産」を強調することで、なにか劣悪で不満足な均衡状態で「行き詰まった」社会が示唆されるからだ。〈飼い馴らし〉に関する傑出した理論家であるメリンダ・ゼダーはこうした目的論を回避して、逆に、必要なカロリーの多くを固定された畑の穀物に全面的に依存するのを避けた人びとが、実際には、それと知ってそうしていたという可能性を示唆している。「自由に棲息する資源、管理された資源、そして完全に飼い馴らされた資源の組み合わせを基礎とする安定的で高度に持続可能な生業経済は、中東での、もっぱら作物化・家畜化された動植物を基礎とする農業経済に結晶するまで、400年以上にわたって根強く続いたように思われる」[20]。ゼダーは、この視点から見ると近東はまったく特別ではないと考えている。そしてアジア、メソアメリカ、北アメリカ東部に関する研究を引用して、こう主張している。「培養変種〔栽培種だけが存在し、自然種中に対応するものがないもの〕や家畜動物は生業戦略の全般にわたって取り入れられた。ときにはそれに数千年もかかることもあったが、その間、伝統的な狩猟採集による生活様式が途絶することはなかった」

作物や家畜は追加的な――しかも往々にしてそれほど重要ではない――食料として利用された。「野生の資源との違いは、確保するのに必要となるものが、狩りや採集ではなく繁殖だということだけだった。……それゆえ、飼い馴らされた資源、ないし飼い馴らしうる資源の存在も、あるいは食料生産技術の普及も、それだけでは、生業経済の基本理念としての食料生産を誘発するには不十分なのである」[21]

歴史上の行為者について第一の、そして最も堅実な前提は、彼らは与えられた資源と自分の知っていることを基に、直近の利益を確保するために合理的に行動する、ということだ。この精神に則って考えれば――また、この場合は当時の人びとのことばを直接聞くことはできないのだから――彼らは機敏で巧みな水先案内人だったと見るのが最も筋が通る。彼らの暮らした環境は、多様ではあるが変わりやすく、潜在的には危険なところだった。初期の定住を始めた狩猟民や採食者が、多様な湿地環境が提供してくれる複数の生業選択肢を利用していたのと同じように、この長い期間にも、こうした環境下でさまざまな実験や管理が継続されたと考えることができる。彼らは、狭い範囲の食糧資源にのみ依存するのではなく、むしろ日和見主義的なゼネラリストだった。手にもった大きなポートフォリオには、いくつもの食料網にまたがる生業選択肢が詰まっていたことだろう。

メソポタミアの沖積層には、レヴァント地方と同様に、わずかな距離の違いで降雨と植生が大きく変化するという特徴がある。こんなところは世界でもほとんど見当たらない。季節による降雨の変化も並はずれて大きい。こうした多様性は、さまざまな資源をすぐ手の届く範囲にもたらしてくれるが、そうした多様性に対応するためには、展開できる生業戦略のレパートリーが広くないといけない。また、それよりずっと大きなサイクルの気候事象もあるから、紀元前3500年頃に最初の農業王国が発生するまでの数千年間には、民衆の記憶に「大洪水」の痕跡が残ることもあっただろう。紀元前1万2700—1万800年頃は温暖・湿潤期だった（そのなかでも揺れはあった）が、それに続く紀元前1万800—9600年頃は極端な寒冷期（ヤンガードリアス）となった。定住地は放棄され、残りの人口は、少しでも暖かい低地や海岸沿いの避難地へと後退した。ヤンガードリアスのあとの環境は、全体としては狩猟採集民の拡大に適していたが、気候の揺り戻しもあって、紀元前6200年頃からは寒冷・乾燥気候が1世紀ほど続いた（近世ヨーロッパ史家が小氷期とよぶ1550—1859年より厳しかった）。紀元前1万年からの約5000年を専門とする考古学者は、この時期に人口増加と定住の拍動が何度も繰り返されたことで見解が一致している。寒冷・乾燥期の定住は、利用できる避難地に人が集まった結果だっただろうし、温暖・湿潤期には人口が増えて拡散していったことだろう。多様性とリスクを考えれば、当時の人びとにとって、狭い範囲の生業資源に依存するのは理に適わないことだったはずだ。

ここまでは、気候と生態系に関してわかっていることだけを取り上げ、それによる人口の分布と定住への影響を考えてきた。しかし、こうした変化の一部もしくは大半が、広い意味で人類が原因だった可能性も十分にある。病気、伝染病、人口の急増、地域資源や獲物の枯渇、社会的な争い、暴力などがそうだが、こうしたものは、必ずしも考古学的な記録に明瞭な足跡を残してはくれない。

わたしたちは、国家成立以前の祖先の敏捷さや適応力の度合いを過小評価してきたに違いない。そうした過小評価が積み重なって文明の物語となり、そこから、狩猟採集民や移動耕作民や遊牧民をほとんどホモ・サピエンスの亜種と見て、それぞれが人類の進歩の各段階を示していると考えてきたのだ。しかし歴史的な証拠は、人びとが、こうした特徴的な生業様式のあいだをいとも簡単に往き来していたこと、そして実際には、そうしたものを組み合わせて、肥沃な三日月地帯をはじめとする地域で、独創的なハイブリッドの生業様式をいくつも作り出していたことを示している。たとえばヤンガードリアスの寒冷期、メソポタミア沖積層の疑似定住人口は、それぞれの地域で生業としていた採食活動が低迷してくるのに合わせて、移動性の高い生業戦略を採用するようになった。ずっとあとの時代（今から約５０００年前）になって、台湾から東南アジアへ渡った農耕民の多くが作物の植え付けを放棄し、新しくて実りの多い森林環境で採食と狩猟をするようになったのとまったく同じだ。[22] 20世紀の初めには、歴史における地理学的視点を主張したある大家が、狩猟採集民、遊牧民、農耕民のあいだの明確な区別を否定し、安全のために、ほとんどの人びとはこうした生業ニッチの少なくとも二つをまたいでおくことを好んできたと強調した。「必要な場合に備えて２本の綱を舳先につないでおくのだ[23]」

というわけで、わたしたちは、文明の発生や国家の興隆に関する歴史的な物語に生命を吹き込んできた基本用語について、戦闘的なまでに不可知論的であるべきだ。知的懐疑主義も近年の証拠も、この方向を指し示している。たとえば植物の作物化や恒久的な定住に関する議論の大半は、初期の人びとは待ちかねたように1カ所に定着するようになった、とあっさり決めつけている。こうした決めつけは、農業国家をめぐる標準的な議論をそれ以前の時代にさかのぼって当てはめる読み方で、移動する人びとは原始的だという烙印を押すものだ。「定住への社会的意志」を当然視するべきではない。[24] 同じように「遊牧民」「農耕民」「狩猟民」

「採集者」といった用語も、少なくともその本質的な意味においては、当然視するべきではない。こうしたものは、古代中東における生業活動の範囲を定義したものであって、人間を区別するものではないと理解した方がいい。血縁集団や村落には、遊牧をするグループもあれば狩猟や穀物栽培をするグループもあって、どれもが統一された経済の一部だったと思われる。ある家族や村落で作物の実りが悪ければ、全員ないし一部がヒツジを飼うこともあっただろう。遊牧をしていて群れを失ったら、代わりに穀物を植えただろう。乾期や雨期には地域全体が生業戦略を劇的に変えることもあったかもしれない。こうしたさまざまな活動に携わる人びとを、異なる生活世界に暮らす、本質的に異なる人びととして扱ってしまうことも、ずっと後年に農業国家が行った遊牧民への烙印押しを、そんな区別がまったく意味をもたない時代へとさかのぼらせる読み方になる。この転換の鮮やかな実例を、アン・ポーターが鋭く読み込んだ『ギルガメシュ叙事詩』の多くの異形に見ることができる。(25) 最も初期のかたちでは、ギルガメシュの魂の伴侶であるエンキドゥは単なる羊飼いで、作物の世話をしながら家畜の面倒もみる、融合した社会を象徴していた。それが千年後のバージョンでは、エンキドゥは人間以下の存在として描かれ、野獣とともに育ち、人間の女性と交わることでようやく人間となる。言い換えればエンキドゥは、穀物も馬も都市も、どうやって「膝を屈する」かも知らない危険な野蛮人となったのだ。この「末期の」エンキドゥは、これから見るように、成熟した農業国家のイデオロギーが生み出したものだ。

すでにいくつかの穀草や豆類を作物化し、ヤギやヒツジも家畜化していたメソポタミア沖積層の人びとは、その時点ですでに農耕民であり、かつ遊牧民であって、狩猟採集民でもあった。要するに、採集できる野生の食物がふんだんにあり、毎年水鳥やガゼルが渡ってきて狩りができているあいだは、わざわざリスクを冒して、労働集約的な農耕や家畜の飼育に大きく依存する理由は――ましてやそれだけに依存してしまう理由は――まったく考えられなかったということだ。豊かなモザイクのような資源に囲まれていること、そしてそのおかげで、単一の技術や食料源に特化するのを避けられることこそが、自分たちの安全と相対的な豊かさを保障する最善の方法だったのだ。

そもそもなぜ植えるのか

しかし、新石器時代初期の遺跡の多くには、たしかに野生の穀草を栽培していたことを示す明瞭な証拠があるし、一部の植物については（こちらは異論があるものの）作物化していたという証拠もある。わたしたちの祖先が野生の穀草をはじめとする資源の密集地域にいたことを考えたときに疑問となるのは、なぜ彼らは大急ぎで農耕に飛び込まなかったのかではなく、そもそもなぜ、わざわざ植物を植えたのかということになる。一般的な答えは、穀物は収穫して脱穀したら穀物倉で何年も貯蔵ができるからというもので、これには、もしなにかあって野生の資源が急に不足した場合に備えてデンプンとタンパク質を高密度に貯蔵しておくという意味がある。労働のコストはかかるが、栽培の方法も知っていた狩猟採集民にとって、これは生業のための保険契約のようなものだった――と、この主張は続いていく。

この説明は、基本的なところで精査に耐えられない。これは暗に、植え付けた作物からの収穫が野生種の穀物から得られる実りより信頼できることを前提にしている。しかし事実はその反対に近い。そもそも野生の種子は、それが繁茂する場所でしか見つからないものだ。第二に、この視点は、植物を植え、世話をし、実を守るという、定住に伴う生業リスクを見過ごしている。歴史的に見て、狩猟民や採集民の生業の安全は、まさに彼らの移動性と、権利を主張できる食料資源の多様性にあった。そもそも、メソポタミアの沖積層には生態学的に多様な資源が多くあり、それがまれに見るほど近接していたからこそ、初期の定住は可能となったのだ（ほかの場所では、そういうところがあってもごく一時的で、空間的にもばらついていた）。定住している狩猟採集民が農耕をすることで、彼らの潜在的な動きが制限されてしまったら、たとえば鳥や魚の渡り時期が早まってもすぐには対応できないから、食料の安全性は、向上するどころか低下してしまう。この長い期間を通じて、周期的に定住地を放棄して遊牧や移動採食に戻ったことを示す証拠があるのは、定住が戦略であって、のちに祭り上げられるようなイデオロギーではなかったことを証明するものだ。

先の説明での「食料貯蔵仮説」は最も雑な、きわめて近視眼的なバージョンで、沖積層をはじめとする各地で非常に多様な食料貯蔵技術が同時に実践されていたことを考慮していない。[26] 家畜というかたちで「生きたまま」貯蔵するのが最もわかりやすい例だ。「ハウサ族の穀物倉は牝牛だ」という諺はこのことを完璧に捉えている。必要なときには手近なところに脂肪とタンパク質の供給源があるのであれば、植え付けのちょっとした実験もそれほどリスキーには思えないだろう。実際に初期農業の理論家のあいだでは、作物栽培がなかなか広がらなかったのは、むしろ相対的に家畜動物が少なかったからだと見る方が説明しやすいとする考えもある。信頼できる代替品がないときに植え付けを試みるのは、単純にリスクが大きすぎるのだ。ほかの食べ物も、期間の長短はあっても、容易に保存ができた。魚や肉は塩漬けにしてもいいし、乾燥させても、燻製にしてもいい。ヒヨコマメやレンズマメのような豆類なら乾燥させて保存できるし、果実や穀物を発酵させて蒸留することもできた。ウルクの神殿労働者には、オオムギを発酵させたビールが1日1杯ずつ配給されたようだ。さらに視点を広げれば、当時の狩猟採集民が目にしたと思われる景観が目に浮かぶかもしれない——それは魚類、軟体動物、鳥類、ナッツ、フルーツ、イモ類、食用になるイグサやスゲ、両生類、小型の哺乳類、大型の獲物があふれる、巨大で、多様性に富んだ、生きた貯蔵エリアだった。なにかの資源が獲れない年があっても、ほかのものは豊富にあるだろう。この生きた複合貯蔵施設は多様性に富んでいて、最盛期がさまざまにずれる。そして、そこにこそ安定があるのだ。

社会進化の研究者のあいだで一時好まれた理論化の方法では、農業が「遅延リターン」の活動であることを理由に、重要な文明上の飛躍として描きだされた[27]。この説では、耕作者は質的に新しい人間となる。なぜなら、畑を準備する段階でずっと先のことを見通して、種を播き、作物が成熟していくのに合わせて雑草を抜き、手入れをして、ようやく実りが得られる（と期待している）からだ。この主張の間違いは――それもひどい間違いだとわたしは思うのだが――農耕民の描き方はもとより、狩猟採集民の戯画的な描き方にある。これでは暗に、言外の対比として狩猟採集民のことを、先の見通しを立てずに衝動的に行動し、闇雲に山野を駆け回りながら、たまたま獲物と遭遇するか、藪や茂みの中からなにか引っ張り出せるものが見つかることと（「即時リターン」）を期待している野生生物のように考えていることになる。しかし、これほど現実から遠いこともない。渡りをしてくるガゼルや魚類、鳥類などを対象とした大規模な捕獲では、協働での入念な事前準備が必要だ。仕留める場所まで長くて細い「追い込み道」を作らなければならない。堰や網や罠を作らなければならない。獲物を燻製、乾燥、あるいは塩漬けするための施設を作ったり、穴を掘ったりしなければならない。どれもずば抜けた遅延リターンの活動だ。道具や技術もたくさん揃えなければならないから、農業で必要とされるよりもはるかに高度な調整と協働が必要となる。こうした派手な大規模捕獲活動のほかにも、狩猟民や採集民は、すでに見たように、長い年月をかけて景観を作り変えることもしてきた。先々に食物や原材料の実りそうな植物を育てていたし、飼料を作る目的や獲物を引き寄せる目的で畑を焼いたり、好ましい穀物やイモ類のために雑草を抜いたりもしてきた。耕すことと種を播くこと以外、農民が作物のためにすることとは、野生種の穀草のためにすべてしてきているのだ。

「食料の貯蔵」も「遅延リターン」も、作物化した穀物の利用が歴史記録のうえでは限定的でしかないことの説明として、ほとんど妥当性がない。わたしは、作物の種播きに関して、火と洪水の類似性を基礎に、まったく異なる説明を提案する。農作業、とりわけ耕作を伴う農業の一般的な問題は、多くの集約的労働を含んでいることだ。しかし、あるタイプの農業ではこうした労働の大半が不要になる。それは氾濫農法（「減水農法」）だ。氾濫農法では、毎年の川の氾濫で堆積する肥沃なシルトに種を播くのが一般的だ。ここでいう肥沃なシルトとは、もちろん上流の栄養素が「浸食によって移動」してきたものだ。この形態での農耕が、ティグリス＝ユーフラテス氾濫原で最初の農業形態だったことはほぼ間違いないし、いうまでもなくナイル川流域もそうだ。この農法は現在でも広範に実践されていて、植え付ける穀物の種類を問わず、最も労働力を節約できる農業形態であることが示されている[28]。

この本の目的からは、この場合の洪水は、狩猟採集民や焼畑農業民による火の利用と同じ、景観彫刻のためのものと見ることができる。洪水は、競合する植物をすべて削り落として水没させることで「畑」から余分なものを取り除き、そのプロセスで、柔らかく、作業が容易で、栄養豊富なシルトを沈殿させながら後退していく。結果、条件さえよければ、ほぼ完璧に耕作され、施肥されて、種播きを待つばかりの畑が、労働コストゼロでできあがる。わたしたちの祖先は、火によって土地から余分なものが取り除かれ、そのあとにすばやくコロニー形成する種（いわゆる抵抗性植物）が自然に広がるのに気がついた。洪水のあとにも同じことが起こるのに気づいたに違いない[29]。初期の穀類はイネ科の草（抵抗性植物）だったから、このようなシルトに播いてやればすぐに成長して、競合する雑草類に先んじたことだろう。あるいは、こうは想像できないだろうか——先に見たような自然の土手に小さな切れ目をつければ小型の洪水が起こせる。すると、さあお立ち会い、氾濫農法のできあがりだ！　こんな形態の農業なら、知的だが作業嫌いの狩猟採集民でも採用するだろう。

2 世界の景観修正——ドムス複合体

伝統的な物語とは対照的に、ホモ・サピエンスが狩猟採集と農耕を隔てる運命の一線を——つまりは歴史以前と以後を、そして野蛮と文明を隔てる一線を——踏み越えた「魔法の瞬間」は存在しない。それをいうなら、種子やイモを条件の整った土壌に埋めた瞬間の方がよほど適切だ。それこそが、ホモ・エレクトスと火によって始まった景観修正の、歴史の深部に埋もれた長い、長い糸のなかの——しかし行為自体は当事者にとってたいした意味のない——一大イベントだった。

もちろん、自分たちに都合のいいように環境を修正する種はわたしたちだけではない。ビーバーが最もわかりやすい例だろうが、ゾウやプレーリードッグ、クマなど、事実上ほぼすべての哺乳類が「ニッチ構築」に携わっていて、身のまわりの景観の物理的特徴や、他種の植物、動物、微生物の分布を変更している。昆虫も、とくにアリ、シロアリ、ハチなどの「社会的」昆虫については同様だ。さらに歴史的な視野を広げ、深いところまで見ていけば、植物も大規模な景観修正に積極的に関わっている。たとえば最後の氷河期のあとに広がった「オーク・ベルト」は、長い時間をかけて独自の土壌を作った。木陰ができ、さまざまな同伴植物が育った。ドングリが供給されて、多くの哺乳類がその恵みを受けた。そうしたなかに、リスやホモ・

サピエンスがいた。

多くの人びとが「厳密な意味で」農業と考えるものが登場するはるか以前から、ホモ・サピエンスは周囲の生物世界を巧妙に再配置してきた。これには意図的なものもあったし、そうでないものもあったのだが、この低強度の園耕は、多くは火のおかげによって、数万年をかけて自然界に多大な影響を及ぼした。すでに1万1000―2000年前には、肥沃な三角地帯の人びとが地元の「野生」植物の群集に介入して、自分たちに都合のいいように修正していたという確固とした証拠がある。考古学記録に穀物作物化の明確な形態学的証拠が登場する数千年も前のことだ。[1] 作物化された穀物が現れた時期も特定できる。さまざまな雑草（積極的な耕耘をして耕地の世話をするのと同時に現れるもの）が明確に見られる一方で、この管理された環境になじめなかった土着植物が衰退しているからだ。[2]

景観彫刻の証拠によって初期定住への理解がどこよりも大きく変わったのは、アマゾン氾濫原だ。今、この盆地には多くの人が定住し、そのほとんどが居住可能なように見えるが、それはヤシや果樹、ブラジルナッツ、タケなどによる景観管理の賜物で、文化的な意味で人為的な森林が徐々に作られていったことによる。魔法が効いてくるだけの十分な時間があれば、スローモーションのようなこの種の森林「造園」が作り出す土壌、植物相、動物相は、豊かな生業ニッチとなる。[3]

種子やイモの植え付けは、この文脈ではひとつのテクニックにすぎない。望ましくはあるが形態学的にはまだ野生段階にある植物について、その生産性や多様性、健康を向上させるために考えられたテクニックは何百とある。たとえば望ましくない植物を焼き払う、好ましい植物や樹木が自然に群生しているところで雑草を引き抜いて競争者を除く、枯れた枝などを刈り込む、間伐する、選択して収穫する、余分な枝などを刈り取る、植え替える、周囲の地表を覆う、保護的な昆虫を移す、萌芽更新〔根株の休眠芽の生育を期待しての森林伐採〕をする、水をやる、施肥をするなどだ。[4] 動物についても、狩猟民は、家畜化が完成する前から、長い年月にわたって、森林を焼いて獲物のために若芽を出させる、繁殖期の雌は狩らない、間引く（生活サイクルと個体数を考えた狩りをする）、選択的な漁をする、小川などの水源を管理して放卵床や貝礁の形成を促進する、鳥や魚の卵や子を移植する、生息環境を操作する、ときには幼体を育てる、などのことを行っていた。

〈飼い馴らし〉は、こうした実践の深層史とその多大な影響という観点から、単なる植え付けや牧畜よりずっと視野を広げて見る必要がある。種としての夜明け以来、ホモ・サピエンスは、動植物種だけではなく環境全体を飼い馴らしてきた。その道具として突出していたのは、産業革命までは、鍬ではなく火だった。また逆に、環境全体を飼い馴らしたことで、わたしたちの種にはもうひとつの適応優位が可能となった。それは高い繁殖率で、おかげでわたしたちは、世界で最も成功した侵略的哺乳類となっている（これについては後述する）。これをニッチ構築とよんでもいいし、環境の飼い馴らしや景観修正、あるいは生態系の人間管理でも構わないが、とにかく長い目で見れば、完全に作物化されたコムギやオオムギ、家畜化されたヤギやヒツジに基づく最初の社会がメソポタミアに登場するはるか前に、世界の大半が人間の活動によって（すなわち人為的に）形作られていたことは明らかだ。そう考えてくれれば、生業様式を従来のような「亜種」——狩猟、採集、遊牧、農耕——に分類することの歴史的な意味は、最終的にはほとんどなくなる。同じ人びとがこの四つのすべてを、場合によっては一人が一生の間に実践していた。こうした活動が数千年にわたって組み合わせて行われたということもありえるし、実際に行われてきた。その一つひとつが、人間による自然界の再編という巨大な連続体の上で次へ、そしてまた次へと、目に見えないほどわずかずつ滲みだしているのである。

新石器時代の植え付けから百花繚乱へ——耕作の影響

穀物が最初に作物化された決定的瞬間を探すのが的外れな努力だとしても、紀元前5000年までに肥沃な三日月地帯に数百の村があって、完全に作物化した穀物が主食として栽培されていたことは間違いない。なぜそうなったのかについては、現在も激しい議論が続いている。つい最近まで優勢だった説明は、デンマークの偉大な経済学者エスター・ボーズラップと結びついた、いわゆる耕作農業「背水の陣」理論だ。[5] 耕作農業は通常、同じカロリー量を得るために必要な労働量が狩猟採集と比べて各段に多い。この反論の余地のない前提から出発して、ボーズラップは、完全な栽培は機会としてではなく、ほかの選択肢が不可能な場合の最後の手段として始まったと推論した。人口の増加、狩猟で得られる野生のタンパク質や採集できる高栄養の野生植物の減少、あるいは圧政などが組み合わさって、人びとは仕方なしに作業量を増やして、利用可能な土地から抽出できるカロリー量を増やそうとしたに違いない。この人口統計学的な重労働への移行は、アダムとイヴがエデンの園から苦役の世界へと追放されたとする聖書の物語を暗喩的に捉えたものとして、広く読み込まれた。

一見すると経済的な論理なのだが、この背水の陣理論は、少なくともメソポタミアや肥沃な三日月地帯については、入手可能な証拠と整合しない。この理論でいけば、最初に耕作が採用されたのは、追い詰められた狩猟採集民が周囲の環境収容力〔ある環境に継続的に存在できる生物の最大量〕の限界に達してしまった地域だと予測できる。ところが、耕作が始まったのは、欠乏ではなく豊富さを特徴とする地域だったようなのだ。また、先に指摘したように、もし氾濫農法が行われていたのなら、耕作は多大な苦役を必要とするというボーズラップの議論は、中心となる前提が無効になってしまう。最後に、初期の農耕が猟獣や採食の消失を伴っていたという確固たる証拠もなさそうだ。農業の背水の陣理論は、少なくとも中東に関しては綻びだらけなのだが、農耕の広がりについて満足のいく代替説明はまだない[6]。

進化のモジュールとしてのドムス

とはいえ、なぜ、という疑問そのものは思ったほど重要ではないのかもしれない。恐ろしいほど労働集約的でない限り、耕作も、初期の定住コミュニティの環境工学では、数あるテクニックのひとつにすぎなかったのだろう。種播きや耕耘が一般化した理由よりも重要に思えるのは、ひとたび穀物と動物の飼い馴らしが達成されてからの、広範な影響だ。ここからはこのテーマに移っていこう。

理由は何であれ、飼い馴らされた穀物と動物への依存度が高くなったことは、景観修正の量的変化を表している。栽培作物は形質転換された。家畜も形質転換された。それが依存している土壌や飼い葉も形質転換された。そして、とりわけホモ・サピエンスが形質転換された。〈飼い馴らし〉を意味する英語 domestication は住居を意味する「ドムス domus」が語源だが、ここではこの domestication を、文字どおり「ドムス化」「ドムス生物化」の意味にとる必要がある。ドムスはほかに類を見ないもので、耕地、種子や穀物の蓄え、人、そして家畜動物が前例のないほど密集し、すべてが共進化しながら、誰にも予想しなかったような影響を生み出した。そして、これも同じくらい重要なことだが、進化のモジュールとしてのドムスには抗しがたい魅力があって、文字どおり何千何万という招かれざる居候がやってきて、この小さな生態系で繁栄した。この積み重なりの頂点にいたのがいわゆる片利共生生物で、スズメ、ネズミ、カラス、そして（これは招かれたに近いが）イヌ、ブタ、ネコといった生きものにとって、この新しい方舟は正真正銘の飼育場だった。

こうした片利共生生物のそれぞれが、一連の寄生微生物――ノミ、ダニ、ヒル、カ、シラミなど――と捕食者を連れてきた（イヌやネコは、大きく見ればネズミやスズメの捕食者だ）。この後期新石器時代複数種再定住キャンプに身を置いて、姿を変えていない生物はひとつとしてない。

植物考古学者が注意を向けてきたのは、コムギやオオムギといった主要穀物の形態的、遺伝的な変化がほとんどだった。初期のコムギ――ヒトツブコムギと、とくにエンマーコムギ――をはじめ、オオムギや大半の「基礎」豆類――レンズマメ、エンドウマメ、ヒヨコマメ、ビターベッチ〔ソラマメの一種〕、さらには亜麻――も広義の「穀物」類に属するといえる。どれも自家受粉する一年草で、野生原種とは容易に交配しない（ライムギは別）。多くの植物は、いつ、どこで育つかの条件がうるさい。栄養価を別にすれば、作物化の最大の条件は「ゼネラリスト」ということで、掻き乱された土壌（＝耕地）でも密集した環境でも育ってくれて、しかも貯蔵が容易なものでなければならない。将来の農民にとって問題となったのは、自然の選択圧が、野生植物の特徴を農民が困る方向に推し進めることだった。たとえば野生種の穀物は頭部が小さく、すぐに弾けて自分で種を播いてしまう。不均等に成熟するし、長いあいだ休眠していた種子でも発芽する。多くの付属器官、穎（えい）〔小穂を構成する鱗片状の包葉〕、芒（のぎ）〔穎の先端にある棘状の突起〕、さらには分厚い種皮がある。どれも、草食動物や鳥を諦めさせるためのものだ。こうした特徴はすべて野生の世界で生きるために選択されたもので、農民にとっては都合が悪い。コムギやオオムギを苦しめる主な雑草は、ただ乗りしてくる厄介な片利共生者と考えられるもので、まさにこうした特徴を備えている。耕地を好むが、収穫する農民や家畜からは逃れてしまう。オーツムギは、農業キャリアの始めは耕地に生える雑草で、偏性の有害生物だったものが、穀物に擬態しているうちに二次作物になったと考えられている。

耕し、種を播き、除草することで、農地はまったく異なる選択領域になる。農民は、穂が弾けない（非裂開性）でそのまま収穫できる穀物、生育期や成熟期が決まっている穀物を求める。作物化穀物の特徴の多くは、長い年月をかけた種播きと収穫の影響にほかならない。そこで、植物としてたくさんの種子や大きな種子をつけるもの、種皮が薄いもの（発芽が速く、播けば競争相手の雑草に先んじることができる）、一斉に熟するもの、脱穀が容易なもの、間違いなく発芽するもの、そして包穎や付属体の少ないものが、並はずれて収穫に貢献する。そこで翌年の植え付けでは、そのような植物の子孫が好まれる。連続的に選択され、植え付けられた栽培品種とその野生原種との形態学上の違いは、時とともに大きくなっていく。コムギなどでも、野生種と作物種との違いは簡単にわかるが、トウモロコシとその祖先種であるテオシントは驚くほど対照的で、同じ種に属しているとはとても思えないほどだ。

初期の農地は、外の世界と比べればはるかに単純で洗練されていたが、同時に、ほぼ収穫量のためだけに無精子の交配種やクローンを育てる工業的な農地での農業と比べれば、はるかに複雑だった。初期の農業は、栽培品種と土地競争のポートフォリオのようなもので、育てる目的もひとつではなく、平均収穫量よりも、むしろさまざまなストレス、病気、寄生虫への抵抗力や、生業ニーズを満たすうえでの信頼性という観点を意図して選ばれていた。穀物や亜種の多様性は、生態学的にも気候的にも多様な自然の環境下が最も大きく、依存可能な水や生育条件がある沖積層の低地が最も小さかった。

農地や農園を耕す目的は、培養変種と競合する大半の変種を除去することにほかならない。そこは人間が作り、人間が保護する環境であって、栽培される植物以外の植物は、火や洪水や鍬や鋤を使って一時的に除去される。鳥や齧歯類や草食動物は、追い払われるか囲いを作って締め出すかされる。そうして作り出したほぼ理想的な世界で、わたしたちにとって好ましい植物が、おそらくはていねいな水やりや施肥をされて、繁茂する。着実に、大切に扱いながら、わたしたちは、〈飼い馴らし〉によって完全にドムス生物化された植物を作り出していく。「完全にドムス生物化された」とは、わたしたちが作り出したということにほかならない。わたしたちが世話しなければもう繁殖できないのだ。進化論的にいえば、完全にドムス生物化された植物とは、超絶的に特殊化された「でくのぼう」植物のことで、その未来は完全にわたしたちに依存している。わたしたちを喜ばせられなくなれば、すぐに放り出されてしまい、ほぼ確実に滅んでしまうだろう。[7]もっとも、飼い馴らされた植物や動物でも、オーツムギ、バナナ、ラッパスイセン、デイリリー、イヌ、ブタなどのように、完全なドムス化に抵抗してきたものもあって、程度の違いはあるが、ドムスの外で生き残って繁殖できている。

狩猟民の獲物から農民の囲い物へ

イヌやネコ、さらにはブタがどのようにして狩猟民やドムスに引き寄せられていったかは間違いなく理解できる。そこには確実に食べ物があり、暖かさがあって、獲物が手に入ったからだ。こうした動物は強制的に駆り集められたのではなく、程度の違いはあっても、とにかく自発的にドムスに現れた。ハツカネズミやイエスズメにもほぼ同じことが言えるだろう（ただし完全な飼い馴らしは回避したから、あまり歓迎はされなかっただろう）。しかし、中東で最初の非片利共生生物であるヒツジとヤギの場合は、哺乳類に関する重大な革命のひとつだ。なにしろこれは、狩猟民であるホモ・サピエンスが何千年、何万年にわたって獲物にしてきた動物なのだ。それを、新石器時代の村人は、ただ殺すのではなく、捕らえ、囲いに入れ、ほかの捕食者から保護し、必要なときには餌を与え、繁殖させて子孫を増やし、生きているうちはミルクや毛や血を利用したうえで、最後には狩猟民のようにその動物を殺して死体を利用したのである。獲物から「保護」ないし「育成」される種への移行は、それに関わった両方の当事者にとって多大な影響をもたらした。もし、ホモ・サピエンスが歴史上最も成功し、数の増えた侵略種だとするなら、その（怪しげな）達成は、飼い馴らされた動植物からなる大連合部隊を、地上のほぼあらゆる場所に同行させたことが理由だ。

獲物にしていた動物がすべて候補として適していたわけではない。これは進化生物学者や自然史家が強調することだが、一定の種は「前適応」していて、野生状態で、すでにドムスでの生活になじみやすい特徴を備えていた。なかでも挙げられる特徴は、まず群れで行動すること、そしてそれに付随する社会的序列があること[8]、さまざまな環境条件に耐えられること、食餌の幅が広いこと、密集生活や病気への適応力があること、監禁状態でも繁殖能力があること、そして最後に、外的な刺激に対する恐怖－逃走反応が比較的弱いことだ。主な家畜動物（ヒツジ、ヤギ、ウシ、ブタ）の大半が群れを作るし、役畜（ウマ、ラクダ、ロバ、スイギュウ、トナカイ）も大半がそうだが、群れで行動するからといってどれもが家畜化できるわけではない。たとえばガゼルは、それまでの数千年で最も頻繁に狩猟の対象とされた動物だった。長い、漏斗の形をした壁（「砂漠の凧」とよばれている）がメソポタミア北部で見つかっている。年ごとに移動してくるガゼルの群れを誘導して捕らえるためのものだと考えられているのだが、この好ましいタンパク源は、家畜にしてしまうと生きていけない。

とはいえ、家畜化された動物にしてもまったく新しい生活世界に入ることで、それまで自由に生きる獲物として経験してきたものとは劇的に異なる環境圧力に遭遇することになった。初期の家畜として最もふつうに見られたヒツジ、ヤギ、ブタについて言えば、まずなによりも、どこでも好きなところへ行くわけにはいかなくなった。囚われの種として、移動と並んで食餌も制限され、たいていは囲い、ワッジ〔雨期を除いて流水のない涸れ川〕、洞窟などに、進化の歴史上に前例がないほどの密集度で詰め込まれた。密集状態は、あとで見るように、こうした動物の健康や社会組織に影響を与えた。捕らえた側の大きな目的のひとつは繁殖の最大化だった。これはたいていの場合、達成された。現在の家畜でも行われていることだが、若いオスと繁殖年齢を過ぎたメスを処分して、繁殖力のあるメスの数と妊娠数を最大化するのだ。考古学者がヒツジなりヤギなりの骨を大量に発見したとしよう。それが野生の群れか家畜の群れかを知るには、残された骨の年齢と性別の分布を見ればいい。人間が積極的に管理、選択していたという、なによりも強力な証拠が見つかるはずだ。畑の植物と同様に、人間という主人に守られ、世話をされるなかで、家畜動物は野生の選択圧（捕食者、食物をめぐる競争、交配相手をめぐる争いなど）の多くを免れた代わりに、新たな「所有者」が意識的、無意識に課してくる選択圧にさらされるようになったのだった。[9]

新たな選択の領域はホモ・サピエンスの設計したものだけにとどまらない。もっと幅広く、ドムス複合体の全体――畑や穀物、住居、そして片利共生生物として集まってくる動物、鳥、昆虫、寄生虫、果てはバクテリアのような生命体まで含めたすべて――のミクロ生態系や微気候にまで及ぶ。ドムス複合体の独立した影響、すなわち人間による直接管理から独立した影響があったことの証拠として、ネズミ、スズメ、さらにはブタといった招かれざる片利共生生物が、完全に家畜化された動物と同じ身体上の変化をいくつも示している[10]（ブタは、人間の定住地の豊かな残り物を採食するために自分からやってきた可能性がある）。

ドムスの新しい、劇的な圧力の対象となることで、主要な家畜動物は、生理的にも行動的にもまったく違う動物になった。しかもこうした変化は、進化の観点から見ればまさに一瞬のうちに起こっている。このことは、メソポタミアの家畜動物と野生の近縁種や原種とで骨格を比較してみてもわかるし、もっと近い時代の家畜化実験からも知ることができる。今では有名になったが、ギンギツネを人間に馴らしていく旧ソ連での実験は衝撃的な実例だ。１３０匹のギンギツネのなかから最も攻撃性の少ない（最も人に馴れやすい）個体を選びだし、そういうキツネどうしで交配を繰り返していくというこの実験では、わずか10世代で子孫の18パーセントが、くんくんと鼻を鳴らす、尾を振る、なでられたり遊んでもらったりすると喜ぶなど、家畜のイヌと同じような、きわめて人に馴れた行動を見せるようになった。こうした交配を20世代続けると、きわめて人に馴れたキツネの割合はほぼ倍の35パーセントになった。[11] 行動の変容には、耳が垂れる、まだら模様になる、尾が立つといった肉体的な変化も伴っていて、これをアドレナリン生産の減少と遺伝的に結びつける見方もある。

家畜化された動物と同時代の野生種との決定的な行動上の違いは、外的刺激への反応の閾値が高いことと、全体として（ホモ・サピエンスも含めた）他種への用心深さが少ないことだ。[12] こうした特質がすべて人間による意識的な選択によるのではなく、一部に「ドムス効果」があると思われるのは、招かれざる片利共生動物であるハト、ネズミ、スズメなども、ほぼ同じように、用心深さや反応性が下がっているからだ。たとえばネズミなら、選択は、小さくて目立たない個体に有利に働いた。その方が人間の残り物にありつきやすいし、見つかって捕まることも少ない。わたし自身も20年以上にわたってヒツジを育てているが、ヒツジが臆病な集団行動と個性の欠如の同義語として使われることには、つねづね不満を抱いている。人間が、過去８００0年にわたって従順なヒツジを選択してきたのだ。そのなかで、囲いを壊すような攻撃的な個体は真っ先に殺されてきた。だとすれば、どうしてひとつの種を中傷することなどできるだろう。それはヒツジの通常の群集行動に、わたしたちが選択してきた通りの特徴が組み合わさったものなのだ。

こうした行動上の変化プロセスとともに、さまざまな肉体的な変化もある。たいていの家畜は雌雄差（性的二形）が小さくなっている。たとえばオスのヒツジは角が小さいか、まったくない。これは、捕食者を追い払ったり交配相手をめぐって別のオスと争ったりしても、選択されなくなったからだ。また家畜動物は、野生の近縁種と比べてはるかに繁殖率が高い。ほかには、家畜動物で一般的かつ衝撃的な形態上の変化として、幼形成熟(ネオテニー)とよばれるものがある。多くの家畜動物は、自由に生きていた先祖と比べて早く成熟するが、成体となってからも、幼体の形態と行動が維持される。形態についてはとりわけ頭骸骨が顕著で、顔と顎が短くなった結果、大臼歯が短くなって、いわば混み合った頭骸骨になっている。

脳が小さくなったこととその影響（こちらは少し根拠が弱い）が、家畜化された動物全般に見られる「馴らされぐあい」を決定しているように思える。野生原種と比べると、ヒツジは1万年におよぶ家畜化の歴史のなかで、脳の大きさが24パーセント小さくなっている。フェレットの家畜化はずっと最近のことだが、それでも野生のヨーロッパケナガイタチより30パーセントも脳が小さい。ブタ（スース・スクローファ・ドメスティカ）の脳は祖先と比べて3分の1以上も小さい。[13] 飼い馴らしの新しい開拓分野である魚の養殖でも、囲いで育ったニジマスは野生のニジマスより脳が小さい。

脳容量の全体的な縮小以上に病的なのは、脳の一部領域への影響が不釣り合いに大きく思われることだ。イヌ、ヒツジ、ブタの場合、脳の部分で最も影響を受けたのは海馬、視床下部、下垂体、扁桃体などの辺縁系で、ここはホルモンの活性化のほか、脅威や外的刺激に対する神経系の反応を担当している。辺縁系が縮小すると、攻撃、逃走、恐怖を引き起こす閾値が上がる。このことが、ほぼすべての家畜種の病的な特徴の説明に役立つ。つまり、感情的な反応能力が全般に落ちているのだ。こうした感情の鈍化は、混雑したドムスで人間に監督されて生きていくための条件のひとつだ。そこでは、捕食動物や獲物に即座に反応することは、もはや自然選択による強力な圧力ではなくなる。物理的な保護と栄養が確保されているのだから、家畜化された動物は、野生の近縁種のように、つねに身近な環境に警戒しておく必要はない。

人間の定住が移動性の縮小と村やドムスでの過密生活を意味していたのと同じように、家畜動物についても、相対的な閉じこめと過密生活がすぐに健康に影響を及ぼすようになった。閉じこめによるストレスと肉体的な外傷に加えて、食餌内容も幅が狭い。さらに、同じ種の個体が一緒に詰め込まれているので感染症が広がりやすく、さまざまな病変が生まれてくる。感染が繰り返され、運動量が比較的少なく、食餌も貧弱なために、骨の病変がとくに多い。考古学者は、古代の家畜動物の遺骸を分析するときに、慢性関節炎の事例や歯周病の証拠、そして骨に残る閉じこめの痕跡を予期するまでになっている。こうしたことの結果として、家畜動物は新生獣の死亡率がかなり高い。たとえば、囲いに閉じ込められたラマは新生獣の死亡率が50パーセント近くあって、野生種のラマ（グアナコ）を大きく上回っているが、この差はほぼ閉じこめの影響だといえる。排泄物だらけのぬかるんだ囲いには有毒なクロストリジウム菌などがあふれているし、ほかの寄生虫も同様だ。そこへ手近な宿主が豊富に供給されてくる。

家畜の新生獣死亡率が高いことは、人間が管理する目的——穀物の収穫を最大化するのと同じように、動物性タンパク質の再生産を最大化すること——にほとんど反しているように思える。しかし、どうやら繁殖率も劇的に高まったために、死亡率による損失を相殺して余りあったようだ。理由はまだ完全に明確ではないが、家畜動物は一般に生殖年齢に達するのが早く、排卵と妊娠の回数も多いうえ、生殖寿命が長い。旧ソ連の実験での人に馴れたギンギツネは、家畜化されていないキツネが年1回発情するのに対して、年に2回発情した。ネズミはまだ野生段階にある片利共生生物なので、ほかの家畜動物に類推を広げる根拠としては弱いのだが、それでもそのパターンは驚異的だ。野生のノネズミを捕らえてきても繁殖率はきわめて低いが、飼育からわずか8世代という短期間のうちに、繁殖率は64—94パーセントも増加する。また25世代後の飼育ネズミは生殖年齢が「非飼育」の2倍にもなる。[14] 全体としては3倍近くの多産ぶりだ。一方には相対的に悪い健康状態と高い新生獣死亡率、他方にはそれを補って余りある繁殖率の増加というパラドックスについては、あとでもう一度取り上げることになる。狩猟採集民を犠牲にして農耕民が人口爆発したことに、これが直接影響しているからだ。

人間の類似点に関する推論

では、ホモ・サピエンスについては、どの程度まで相似変化を探すのが妥当だろう。定住と密集、そして急速に穀物主体となる食餌に適応していくなかで、ホモ・サピエンスにも形態学上、行動上の変化は起こっているはずだ。この探求の小径は、魅力も大きいが、それと同じくらい推論に頼るところも多い。しかし、やはり意義はあると思う。これを探求することは、ドムスのほかの種が人間による飼い馴らしの産物であるのと同じように、わたしたちもまた、意図的なものもそうでないものも含めて自らを飼い馴らしたこと、すなわち自己家畜化の産物であるという考えを受け入れることになるからだ。

９０００年前に死んだ女性が、狩猟採集民のバンドではなく、定住して穀物を育てるコミュニティで生きていたかどうかを調べるには、背中や爪先、膝の骨を調べるだけでいい。穀物を栽培している村の女性は、穀物を挽くために膝をつき、前後に揺れながら長時間の作業をするために、爪先が下向きに曲がり、膝が変形するという特徴がある。これは小さな、しかし明白な証拠で、生業ルーチンによって体の形が、新しい目的に合わせて変わってしまったことを示している（今日なら反復性ストレス障害とでもいうところだ）。ちょうどウシやウマ、ロバなど、のちに家畜化された役畜の骨に、それぞれの作業習慣のしるしが見られるのと同じことだ。[15]

この相似は広範囲に及ぶ可能性がある。定住の広がりによって、ホモ・サピエンスはそれまでよりずっと群れやすい動物になったという主張もできるかもしれない。前例のないほど人が密集したことで、ほかの動物の群れと同じように、伝染病にとって理想的な条件が提供され、寄生虫が共有されるようになった。しかし、この集団はひとつの種によるものではなく、多くの哺乳類の群れの集合体だった。それが病原体を共有することで、まったく新しい、人獣共通の感染症が生まれた。ただ、初めてドムスの周辺に集まったというだけで、である。これが「後期新石器時代複数種再定住キャンプ」だ。ヒトも動物もすべて同じ方舟に詰め込まれ、微小環境を共有し、細菌や寄生虫を分け合い、同じ空気を呼吸していたといえるだろう。

当然のことながら、生活のほぼすべてをドムスで送っていたことを示す考古学上の特徴は、人間と動物で驚くほど似ている。たとえばドムスに「定住させられた」ヒツジは、一般に野生原種よりも小さい。また家畜生活の明白なサインとして、密集状態と範囲の狭い食餌に典型的な骨の病変があって、特徴的な欠乏症がある。同じくドムスに「定住させられた」ホモ・サピエンスの骨も、狩猟採集民と比べるとはっきりした特徴がある。小柄で、たいていは骨や歯に栄養不足の痕跡があるのだ。具体的には鉄不足による貧血で、とりわけ生殖年齢の女性に見られ、食餌中の穀物の割合が急速に高まったことを示している。

もちろん、こうした相似は一般的な環境——移動の制限、密集状態での生活とそれがもたらす交差感染、範囲の狭い食餌（草食動物にとっては多様性が乏しく、ホモ・サピエンスのような雑食動物にとっては多様性もタンパク質も乏しい）、そして、ドムスの外に潜む捕食動物からの選択圧の大幅な緩和——からも生じる。しかしホモ・サピエンスの場合、自己家畜化のプロセスはずっと前の、火の使用、調理、穀物の作物化とともに始まっていて、なかには「サピエンス」登場以前のものもある。だから、歯が小さくなり、顔が短くなり、身長が低くなり、骨強度が低下し、性的二形が弱まったのは、ずっと長い歴史のなかでの進化の影響で、新石器時代だけのことではない。とはいえ、定住、密集状態、食餌の急速な穀物主体化はやはり革命的な変化で、あっという間に、明白なしるしを考古学上の記録に残すことになった。
最も広い意味での家畜化とは、人間と家畜動物とのあいだに見られる相似プロセスなのかもしれない。その可能性を誰よりも力強く、雄弁に語ってきた人に、ヘレン・リーチがいる。[16] リーチは、サイズ、身長（穀物食はたいてい低身長を伴う）、歯の縮小、顔や顎の短小化など、更新世以来の類似した傾向を指摘したうえで、環境が急速に共通化することから生じる家畜化「特有の症候群」があるのではないかと、正鵠を射た問いかけをしている。リーチの言う「共通の環境」は、単なる定住と穀物食ではなく、全体としてのドムス集合体を意味している。「ドムス・モジュール」と考えてもいいだろう。そしてこれが、最終的に世界の大半を植民地化することになるのである。[17]
家畜化を、最も広い意味での家庭生活への順応と見ることで、また、この概念を拡張して、住居とそれ以外の建物、中庭、家の前の庭、果樹園まで含めるようにすることで、家畜化の判断基準をいくつか考えることができる。これはドムスという、文化的に修正された人工的な環境での生活を通じてもたらされた生物学的な変化なのだ。

住居と中庭からなる複合体は、冬の数カ月間、定住地に暮らす者を、招かれた生きものや招かれざる片利共生生物も含めて、すべて保護した。食べ物の欠片や残飯、傷んだもの、植物の一部を叩いてすりつぶした食べ物などがイヌにまわり、のちの新石器時代には、ブタも住居のそばの囲いで飼われるようになった。ヒト、イヌ、ブタが食餌を共有していたこと――しかもそれが一貫して柔らかくなっていったこと――は、こうした種に共通する華奢化〔進化によって骨量が失われること〕、および頭蓋から顔、歯の縮小の説明に役立つのではないだろうか。[18]

家畜化による人間と動物への影響は、形態学上および身体上のもの以上に、行動や感覚能力の変化が大きいのだが、こちらはことばにするのが難しい。身体の領域と文化の領域は密接につながっている。たとえば、定住し、穀物を植え、ドムスに守られた人びとも、家畜と同じように感情面での反応力が減退し、周囲の環境への警戒心が緩んでいるのだろうか。もしそうなら、それは家畜動物の場合と同じように、恐怖、攻撃、逃走などの反応を司る辺縁系の変化と関連しているのだろうか。わたしはこの疑問に直接つながる証拠を知らないし、どうすれば客観的にこの疑問に迫れるのかも、容易には想像できない。

農業自体に伴う生物学的な変化に関する限り、わたしたちは二重に慎重でなければならない。選択は変異と遺伝によって作用するが、ヒトが最初に農業を採用してからまだ２４０世代しか経過していない。農業が広まってからだと、せいぜい１６０世代だろう。したがって、わたしたちは、すべての疑問を一掃するような結論に到達できる立場にあるとは、とても言えない。[19] この課題を解決することはこの本の範囲を超えているかもしれないが、定住、動植物の飼い馴らし、そして穀物主体の食餌がどのようにわたしたちの行動、日々のルーチン、健康を形作ってきたかについては、もう少し語ることができるだろう。

わたしたちの家畜化

わたしたちは種としての自分たちを、飼い馴らしの物語の「行為主体」として見がちだ。わたしたちがコムギやコメを作物化し、ヒツジやブタやヤギを家畜化してきたのだ、と。しかしほんの少し角度を変えて見てみれば、家畜化されたのはわたしたちの方だともいえる。作家のマイケル・ポーランは、庭いじりをしていて突然、忘れがたい瞬間に、この見方が閃いたと記している。[20] ジャガイモが元気よく育っている周囲の雑草を抜き、鍬で土を掘りながら、ふと、知らないうちに自分がジャガイモの奴隷になっているように思えてきたのだという。自分はここで、手をつき膝をつき、来る日も来る日も、雑草を抜いたり、肥料をやったり、絡んだ蔓をほどいたりと、あれこれ守ってやりながら、周囲の環境を、ジャガイモという植物が期待するユートピアに作り変えてやっている。この角度から見たとき、誰が誰の命令を実行しているのかは、ほとんど形而上学上の問題だ。作物化した植物がわたしたちの助けなしに繁栄できないのだとすれば、わたしたちもまったく同じように、種としての生き残りを一握りの栽培品種に依存してしまっているではないだろうか。

動物の家畜化についても、ほぼ同じ視点で見ることができる。誰が誰に奉仕しているのかは単純な問題ではないが、ウシをはじめとする家畜動物は、育てられ、牧場へ導かれ、飼い葉を与えられ、保護されている。エヴァンズ＝プリチャードは、究極の遊牧民族であるヌエル族に関する有名なモノグラフで、ポーランがジャガイモについて抱いたのと同じ洞察を、ヌエル族と家畜について抱いている。

> ヌエル族はウシの寄生虫ではないかといわれている。しかし同じ強さで、ウシがヌエル族の寄生虫なのだとも言えるだろう。ヌエル族の生活はウシの福祉を確保するために費やされている。ウシが居心地よく過ごせるように、小屋を造り、火を熾し、囲い（クラール）を掃除する。ウシの健康のために、村から野営地へ、野営地から野営地へ、そしてまた野営地から村へと移動する。野生動物を寄せ付けないように保護してやる。装身具で飾ってやる。ウシは、ヌエル族の献身のおかげで、のんびり、だらだら、のろのろと一生を過ごしている。(21)

読者はこの思考の道筋に異議を唱えるかもしれない。事実を見れば、最後にはポーランはジャガイモを食べ、ヌエル族はウシを食べている（交易し、交換し、皮をなめしている）ではないか、と。たしかに最終的な処遇について疑いの余地はない。しかしそれだけでは、生きているあいだのジャガイモやウシが、その健康と安全を守るための細やかな、骨の折れる作業の対象になっていたという事実を見過ごしにしてしまう。

　というわけで、わたしたちの脳と辺縁系が家畜化によってどう形作られたかという大きな疑問についてはまだ決定的なことは言えないが、後期新石器時代の生活が、飼い馴らされた動植物との関係によってどう形成されてきたかについては、それなりのことが言える。

　まずは幅広く、狩猟採集民の生活世界を農民と比べてみよう（家畜の有無は問わない）。狩猟採集民の生活をつぶさに観察して驚くのは、ごく短い期間に集中的な活動が一気に行われていることだ。活動自体も、狩猟、採集、漁労、採取、罠や梁（やな）作りなど、きわめて多様で、食料が手に入る自然のテンポを最大限に活かせるよう、あれやこれやと考えられている。ここでは「テンポ」がキーワードだろう。狩猟採集民の生活はさまざまな自然のリズムに合わせて調整されているから、このリズムを鋭く観察しなくてはならない――猟獣（シカ、ガゼル、レイヨウ、ブタなど）の群れの動き、季節ごとの鳥の渡り（とくに水禽類。休息地や営巣地へ移動中を網で捕らえる）、好ましい魚の遡上や下り、フルーツ類やナッツ類の熟すサイクル（競争相手がやってきたり実が腐ったりする前に集めなければならない）、さらには予測が難しいが、獲物になる動物、魚、ウミガメ、キノコの出現（そんな機会は速やかに利用しなければならない）などだ。リストはほとんど無限に広がっていくが、この活動には際立った側面がいくつかある。第一に、どの活動にもそれぞれの「ツールキット」が必要で、捕獲や採集の技術もマスターしなければならない。第二に、狩猟採集民はずっと以前から、穀草の自生群から穀物を集めていたこと、そのため、新石器時代のツールキットと結びつくような道具（鎌、脱穀用の筵（むしろ）や籠、篩（ふるい）、擂り鉢、砥石など）はほぼすべて開発済みだったことを忘れてはならない。第三に、こうした活動を協働して行おうとすれば、それぞれ独自の問題が出てくるので、協力する集団や労働の分担もそれぞれ違ってくる。そして最後に、こうした活動は、メソポタミアの沖積層にできた最初の村落がそうだったように、湿地、森林、サバンナ、乾燥地など、いくつもの食料網にまたがっていて、そのそれぞれについて独自の季節の巡りがあった。狩猟採集民は、こうしたリズムに大きく依拠しつつ、その一方ではゼネラリストであり日和見主義者でもあって、自然が各地で気まぐれに与えてくれる贈りものを見逃さないよう、つねに目を光らせていた。

植物学者や博物学者が以前から驚いていることだが、狩猟採集民には、周囲の自然界について、深くて幅広い知識がある。彼らの植物分類法はリンネの分類学に沿ったものではないが、ずっと実践的で（食べるのに適している、傷を治してくれる、青染めができるなど）、しかも非常に詳細だ。[22] 対照的に、アメリカの農業知識の体系化は、伝統的に『農業年鑑』の形式をとっていて、とくに、いつトウモロコシを植えるかを教えるものになっている。その伝でいけば、狩猟採集民は各種の年鑑をすべて取りそろえていると考えてもいいだろう。穀草類の自生群に関するもの（コムギ、オオムギ、オーツムギなどに細分化）、森のナッツやフルーツに関するもの（ドングリ、ブナの実、さまざまなベリーに細分化）、漁労に関するもの（貝類、ウナギ、ニシン類に細分化）などなどだ。さらにまた、この正真正銘の知識の百科事典が、過去の経験の歴史的な深さも含めて、すべてそのバンドの集合的記憶と口承で保存されていたことにも驚かされる。

テンポの概念に話を戻せば、自然のリズムは実に多様で、そのそれぞれに固有のメトロノームがあるから、狩猟採集民はそのすべてに、つねに気を配っていたと考えられる。農民、とくに固定した畑で穀草穀物を育てる農民は、ほぼ単一の食料網の中に閉じこもっているので、日々の作業は特定のテンポだけが対象になる。一握りの穀物を無事に実らせることが厳しい、複雑な活動であるのはたしかだが、それは通常、一種類の支配的なデンプン料植物の要求に支配されている。複雑さという点で見れば、狩猟採集と穀物栽培との違いは、穀物栽培と近代工場での組立ラインの反復作業くらいかけ離れているといっても過言ではない。ステップごとに焦点がぐっと絞り込まれ、単純化された作業になっているのである。[23]

では、植物の作物化はどうだろう。これは、突き詰めれば固定した畑での農業に代表される。わたしたちは毎年のルーチンに絡めとられていて、それがわたしたちの使える時間、定住パターン、社会構造、ドムスの構築環境、そして儀式的生活の大半を体系づけている。農地を開墾すること（火による方法もあれば鍬や鋤を使う方法もある）から、種を播き、雑草を除き、水をやり、つねに農地を見張っていることまで、わたしたちの予定表は、支配的な栽培品種がほとんど決めている。収穫すればしたで、また次のルーチンが始まる。穀物なら、穂を刈り取り、束ね、脱穀し、落ち穂拾いをし、藁をとりわけ、籾殻を選別し、篩にかけ、乾燥させ、仕分けておかなければならない（歴史的にほとんどが女性の作業とされてきた）。さらに、日々の穀物消費の準備がある。穀物を搗き、臼で挽き、火を熾し、加熱し、焼くといったことが年間を通して行われ、それがドムスのテンポを設定した。

およそ「文明化プロセス」を包括的に述べようとすれば、こうしたきめ細かい、厳しい、相互に連結した、義務的な日々年々のルーチンこそが中心になる、とわたしは言いたい。こうしたルーチンは、詳細に振り付けられたダンスステップに農耕民を縛りつける。肉体を形作り、ドムスの建築様式と配置を決める。いわば、一定パターンの協力・協働を要求してくるのだ。その意味でこれは（テンポの喩えを推し進めるなら）、ドムスの背後でつねに響いている音楽ビートのようなものだ。ホモ・サピエンスが農業へと運命の一歩を踏み出したことで、わたしたちの種は禁欲的な修道院に入ってしまった。そこでは、いくつかの植物と（とくにメソポタミアでは）コムギまたはオオムギに組み込まれた注文の多い遺伝子時計が、つねにわたしたちの勤行を監視している。

社会学者のノルベルト・エリアスが、かつてなく人口密度が高まった中世ヨーロッパで依存の鎖が強まったとしているという主張には、説得力がある。それは相互の合意と抑制のために生まれたもので、エリアスは「文明化の過程」とよんだ。[24] しかし、エリアスが描いた社会的変化の文字どおり数千年前に――しかも仮説としての辺縁系の変化とはまったく別に――すでにわたしたちの種の大半は、自分たちの育てる穀物のメトロノームに合わせるように統制され、従属させられていたのである。

ひとたび初期の中東で穀草類が主食として確立されると、またたく間に、農事暦が公的な儀式生活の大半を決定するようになった。神官や王による鍬入れの儀式、収穫の儀式や祝祭、豊作を願う祈りや生贄が行われ、特定の穀物のための神々が生まれた。人びとが考える喩えも、作物化穀物や家畜化動物に関するものが急速に増えた（「種を播くとき、収穫のとき」「よき羊飼いであれ」など）。旧約聖書を見ると、こうしたイメージを用いていない節がほとんどない。ドムス周辺での生業と儀式生活がこれほど聖典に盛り込まれていることは、動植物の飼い馴らしによって、ホモ・サピエンスが多種多様な野生植物を一握りの穀草と交換し、わずかな種類の家畜のために広範な種類の野生動物を手放したという強力な証拠になる。

後期新石器時代の革命は大規模社会の登場にさまざまな貢献をしたが、それでもわたしは、これをある種の技術破壊だと見たい気持ちに駆られている。アダム・スミスは、分業を通じて達成可能な生産性の獲得に関する象徴的な例として、ピン工場を挙げた。そこではピン作りの工程が細分化され、その一つひとつが、異なる労働者によって実行される。フランスの思想家アレクシ・ド・トクヴィルは『諸国民の富』を共感して読みながらも、こう問いかけた。「針の頭をつくることにその生涯の20年間を用いた人間に、一体何が期待されるべきであろうか」[25]

文明を可能にしたブレークスルーとされるものの見方として、これはあまりに暗すぎるかもしれない。それでも、少なくともこうは言えるだろう——野生の動植物を飼い馴らしたことは、わたしたちの種が自然界への注意力とそれに関する実践的知識を縮小させたこと、食餌の多様性が乏しくなったこと、空間が小さくなったこと、そしておそらくは、儀式生活の幅が狭まったことをも意味しているのだ、と。

3
動物原性感染症——病理学のパーフェクトストーム

苦役とその歴史

耕作地と家畜動物による半農半牧は、国家が登場するはるか前に、すでにメソポタミアと肥沃な三日月地帯の大半に広がっていた。氾濫農法に好適な地域を除けば、この事実はひとつのパラドックスで、わたしの見る範囲では、まだ満足のいく説明がされていない。固定された畑で農業や牧畜を営めば、そのための苦役は急激に増大するとわかっているのに、なぜ狩猟採集民はそんな選択をしたのだろう。集団でこめかみにピストルを突きつけられたのでない限り、とても正気の沙汰とは思えない。今日の狩猟採集民は少人数となり、資源の乏しい環境で生活しているが、それでも、生きるための労働とよべるものには、自分たちの時間の半分しか使っていない。メソポタミアの貴重な考古遺跡テル・アブ・フレイラでは、狩猟採集から全面的な農業へ完全に移行した痕跡をたどることができるのだが、この遺跡の研究者らはこう述べている。「地域の生産性が高く、どの季節にも幅広い野生の食物が供給される実り多い場所に暮らしていた狩猟採集民が、自らすすんでカロリー面での主食を栽培しはじめることはなかったと思われる。そんなことをすれば、エネルギーリターン1単位当たりのエネルギー投資が大きくなりすぎてしまう」[1]。この研究者らが「こめかみに突きつけたピストル」として挙げるのはヤンガードリアス（紀元前1万500０―9600年）による寒冷化で、これによって豊富だった野生植物が少なくなり、近隣人口との敵対もあって、移動性が制限されたのだと結論付けた。この説明は、先にも指摘したように、証拠の面からも論理の面からも異論が出され、熱い議論となっている。

いったいなぜ人びとは、数千年をかけて、支配的な生業様式としての農業へと移行していったのか――わたしはこの議論に判定を下す立場にはないし、ましてや解決などできはしない。長年にわたって受け入れられ、ほとんど正統となっている説明は、6000年という長い年月をかけて生業が強化されたとする、知的に満足のいく物語だ。その最初の拍動は「ブロードスペクトラム革命」とよばれるもので、利用する生業資源のうち、栄養価の低い資源の幅が広がったことをさしている。移行は肥沃な三日月地帯で、野生のタンパク源である大型の猟獣――オーロックス〔ウシの野生原種〕、オナガー〔イラン北中部に棲息するアジアノロバの一種〕、アカシカ、ウミガメ、ガゼルといった初期の狩猟の「手ごろな果実」（農業に喩えるのも変だが）――が乱獲によって（？）減ったことからもたらされた。その結果、人口圧に押されたことも相まって、人びとは、豊富ではあるが多くの労働を必要とし、それほど望ましくない、あるいは栄養価の低い（またはその両方の）資源を活用せざるをえなくなった。このブロードスペクトラム革命の証拠は考古学記録のどこにでも見られるもので、大型野生獣の骨が減って、デンプン質の多い植物性物質、甲殻類、小型の鳥や哺乳類、カタツムリ、二枚貝の量が多くなっている。この正統理論の創始者にとって、ブロードスペクトラム革命の背後にある論理と農業採用の論理とは同じもので、しかも世界共通だった。世界的な人口増加、とりわけ気候がよくなった紀元前9600年以後の人口増加に大型猟獣の減少（これは中東でも新世界でも明確に証明されている）が相まって、狩猟採集民は採食活動を強化せざるをえなくなった。生きていくためには、周囲の資源の環境収容力にかつてない圧力をかけながら、それまで以上に働かなければならない。つまりこの考え方では、ブロードスペクトラム革命を第一歩として、長い年月をかけて重労働が増えていき、やがて論理的な結論として、耕作農業と家畜の飼育という、まったく途切れることのない労苦に到達したということになる。この物語の大半のバージョンでは、ブロードスペクトラム革命と農業は栄養面でも不利で、その結果として健康状態が劣化し、死亡率が上がったとされている。

しかし、ブロードスペクトラム革命の説明として考えた場合、環境収容力にかかる人口圧は、多くの地域で入手可能な証拠と対立しているように思える。「革命」は、資源への人口圧が少ないと思われる環境で起こっているのだ。また、紀元前９６００年以後の湿潤で温暖な条件は、メソポタミア沖積層に見られるように、植物の存在量を大幅に増やしたのが実際のようだ。となれば容易に採集が可能なはずなのだが、それでは考古学記録に見られる栄養不良が説明できない。ブロードスペクトラム革命の現実性を疑う余地はないが、これが原因なのか結果なのかについては、まだ評決が出ていない。

農業自体の発達はおよそ３０００—４０００年後のことだが、これについては評決が出ている。人口圧が高まったのだ。定住性の狩猟採集民は移動が難しくなり、それまで以上の手間をかけて働き、以前より多くのものを周辺環境から引き出さなければならなくなった。大型の猟獣は少なくなるか、いなくなってしまっていた。だとすれば、これは「ホイッグ史観」による人類の発明と進歩の物語などではない。栽培の技術はずっと前から知られていたし、ときおり使われてもいた。野生の植物も日常的に集め、種子を備蓄していた。穀物加工のための道具もすべて手の届く範囲にあったし、捕らえた動物を備蓄として１—２頭生かしておくこともしていた。にもかかわらず、支配的な生業活動としての作物栽培や家畜の飼育は、できる限りあとまで回避された。理由は、そのために必要な作業だった。しかも、そうした作業の大半は、単純化された人工的な景観を、排除したはずの自然――ほかの植物（雑草）、鳥、草食動物、齧歯類、昆虫、さび病や真菌による感染症など、単一栽培の畑を脅かすもの――が戻ってこないように保護する必要から生じていた。耕された農地は労働集約的なだけでなく、脆く、壊れやすいものだったのである。

後期新石器時代複数種再定住キャンプ――病理学のパーフェクトストーム

紀元前1万年の世界人口は、ある慎重な推定で約400万だった。それから丸5000年が過ぎた紀元前5000年でも、わずかに増えて500万人だった。新石器革命の文明的達成である定住と農業が行われていたとはいえ、これでは人口爆発とはとてもいえない。ところが対照的に、その後の5000年で世界人口は20倍の1億人超にまでなっている。このように、新石器時代への移行期である5000年間は人口統計学上のボトルネックのようなもので、繁殖レベルはほぼ横ばいだったことを示している。人口増加率が人口置換水準をわずかに（たとえば0・015パーセント）上回るだけでも、総人口はこの5000年で2倍以上になっていたはずだ。人類の生業技術は進歩したように見えるのに、長期間にわたって人口が停滞してしまったこのパラドックスの有力な説明は、疫学的に見てこの時期が、おそらく人類史上で最も致死率の高い時期だったということだ。メソポタミアの場合でいえば、まさしく新石器革命の効果によって、この地域に慢性、急性の感染症が集中し、人口に繰り返し壊滅的な打撃を与えたのである。[2]

ただし、考古学記録の証拠はほとんど役に立たない。こうした病気は栄養不良と違って、その痕跡が骨に残ることはまずないからだ。思うに伝染病は、新石器時代の考古学記録で「最も声の大きい」沈黙だ。考古学が評価するのは掘り出したものだけだから、この場合は、たしかな証拠を越えた部分まで推測するしかない。それでも、最初期の人口センターの多くが突如として崩壊した理由を壊滅的な伝染病だったと考えるだけの証拠は十分にある。(3) それまで人口の多かった場所が突然、ほかに説明のつかない理由で放棄された証拠が繰り返し見つかっている。気候の悪化や土壌の塩類化によっても人口は減少すると予測されるが、そうしたことは地域全体で起こるだろうし、もっとゆっくりと進むだろう。もちろんこれ以外にも、人口の多い場所が急にもぬけの殻になったり消えてしまったりしたことの説明は可能だ。内戦、征服、洪水などがそうなのだが、伝染病は、新石器革命のまったく新しい群集状態によって初めて可能になったものだ。その甚大な影響は、文字記録が利用可能になって以後の時代の記述を見ても明らかだから、やはり最も有力な容疑者だろう。また、この文脈での伝染病は、ホモ・サピエンスのものだけにとどまらない。伝染病は、同じように後期新石器時代複数種再定住キャンプに閉じこめられていた家畜動物や作物にも影響した。なにかの疾患で家畜の群れや穀物畑が全滅してしまったら、疫病で人間が直接脅かされたときと同じくらい簡単に、人口は激減しただろう。

しかし文字記録が利用できるようになって以後については、恐ろしい伝染病の証拠が豊富にあり、これを（もちろん慎重に、だが）もっと前の時期へさかのぼって読み込むことができる。なかでも最も強力な証拠を提出していると思えるのは『ギルガメシュ叙事詩』で、主人公が自分の名声は死後も生き続けると述べる場面で、ペストで斃れたと思われる死体の数々がユーフラテス川を流れていくようすが語られている。どうやらメソポタミアの人びとは、致死的な伝染病の影につねに脅かされながら暮らしていたようだ。集団での病気を避けるために、魔除け、特別な祈り、病除けの人形、さらには「癒し」の女神や神殿が数多く作られている（最も有名なものはニップルの神殿）。もちろん、当時はそうしたできごとについての理解などほとんどなかった。神の「怒り」であり、なにか人間が悪いことをした罰だと見られて、生贄を捧げることも含めた補償の儀式が必要だとされた[4]。

　最初の文字ソースからはっきりわかるのは、初期のメソポタミア人が、病気が広がる「伝染」の原理を理解していたことだ。可能な場合には、確認された最初の患者を隔離し、専用の地区に閉じこめて、誰も出入りさせないというステップを踏んでいる。長距離の旅をする者、交易商人、兵士などが病気を運びやすいことも理解していた。分離して接触を避けるというこの習慣は、ルネサンス時代に各地の港に設置されたラザレット〔ペスト患者の隔離施設〕を予見させるものだった。伝染を理解していたことは、罹患者を避けるだけでなく、その人の使ったカップや皿、衣服、寝具なども回避したことからも示唆される[5]。遠征から還ってきて病気が疑われる兵士は、市内に入る前に衣服と盾を焼き捨てるよう義務づけられた。分離や隔離でうまくいかなければ、人びとは瀕死の者や死亡者を置き去りにして、都市から逃げ出した。もし還ってくるとしたら、病気の流行が過ぎてから十分に期間をおいてからだった。またそうするなかで、逆に病気を辺境へと持って行ってしまうことも多かったに違いない。そのときには、また新たな隔離と逃避が行われたのだろう。わたしは、初期の、記録のない時期に人口密集地が放棄されたうちの相当多くは、政治ではなく病気が理由だったと考えてまず間違いないと思う。

　紀元前３０００年代半ば以前の人間、家畜、作物の病気で病原菌がどんな役割を果たしたかについては、証拠がほとんどないので、必然的に推測になってしまう。しかし文字記録が急増するのに合わせて、伝染病の証拠の割合は増えていく。カレン・レア・ネメット＝レジャットによれば、結核、発疹チフス、腺ペスト、天然痘に言及したテキストがあるという[6]。最も時期が早く、かつ最も証言の多いものとして、紀元前１８００年のマリ（ユーフラテス川沿い）での破滅的な伝染病がある。ほかにも例はたくさん挙げられるが、疾患の性質はあまりよくわからない。アッシリア王センナケリブ（サルゴン2世の子）の軍隊を壊滅させた紀元前７０１年の伝染病は、旧約聖書に繰り返し登場する疫病にも関連するものだが、これは今では発疹チフスかコレラだろうと考えられている（どちらも遠征軍を伝統的に苦しめたものだ）。のちの紀元前４３０年にアテナイで起こった壊滅的な疫病（トゥキディデスが印象的に書き残している）や、ローマで起こったアントニヌスの疫病やユスティニアヌスの疫病は、いわゆる初期「帝国」史で決定的な役割を演じた。こうしたのちの時代は人口も多く、遠距離貿易が増加していたことを考えれば、伝染病に触れる人の数も多かっただろうし、地域も広がっていたに違いない。とはいえ、紀元前３０００年代後半のメソポタミアは、伝染病にとって歴史的に新しい環境だった。紀元前３２００年までに、ウルクは世界最大の都市となっていて、住民は2万５０００人から5万人、家畜や作物を合わせれば、以前のウバイド期の密集ぶりがちっぽけに思えるほどだった。最も人口密度の高い地域として、南部の沖積層はとくに伝染病に脆かった。伝染病を意味するアッカドのことばの「文字どおりの意味は〈確実な死〉で、動物にも、人間の疾患と同じように適用することができた」[7]。先に述べたような密集と前例のない交易の流れが、これから説明するように、群集状態での病気に対する新しい、非常な脆さを生み出したのだ。

　作物栽培が大きく広がるよりずっと早く、定住からだけでも群集状況は生まれていて、病原菌の理想的な「肥育場」となっていた。メソポタミア沖積層で大規模な村落や小規模な町が成長したということは、ホモ・サピエンスがそれまで経験したことのない、人口密度の10倍増、20倍増が起こったことを意味している。群集と病気流行の論理は単純明快だ。たとえば囲いの中にニワトリが10羽いて、そのうちの1羽が糞から広がった寄生虫に感染したとしよう。囲いの大きさや鳥の活発さ、伝播のしやすさなどにもよるが、しばらくすれば次のニワトリも感染するだろう。ここで、10羽ではなく５００羽のニワトリが同じ囲いにいたとすると、リスクは50倍以上になり、次のニワトリもすぐに感染して、あとは幾何級数的に増えていく。2羽が寄生虫を排泄すれば、新たな感染の確率も2倍になるからだ。忘れてならないのは、増えるのが鳥の数だけではないということだ。鳥が増えれば糞の量も50倍になるから、囲いが小さければ小さいほど、ほかの鳥が病原菌との接触を避けられる確率は急激に下がっていく。

ここでの目的のために、この群集と病気の論理を適用するのはホモ・サピエンスだけにしておくが、今の例のように、この論理は、病気傾向のあるあらゆる生命体、植物、あるいは動物の群集に容易に適用できる。これは群集に伴う現象だから、鳥やヒツジの群れ、魚の集団、トナカイやガゼルの群れ、さらには穀草の畑にも同じように適用できる。遺伝子が類似しているほど（＝多様性が少ないほど）、すべての個体が同じ病原菌に対して脆弱になりやすい。人間が広範に移動するようになるまでは、おそらく渡り鳥が――1カ所にかたまって営巣することや群集して長距離を移動することから――遠くまで疾患を広める主要な媒介生物だっただろう。感染と群集との関係は、実際の媒介生物による伝播が理解されるずっと前から知られていて、利用されてきた。狩猟採集民はそのことを十分にわかっていたから、大きな定住地には近寄らなかったし、各地に離れて暮らすのも、伝染病との接触を避ける方法だと見られていた。中世後期のオックスフォードやケンブリッジには、町から離れたところにペスト患者用の施設があって、最初の兆候が出た段階で学生を送り込んでいた。密集状態は致命傷になりかねなかった。だから逆に、第一次世界大戦終結時の塹壕や復員兵キャンプ、兵士の輸送船などは理想的な環境で、1918年の世界的なインフルエンザ流行となり、多くの犠牲者を出すことになった。歴史的に見ても、市（いち）、軍の野営地、学校、監獄、スラム、宗教上の巡礼団（メッカへのハッジなど）など、人が集まるところが感染症との接触の場になって、そこから各地へ病気が広がる結果となっている。

定住とそれによって可能となった群集状態は、どれほど大きく評価してもしすぎにはならない。なにしろ、ホモ・サピエンスに特異的に適応した微生物による感染症は、ほぼすべてがこの1万年の間に――しかも、おそらくその多くは過去5000年のうちに――出現しているのだ。これは強い意味での「文明効果」だった。コレラ、天然痘、おたふく風邪、麻疹、インフルエンザ、水痘、そしておそらくマラリアなど、歴史的に新しいこうした疾患は、都市化が始まったから、そしてこれから見るように、農業が始まったからこそ生じたものだ。ごく最近まで、こうした疾患は人間の死亡原因の大部分を占めていた。定住前の人びとには人間固有の寄生虫や病気がなかったというのではない。しかし、その時期の病気は群集疾患ではなく、腸チフス、アメーバ赤痢、疱疹、トラコーマ、ハンセン病、住血吸虫症、フィラリア症など、潜伏期間が長いことや、人間以外の生物が保有宿主であることが特徴だった[8]。

群集疾患は密度依存性疾患ともよばれ、現代の公衆衛生用語では急性市中感染症という。ヒト宿主に依存するようになった多くのウイルス性疾患については、伝播の仕方、感染力の持続期間、感染後の免疫獲得期間がわかれば、これを下回ったら新たな宿主が見つからないでウイルスが死滅するという、最少人口が推定できる。疫学者が好んで引用するのが、外界から孤立した18、19世紀のフェロー諸島での麻疹の例だ。1781年に水夫が持ち込んだ伝染病によって島は大打撃を受けた。生き残った者は免疫を獲得し、それが一生続くことから、島々には65年にわたって麻疹がなかった。1846年になって麻疹が戻ってくると、前回の流行を生き延びた高齢者を除く全員が感染した。そのまた30年後に流行したときには、30歳未満の者だけが感染した。麻疹に限っていえば、疫学者の計算では、感受性の強い新たな宿主が毎年3000人以上いないと恒久的な感染は維持されず、それだけの宿主を提供するにはおよそ30万以上の人口が必要になる。フェロー諸島では人口がこの閾値をはるかに下回っていたために、流行のたびに新しく麻疹を「輸入」しなければばならなかった。同じ理屈で、当然のことながら、新石器時代より前の人びとにはこうした疾患は存在していなかったはずだ。これは、新世界の人びとが一般に活発で健康だったことの――そして旧世界の病原菌に脆かったことについての――説明にもなる。紀元前1万3000年頃にいくつかの波に分かれてベーリング海峡を渡った集団は、こうした疾患の大半が生じる前に新世界にやってきた。また、集団が小さすぎたから、どのみち群集疾患を維持することはできなかった。

新石器時代の病理学を語るなら、家畜、片利共生生物、栽培された穀物や豆類など、ドムス生物化した動植物の果たした重要な役割にふれないわけにはいかない。群集という重要な原理はここでも作用している。新石器時代は、人だけでなく、同時にヒツジ、ヤギ、ウシ、ブタ、イヌ、ネコ、ニワトリ、アヒル、ガチョウなども前例がないほど集まって来た。こうした動物はそれ以前から「群れ」を作る動物で、程度の差はあっても、それぞれの種に固有の群集疾患の病原菌をかかえていた。初めてドムスの周囲に集まり、近い距離で継続的に接触し合うようになったことで、広範な感染性生物が急速に共有されるようになった。推定値はさまざまだが、現在わかっているだけで1400種あるヒトの病原菌のうち、800―900種はヒト以外の宿主を起源とする動物原性感染症だとされている。そして、ホモ・サピエンスは最後の「行き止まり」の宿主だ。ヒトからさらにヒト以外の宿主への伝播は起こらない。

この複数種再定住キャンプは、数と近さの面から歴史的な哺乳類の集合体だというだけでなく、それを食物とするあらゆるバクテリア、原虫、寄生蠕虫、ウイルスの集合体でもある。この害虫レースの「勝者」は、ドムスの新しい宿主にすばやく適応して増殖できた病原菌だった。そこでは、種の壁を越えた病原菌がかつてないほど大規模かつ急速に増殖し、病理学上のまったく新しい秩序が打ち立てられた。この限界突破の物語は、当然のことながら、ホモ・サピエンスの（恐怖に駆られた）視点から語られる。しかしそれは、たとえばヤギやヒツジなど、決して進んでドムスに入ったわけではない動物の視点から考えても、同じくらい悲しいものだった。すべてを知る早熟なヤギがいたら、新石器時代の病気感染物語をどのように語ってくれるか、ぜひ想像してみてほしい。

家畜動物とドムスの片利共生生物が共有する病気のリストは、その量だけでも驚くほどだ。古いリストでも、わたしたちヒトは26種の疾患を家禽類と、32種をネズミと、35種をウマと、42種をブタと、46種をヒツジおよびヤギと、50種をウシと、そして65種を、最も研究された最古の家畜であるイヌと共有している(9)（今はもっと長くなっているはずだ）。麻疹はヒツジやヤギの罹る牛疫ウイルスから、天然痘はラクダの家畜化と牛痘を持ったネズミから、インフルエンザは水鳥の家畜化から、およそ4500年前に生じたのではないかと考えられている。種を越える動物原性感染症の新世代は、人間と動物の個体数が増え、長距離接触の頻度が上がるのに合わせて成長していった。それは現在も続いている。だから中国南東部、具体的には広東省が、新型の鳥インフルエンザや豚インフルエンザの世界最大の培養皿となってきたことも、さして驚きではない。あの地域にはホモ・サピエンス、ブタ、ニワトリ、ガチョウ、アヒル、そして世界の野生動物の市場がどこよりも大規模に、どこよりも高い密度で、しかも歴史的に最も集中してきた地域なのだ。

後期新石器時代の病気の生態系は、単に固定した定住地に人と家畜が群集した結果ではない。それはむしろ、生態系モジュールとしてのドムス複合体全体の影響だった。農業のため、新たな家畜の牧草地のために土地を開くことで、まったく新しい景観が作り出され、まったく新しい生態学的ニッチが生まれた。日照が増え、土壌が露出して、そこに新しい植物、動物、昆虫、そして微生物がどっと移ってきて、それまでの生態系のパターンを掻き乱した。作物のために設計された変容も一部にはあったが、多くはドムスを発明したことによる二次的、三次的な副作用だった。

こうした副作用を象徴するのが、動物と人間の出す廃棄物、とりわけ糞の集中だった。定住した人間と家畜、そしてその廃棄物はほとんど移動しないので、同じ型の寄生虫への感染が繰り返し起こった。病気を媒介することが多いカなどの節足動物にすれば、こうした廃棄物は理想的な繁殖場所であり、餌場だった。対照的に、移動性の狩猟採集民は寄生虫を置き去りにして新しい環境へ集団で移動してしまうことが多く、その先ではもう寄生虫は繁殖できない。しかし、いったん定住すると、ドムスには人間、家畜、穀物のほか、各種の糞や植物の廃棄物があるので、ネズミやツバメから、捕食関係の鎖をたどってノミ、シラミ、バクテリア、原虫へと続く数多くの片利共生生物にとって、魅力的な肥育場となる。この歴史的に新奇な生態系を作り出したパイオニアたちは、まさか自分たちが病気の媒介動物を解き放とうとしているなど、思いもよらなかっただろう。実際に、19世紀後半に微生物学を創始したロベルト・コッホやルイ・パスツールがさまざまな発見をするまでは、清潔な水がないこと、衛生状態が悪いこと、汚水を除去しないことで、ホモ・サピエンスが慢性的、致死的な感染のためにどれほど大きな代価を払っているか、まったくわかっていなかった。新しい破壊的な病気がやってきても、人間はなにに襲われたのかもわからず、民俗理論や民間治療法が広がっていった。そんななかで、基本的な原因は群集だと暗黙のうちに認めていた唯一の妙薬が「分散」だったのだ。

後期新石器時代複数種再定住キャンプに暮らす人びとを襲った密度依存性疾患の数々は、当時の人たちの祖先が経験したことのない病原菌による、新しい、強力な選択圧だった。初期の定住民が集中する場所をなにかの疾患が襲い、ほとんど抵抗力のない住民がほぼ全滅した例は少なくないと想像される。小さな無文字社会については、死亡数のなかの伝染病の役割を確実に知ることはほぼ不可能だし、初期の墳墓から得られる証拠の大半も、決定的なものではない。とはいえ、さまざまな群集疾患、なかでも動物原性感染症が、新石器時代初期の人口統計上のボトルネックに大きく関わっている可能性は高い。やがて——といっても、それがどれくらいかは確定できないし、病原菌ごとの違いも大きいのだが——群集した人たちが多くの病原菌に対してある程度の免疫を発達させていくと、致死的な疾患は風土病となり、致死率の低い、安定的な病原菌‐宿主関係となっていった。結局のところ、生き残った者しか子どもを残せないのだ！　百日咳や髄膜炎など、一部の疾患はまだ幼児には危険だったかもしれないが、それ以外のポリオ、天然痘、麻疹、おたふく風邪、感染性肝炎といった病気に関しては、幼児期に罹患しても比較的害は少なく、免疫が獲得されていった。(10)

病気は、いったん定住地人口の風土病になってしまうと致死率が大きく下がり、大半の保菌者にはほとんど症状がでないままで流通する。この時点で、この病原菌に曝露したことがなく、ほとんど免疫のない者が、この風土病を持っている人たちと接触すると、その人たちだけが脆弱ということになる。だから、それまで群集免疫の枠外にいた戦争捕虜や奴隷、移民、あるいは孤立した村落などは、定住人口の大半が長い時間をかけて免疫を獲得してきた病気をうまく防げないで、罹患する確率が高い。旧世界と新世界の遭遇がネイティヴ・アメリカンにとって大地殻変動となったのも、もちろんこれが理由だった。彼らは旧世界の病原菌から1万年以上も隔離されていて、まったく免疫がなかったのである。

後期新石器時代の定住と群集による疾患をさらに悪化させたのが、食餌内容の急速な農業化による、多くの必須栄養素の不足だった。伝染病に罹って生き残れるかどうかは、ほかの条件が同じなら、多くは栄養状態によって決まる（とくに幼児や妊娠中の女性）。最初期の農民の幼児死亡率が40—50パーセントと極端に高かったのは、新しい感染症に対して脆弱なところへ、食餌による栄養不足が重なって命を奪われたためだった。

初期の農民の食餌が相対的に幅の狭い、貧しいものだったという証拠は、残っている農民の骨格を、同時代に近隣で暮らしていた狩猟採集民と比較することで得られる。狩猟採集民の方が平均で5センチ以上も背が高いのだ。これは、食餌が多様で豊富だったからだと考えられる。その多様さは、すでに説明したように、誇張するのが難しいほどだ。海洋、湿地、森林、草原、乾燥地などいくつもの食物網にまたがっていたうえ、このそれぞれに季節の変化があった。植物性の食料にしても、その多様性は、農業の規準からすれば驚くほどだった。たとえばテル・アブ・フレイラの考古学遺跡を見ると、狩猟採集時代の地層から１９２種の植物の遺物が出土しているが、そのなかで特定可能な１４２種のうち、１１８種を同時代の狩猟採集民が消費していたことがわかっている。[11]

全世界の人類の健康に対する新石器革命の影響を評価するあるシンポジウムでは、考古学上のデータに基づいて、次ように結論付けられた。

> ［栄養面での］ストレスが……一般化して広がるのは、定住と人口密度、および農業依存の程度が高まってからのことだと思われる。この段階になると……生理的ストレスを示す例が大幅に増え、平均致死率が目に見えて高まってくる。こうした農民人口の大半で骨萎縮性過骨症〔栄養不足、とくに栄養失調に関連する鉄不足に伴って不十分に形成された骨が過剰に成長する〕、および眼窩篩〔右の症状の局所版で眼窩に起こる〕が多く見られる。また〔歯の〕エナメル質減形成、および感染症に関連した病変も大幅に増加している。[12]

こうした「農業女性」に認められる栄養不足（女性は月経で失血するので最も影響を受けやすい）の大半は、鉄不足によるものだったようだ。農業以前の女性はオメガ6およびオメガ3脂肪酸が豊富に供給される食餌をとっていた。猟獣、魚、ある種の植物油などに由来するこうした脂肪酸が重要なのは、これによって、酸素を運ぶ赤血球の形成に必要な鉄分の吸収が促進されるからだ。対照的に穀物食は、必須の脂肪酸を欠いているだけでなく、実は鉄分の吸収を阻害してしまう。こうして、後期新石器時代に初めて穀物食（コムギ、オオムギ、およびヒエ、アワなどの雑穀）への集中度が急上昇した結果、鉄欠乏性貧血が登場し、見間違いようのない法医学的な特徴が骨に残ることになったのである。

新しい感染症への脆さがさらに追加された理由の大半は、炭水化物に偏った幅の狭い食餌になって、野生の食物や肉を摂らなくなったためだと思われる。そうした食餌は必須ビタミンを少なからず欠いていただろうし、タンパク質も乏しかっただろう。ときには家畜動物の肉を食べることもあっただろうが、野生の猟獣と比べると、含まれている重要な脂肪酸ははるかに少なかった。新石器時代の食餌に起因する病気のなかでも、くる病のように骨にはっきり痕跡が残るものは証明が可能だ。軟組織を侵す病気は、保存状態のいいミイラなど少数の例外を除いて、はるかに証明が難しい。それでも、食餌に関する知識に基づいて、また、以前から存在したと推定できるさまざまな病気（これも食餌に関する知識が基礎になる）に関する初期の文字記録から、脚気、ペラグラ〔ニコチン酸欠乏症〕、リボフラビン欠乏症、クワシオルコル〔栄養失調の一形態〕といった疾患が、新石器時代の食生活に起因していたと考えられる。

では、作物の方はどうだろう。こちらも、固定した畑でのある種の「定住」と群集の対象となり、新しい、人間による選択過程によって、人間にとって望ましい特徴が伸びるように、遺伝子の多様性が低下させられた。また、すべての生命体がそうであるように、これから見るような独自の密度依存性疾患の対象となった。「牧畜も農業も、伝染病や凶作その他の不幸にたびたび苦しめられた」ので、初期の農民は、可能なときには狩猟、漁労、採集に依存する方を好んだ、とニッセンとハイネは主張している。[13] ここでも、考古学記録はあまり役にたたない。たとえば、それまで人口の多かった地域が突然放棄されたことなら示せる。しかし、文字記録より前のことについて、放棄された理由を知りたいと思ってもそうはいかない。作物につく真菌、さび病、昆虫の侵入、あるいは嵐でも、実った作物はだめになってしまう。そうなれば軟組織の疾患と同じで、ほとんど痕跡は残らない。文字記録が利用できる場合でも、多くは「凶作」や飢饉などとなっていて、原因が特定されていない。たいていの場合、犠牲となった人たち自身も理解していなかった。

作物も、それ自体が「植物」病理学上のパーフェクトストームだった。病原菌ないし昆虫になったと思って、新石器時代の農業景観の魅力を考えてみよう。そこには植物が群集しているばかりか、野生の草地と比べれば、ほぼ二大穀物（コムギとオオムギ）しかなかった。しかも、そこは固定された畑で、多かれ少なかれ継続的に作物が植えられている。これと比べると、たとえば焼畑農業では、農地に作付けするのは1年か2年で、あとは10年以上も土地を休ませていた。それを毎年くり返し耕作することで、事実上、恒常的な肥育場を提供することになり、害虫や植物病害菌は——そしてもちろん偏性の雑草も——固定された畑での単一栽培が始まる前にはありえなかったレベルにまで個体群が大きくなった。また大規模な定住コミュニティでは、必ず近接した範囲に多くの耕地があって、よく似たタイプの作物が栽培されていたから、害虫もそれに見合うだけの個体群ができあがった。人の群集に関する病理学と同じように、新石器時代の農場主に必ず付きまとった農作物病害の多くは、こうした栄養豊富な農業生態系を利用して進化した、新しい病原菌によるものだったと考えるのが論理的だろう。寄生虫を意味する英単語 parasite の語源はギリシア語で、文字どおりの意味は「穀物の側（そば）に」だ。

作物も、人間と同じようにバクテリア、真菌、ウイルス性疾患に脅かされた。それ以外にも大小さまざまな捕食者——カタツムリ、ナメクジ、昆虫類、鳥類、齧歯類、その他の哺乳類——にも直面した。多種多様に進化する雑草類も、養分や水、光、空間を栽培品種と争った。(14) 土の中の種子は昆虫の幼虫、齧歯類、鳥類の攻撃を受けた。成長して穀粒が実るまでは同じ害虫がずっと活動しているし、アブラムシは樹液を吸って病気をうつしていく。またこの段階では、うどん粉病、黒穂病、ムギ黒穂病、さび病、麦角（ヒトが摂取すると「聖アントニウスの火」とよばれる皮膚炎になることで有名）といった真菌性の疾患がとくに破壊的だ。こうした捕食者に屈しなかったとしても、こんどは耕作された土壌に特化した雑草や、ある種の作物に擬態するようになった雑草の大軍との競争が待っている。さらに、収穫されて穀物倉に入れられてからも、ゾウムシ、齧歯類、菌類などが待ち受けている。

同時代の中東では、いくつかの作物が連続して昆虫類、鳥類、あるいは病気で失われることも珍しくなかった。ヨーロッパ北部での実験では、現代のオオムギに施肥だけをして、近代的な除草剤や殺虫剤による保護をしなかったところ、収穫が半分に減ってしまった。20パーセントは農作物病害、12パーセントは動物、18パーセントは雑草が原因である。[15] 栽培作物は群集と単一栽培による病害に脅かされているため、無事に実らせるためには、管理する側の人間がつねに守ってやらなければならない。主にはこれが理由で、初期の農業は恐ろしいほど労働集約的だった。そうした労働を軽減し、収穫高を上げるために、さまざまな技術が考案された。畑を散らばらせて、少しでも近接しないようにした。休耕や輪作が行われた。遠くから種子を購入して遺伝子が均一にならないようにした。熟しかけの作物は、農民とその家族、そして案山子が厳重にガードした。しかし、栽培作物による農業生態系にはそもそも病害傾向があるため、作物がすべての捕食者から生き延びて、究極の守護者であり最終的な捕食者（＝農民）の食べ物になるかどうかは、つねに紙一重だった。

文明進歩の古い物語は、ある基本的な一点においては間違いなく正しい。動植物の飼い馴らしによってある程度の定住が可能となり、それによって最初の文明と国家、そしてその文化的達成の基礎が形成された。

しかし、その遺伝子基盤は極端に薄弱で、脆弱だった。一握りの作物、わずかな種類の家畜、そして過激に単純化された景観は、排除した自然による失地回復の動きに対して、つねに防御が必要だった。同時に、ドムスは自給自足からはまったくほど遠いもので、排除したはずの自然からの「補助」——木材（燃料と建物のため）、魚、軟体動物、森林での放牧、小型の猟獣、野生種の野菜、フルーツ類、ナッツ類——をつねに必要としていた。飢饉のときは農民も、狩猟採集民が依存しているあらゆるドムス外資源にすがった。

それと同時に、ドムスは、招かれざる片利共生生物や大小の害虫、極小のウイルスにとっては正真正銘のご馳走であり、巡礼地だった。まさにその集中状態と単純さのゆえに、ドムスは並はずれて脆弱で、簡単に崩壊した。後期新石器時代の農業は多くのステップを踏み出したばかりで、少数の望ましい植物種、動物種の生産を最大化するために特殊な技術がいろいろと発達していくのはずっとあとのことだった。病害（作物のもの、家畜のもの、人間のもの）、旱魃、大雨、イナゴやネズミや鳥の大量発生など、どれかが一度あっただけでも、築き上げたものがすべて、またたく間に崩れ去った。幅の狭い食物網を基礎とする新石器時代の農業は、集中的なやり方によって各段に生産力が上がったが、それは、狩猟採集と比べてはるかに脆弱だったし、移動耕作（移動性と多様な食料への依存の組み合わせ）にすら劣っていた。そんな脆弱性を抱えていながら、固定された畑での農業というドムス・モジュールが覇権を握り、農業生態系と人口統計のブルドーザーとなり、そのイメージに合わせて世界の大半を作り変えることができたのは、ほとんど奇跡だったのである。

多産と人口に関する注釈

最終的に新石器時代の穀物複合体が支配的となることは、ドムスの疫学からはほとんど予測不可能だ。注意深い読者なら、農耕文明の隆盛に当惑するだろうし、新石器時代の耕作者が直面した病原菌のことを思えば、そもそもどうしてこの新しい形態の農耕生活が生き残れたのか、ましてや発展できたのか、不思議に思うのではないだろうか。

わたしは、端的な答えは定住それ自体にあると考えている。狩猟採集民と比べて全般的に不健康で、幼児と母親の死亡率が高かったにもかかわらず、定住農民は前例がないほど繁殖率が高く、死亡率の高さを補って余りあるほどだったのだ。定住への移行による繁殖力への影響は、リチャード・リーによる現代の研究で文句なく証明されている。これは新たに定住した人びとと、アフリカ南部のカラハリ砂漠でまだ移動生活をしているクン人とで女性どうしを比較したもので、これ以外にも、農民と狩猟採集民の繁殖力をさらに包括的に比較した研究で同様の結論が出ている[16]。

定住しない人びとは、たいてい意図的に繁殖力を制限している。定期的に野営地を動かす際のロジスティクスを考えると、子ども2人を同時に抱えて運ぶのは、不可能とはいわないまでも、かなりな負担になる。その結果、狩猟採集民が子どもを作るのはおよそ4年ごととなり、離乳を遅らせる、堕胎薬を使う、育児放棄する、あるいは子殺しをするなどして間隔を開けることになる。また、激しい運動とタンパク質豊富な赤身肉の食餌という組み合わせは、思春期の訪れを遅らせ、排卵を不定期にし、閉経を早めることにもなる。対照的に定住農民のあいだでは、移動性の狩猟採集民が経験したような、短い間隔で子どもを作ることによる負担が大幅に軽減されるほか、あとで見るように、農作業の労働力として、子どもの価値が高くなる。定住によって初潮が早まるほか、穀物食では離乳して軟食になるのが早まる。排卵が促進され、女性の生殖寿命が延びる。

農耕社会とその脆弱さによる病気の負担を考えると、狩猟採集民に対する農民の人口統計的な「アドバンテージ」はごく小さいものだったかもしれない。しかし、この文脈で考えるべきは5000年という期間だ。これだけの期間があれば、まるで複利計算の「奇跡」のように、最後にはとてつもなく大きな違いが生まれる。たとえば、異なる繁殖率で人口が2倍化するまでの時間を計算してみよう。年間の繁殖率が0・014パーセントだと5000年で人口は倍になるが、0・028パーセントなら（これでもまだ微々たるものだが）、半分の2500年で2倍になる。そして当然のことながら、5000年後にはそのまた倍の4倍になる。十分な時間があるなかでは、農民の繁殖率のわずかなアドバンテージが圧倒的な差となったのである。[17]

ここで用いている大まかな桁数が現実的なものだとすると、世界人口が5000年で400万から500万へと拡大したことなど、人口統計上はまったく取るに足りないことのように思える。しかし新石器時代の狩猟採集民に対する農民の比率は、紀元前10000年より紀元前5000年の方がはるかに大きいのだから、このボトルネックの期間中でさえ、すでに人口統計のうえでは、世界の穀物農民が狩猟採集民を追い越していたというのも十分にありそうなことだ。ほかには二つの可能性が考えられる。すなわち、多くの狩猟採集民が選択によって、またはやむをえずに農業をするようになったか、あるいは、農耕にともなう病原菌が風土病になり、農民の致死率が下がっていたのに、彼らと接触した狩猟採集民にはまだ免疫がなかったために（ヨーロッパの病原菌が新世界人口の大多数を殺してしまったように）壊滅的な打撃を受けたか、だ。[18] 明確な証拠がないので、こうした可能性は確認することも否定することもできない。いずれにしても、レヴァント地方、エジプト、中国にあった新石器時代の農業コミュニティは拡大し、沖積層低地に広がっていった。それは非定住民を犠牲にしてのことだったようで、ごくわずかだが、その兆候は現れていた。

4 初期国家の農業生態系

銀をもつ者、宝石をもつ者、ウシをもつ者、ヒツジをもつ者は、すべて穀物をもつ者の門前に座り、そこで時を過ごさねばならない。

——シュメールの文章「ヒツジと穀物をめぐる議論」より

詰まるところ人は、蓄えた財産を、パンを、富を奪い、それを再び人びとに分配できる者に、あるいはそうしたことのできる者の集団に屈するのだ。

——D・H・ロレンス〔ドストエフスキー『大審問官』英語版への序文より〕

もし文明があることをもって国家の達成だと判断するなら、そしてもし古代文明が定住と農耕、ドムス、灌漑、町を意味するとしたら、歴史の順序にはなにか根本的な間違いがあることになる。こうした新石器時代の人類の達成は、どれもメソポタミアに国家らしきものが現れるはるか以前から存在していた。まったく逆なのだ。現在わかっていることを根拠にすれば、萌芽的な国家は、後期新石器時代の穀物とマンパワーのモジュールを活用し、支配と収奪の基盤とすることによって生まれた。このモジュールこそが、これから見るように、国家の設計に利用できる唯一の足場だったのである。

最初期の国家の登場は紀元前３３００年頃だが、定住した人びとが作物化した穀物を育てたり、１０００人以上の住民からなる町で商業が促進されたりといったことは、その２０００年近くも前の新石器時代にすでに自律的に達成されていた。[1] こうした最初の町は、ジェニファー・パーネルによれば「ぬかるんだ平野に埋め込まれた島のようなもので、広大なデルタ湿地帯の境界上や中心に位置していた」「そうした町の水路は、灌漑用というよりも輸送ルートとして機能していた」。[2] 以前からこの地域には、南部沖積層の外にも原始的な都市定住地があったが、湿地の豊かさのおかげで、沖積層での都市化はそれよりもずっと持続力、耐久力、そして回復力があった。[3]

しかしこうした複合体は、マンパワーと耕作可能地と栄養とが集中した類まれな新しいものだった。これが成立する条件は、そこに「捕らえられた人びと」が——「寄生される人びと」が、といっても言いすぎではないだろう——政治権力と特権の強力な結節点になれるかどうかだ。新石器時代の農業複合体は、国家形成の必要条件ではあっても十分条件ではなく、国家形成を可能にはするが保証はしない。マックス・ヴェーバー風にいえば、ここで扱っているのは「選択的親和力」のようなもので、因果関係ではないということだ。したがって、沖積層の土壌に定住した当時の農耕民がまったく国家を作らずに灌漑を実践することは可能だったし、珍しいことでもなかった。[4] しかし、国家らしきもので、沖積層の穀物農民に依存していないものはなかった。

この文脈で、国家を構成するものとはなんだろう。どこを見れば、これが最初の原始国家だとわかるのだろう。ありふれたものでは答えにならない。わたしは「国家らしさ」というものを、厳密なあれかこれかではなく、程度で判断したい。国家らしさについて妥当と思える特性は数多くあるので、特定の政体がそうした特性をたくさん備えていればいるほど、国家とよばれる可能性は高くなる。定住した狩猟採集民、耕作民、遊牧民による小規模で萌芽的な町が、集団内でのできごとや外界との交易を切り盛りしたとしても、それだけでは国家ではない。また、標準的なヴェーバー流の基準――領域を有して強制力の適用を独占する政治単位――も、完全に当てはまるわけではない。この基準は、それ以外に数多くある国家の特徴を当然の前提としているからだ。そこでこの本では国家を、税（それが穀物か労働力か正金かは問わない）の査定と徴収を専門とし、単数もしくは複数の支配者に対して責任を負う役人階層を有する制度として考える。明確な分業（機織り、職人、聖職者、金属細工師、官吏、兵士、耕作者など）があって、高度に複合的かつ階層的な階級社会での行政権力の行使として国家を考える。これ以外にも、人によってはもっと厳格な基準を適用するだろう――国家であれば、軍隊と防御壁、巨大な祭祀センターないし宮殿があって、おそらくは王ないし女王がいるべきだ、と。[5]

初期国家の誕生をピンポイントで示すのは、こうした多様な特性を考えれば、多かれ少なかれ恣意的な行為になる。説得力のある考古学的、歴史的な証拠のある遺跡はただでさえ少ないのに、それがさらに限定されるからだ。そこで、領土があるということに加えて、特異的な国家装置である城壁、徴税、役人の存在を示すものを重視してはどうだろうか。この基準で見れば、ウルクの「国家」は紀元前３２００年までには間違いなく確立されていたことになる。ニッセンは紀元前３２００年から２８００年の時期を「高度文明化時代」とよび、この時期の「バビロニアは間違いなく、最も複合的な経済、政治、社会秩序を生み出す地域だった」[6]としている。シュメールの政体確立を象徴する創建行為が市壁の建設だったのは偶然ではない。実際に、ウルクの壁の建設は紀元前３３００―３０００年で、一部でギルガメシュが統治したと考えられている時期に当たる。ウルクが国家形態の先駆けとなり、やがてメソポタミア沖積層の全域で、およそ20の競合する都市国家（「同位政体」）がこれを真似るようになる。こうした政体は小規模なもので、大半は、最中心部から外側の境界まで1日で歩いて行くことができた。

若干の農業後背地を政治的、経済的に支配し、かつ構造的な都市統治を行っていたという点で、紀元前3000年代後半のシュメール都市ウルクは、都市国家の基準を満たしていた。最初は、規模についても権力についても、ほかに例のないものだった。しかし十分な証拠から、遅くとも紀元前2000年代前半までには、キシュ、ニップル、イシン、ラガシュ、エリドゥ、ウルなどの主要都市も、ウルクと同じカテゴリーに属するまでになっていたことが証明されている(7)。

初期の国家作りに関するあれこれの検証で、ウルクがとくに大きな存在に思えるとしたら、それは、ウルクが最初期の国家のようだからというだけでなく、考古学的に最もよく証明されているからでもる。ウルクと比べると、メソポタミアのほかの国家センターに関する知識は断片的だ。物理的な広がりから見ても人口から見ても、この時代のウルクが世界最大の都市だったことはほぼ確実だ。推定人口は2万5000から5万まで幅があるが、住民数が200年で2倍になるなど、高い死亡率を考えれば、自然な人口増とは思えないほど増加している。ウル、ウルク、エリドゥといった地名はシュメール起源ではなさそうなので、流入してきた移民がそれ以前の住民と入れ替わるか、吸収されるかしたことが示唆される。浅浮き彫りには首枷につながれた戦争捕虜が描かれているから、この方法によっても人口は増えたと思われる。

ウルクの壁は250ヘクタールの面積を囲い込んでいて、3000年近くあとの古代アテナイの2倍の大きさがある。ポストゲートは同じシュメール都市のアブ・サラビクについて、人口を1万と仮定した計算で、周囲10キロメートルの農村後背地を支配していたはずだとしている。ここから考えると、ウルクの後背地は少なくともその2倍ないし3倍の大きさがあったことになる。(8) さらに、農作業や農作業以外の神殿の仕事に相当数の作業集団が動員されていたことを示す証拠が豊富にあって、規格の統一された椀が何千個も出土している（食料ないしビールの配給に使われたというのが大半の見方だ）。ほかにも国家らしさを示すものとして、専門の書記階級（フルタイムかどうかはわからない）、甲冑を着た兵士、さらに度量衡標準化の努力がある。したがって、初期国家に関するわたしの議論は、とくに断らない限りはウルクについての広範な文献に依拠し、時に応じて1000年後のウル第三王朝――ウルクの近くにあって、十分な証拠があるが短命だった――にも言及していくことにする。

国家が形成されたのが、沖積層に穀物とマンパワーを集中させ、それを支配、維持、拡大したからだとしたら、では初期の国家はどうやってそうした人口－穀物モジュールを支配するようになったのか、という疑問が生まれてくる。なにしろ、この仮想国家の将来の臣民は、水と氾濫農法、そして農耕を越えた多様な生業オプションを、介在者なしに直接利用できていた。こうした耕作民が国家の臣民として集められた経緯の説明として説得力があるのは、気候変動だ。ニッセンは、少なくとも紀元前3500―2500年の時期には海水レベルが急激に下がり、ユーフラテス川の水量が減少したことを示している。乾燥が進んだということは、河川が主流へと縮小し、残った水路の周辺に人びとが急速に集まったこと、それと同時に、水を奪われた地域の土壌塩類化によって、耕作可能地が急激に減少したことを意味している。こうしたプロセスのなかで、人びとは衝撃的なほど集中し、それによって「都市化」が進んだ。灌漑が以前にも増して重要かつ労働集約的になり（たいてい揚水が必要になった）、掘削した運河へのアクセスは死活問題となった。ウンマやラガシュといった都市国家は、耕作可能地やそこへ引いてくるための水をめぐって戦った。やがて、賦役や奴隷労働で掘削する網目状の運河システムが発達した。乾燥とそれによる人口統計上の影響で人が集中したというニッセンのシナリオは、どちらも確固たる証拠に基づいているから、これを受け入れるなら、国家形成について妥当な説明がひとつ提供されることになる。灌漑用水の不足は、水の豊かな場所にどんどん人口を押し込め、代替となる存在形態（採集や狩猟など）の多くを消滅ないし減少させた。「すでに見たように、先の時代にもこうしたことは起こっていた。大きな河川の流路周辺に集中して定住する傾向が現れ始め、それと同時に、川と川との間の地域で空洞化が進んだ」とニッセンは述べている。(9) こうして、気候変動によってある種の都市化が強要され、人口の90パーセントが30ヘクタールほどの定住地に暮らすようになったことで、国家形成にとって理想的な穀物－マンパワー・モジュールが強化された。結果として乾燥は、国家作りになくてはならない下女となり、この時代に、これ以外にはないという方法で人を集め、穀草穀物を集中させて、萌芽的な国家空間に送り込んだのだった。

メソポタミアだけでなく、ほぼすべての場所で初期国家は、この新しい生業資源を食い物にしていったようだ。これほどの数を維持できるのはここしかないという土壌に穀物とマンパワーが高い密度で集中したことで、収奪と階層化、そして不平等の可能性は最大化した。国家という形態は、この核となる地域を植民地化して生産基盤とすると、その規模を拡大し、強化し、ときにはインフラ（輸送や灌漑用の運河など）を追加して、黄金の卵を産むガチョウを肥らせ、保護した。先にも使った用語でいえば、こうした形態での強化はエリート層のニッチ構築だったと考えることができるだろう。つまり、景観と生態系を修正して自分たちの居住地の生産性を高める、ということだ。もちろんこれは、豊かな土壌と利用可能な水という文脈があってのことで、農業のさらなる強化と人口増を可能とする環境収容力が必須だ。したがって、最初の官僚制国家が生まれる可能性が高いのは、こうした状況しかない。

メソポタミア国家の発達は線形とはほど遠い。沖積層の前駆国家は、住民と同じでごく短命だった。「王国」のあった期間よりも空白期間の方が一般的で、崩壊と分裂が長く続くのは当たり前だった。すでに見たように、後期新石器時代の原始的な都市複合体は、最適な環境下での、紙一重のできごとだった。不安定な降雨、洪水、害虫の攻撃、さらには数え切れないほどの作物や家畜、人間の病気につねに脅かされていた。このどれが起こっても定住地は一掃されただろうし、ちりぢりになった住民は、狩猟や採集や遊牧で生きていくしかなくなった。

群集した新石器時代複合体は、それだけでも相当に危険だったのだが、そこに国家が重なったことで、脆弱性と不安定性の新たな層が加わることになった。税と戦争を考えれば、この追加的な脆弱性がよくわかる。現物（穀物や家畜）や労働というかたちでの税の意味は明白だ。農民は、ドムスのために生産するだけでなく、エリート層が自身の生存と威厳誇示のために収奪する多くの超過利潤も提供しなければならなかった（ただし、その同じエリートが飢饉のときに貯蔵した穀物を分配することはあった）。そうした税の負担がどれほどだったかを決定するのは難しいし、いずれにせよ、時代や政体によってずいぶん違っていたはずだ。農耕史全般から判断して、穀物での税が収穫の5分の1を下回ることはまずなかっただろう。農民は事実上、生存できるぎりぎりの線で生活していた。凶作になれば税がなくても飢えていただろうし、国家に税を取られたあとだったら完全な破滅だった。

南部沖積層で敵対する政体どうしが頻繁に戦争していたという証拠は豊富にある。それがどれほどの流血を伴ったかはわからないが、初期国家はどこも人口が貴重だったことを考えれば、戦争は血生臭いどころではなく、破壊的なものだっただろう。沖積層の同位政体どうしの戦争に関するある記述は、勝利した軍が戦利品や貢ぎ物を持って還ってくるとき以外、人びとはやっと生存できる水準で暮らしていたとしている。[10] 勝った側が得るものは、征服された側が失うもので相殺された。たとえ勝ったとしても、戦争そのもののために作物が焼き払われ、穀物倉が強奪され、家畜や家財が押収されたから、生活する者にとっては、自国の軍も敵国の軍と同じくらい大きな脅威だっただろう。初期の国家は天候にも似て、恩恵をもたらすよりも、生存への脅威を追加するものだった。

国家作りの農業地理

ごく大雑把にいえば、古代国家はすべて農耕国家であり、非生産者（官吏、職人、兵士、聖職者、貴族階級）を食べさせていけるだけの、収奪可能な農業－遊牧生産物の余剰が必要になる。これは、古代世界の輸送力を考えると、可能な限り多くの耕作可能地を集め、可能な限り多くの人間をそこで働かせ、それを可能な限り小さな半径のうちに集中させることを意味していた。豊かな沖積層の土壌に位置していた後期新石器時代再定住キャンプは、人と穀物の既存の核として、国家の基となりうるものだった。

国家建設のための地理的条件をもっと具体的に考えることもできる。1ヘクタール当たりに十分な生産力のある最も豊かな土壌でなければ、コンパクトな地域で大きな人口を維持し、課税できるだけの余剰分を生産することはできない。現実には、これは黄土（風による堆積）か沖積層（洪水による堆積）のどちらかだ。沖積層はティグリス川とユーフラテス川、そしてその支流からの歴史的な贈りものだった。毎年洪水のある沖積層だからこそ、メソポタミアの国家は作られた。まさに沖積層なくして国家なし、だ。[11] 信頼性があって破滅的ではない洪水であれば、作業が容易で栄養豊富なシルトでの氾濫農法が実践できるし（ナイル川流域のエジプトもそうだった）、そうなれば人口密度はさらに高まったことだろう。ほぼ同じことは中国・黄河流域の黄土に生まれた最初期の国家センター（秦王朝、漢王朝）についてもいえる。人口密度は、先史時代の社会がほとんど到達したことのない水準に達していた。中国国家の歩みをたどることは、それを可能にした農業生態系をたどることだ。オーウェン・ラティモアが指摘している。「灌漑は古代中国の黄土の中核地に目を見張るような価値をもたらした。柔らかくて作業の容易な土壌、石がないこと、多くの異なる作物を育てられる気候――適した土地がある限り、この複合体はどこまでも、どこまでも広がっていった[12]」

当然のことながら、水の有無は死活問題だった。すでに見たように、最初の生業定住コミュニティのいくつかは、湿地帯の豊富な水を基盤としていた。信頼できる降雨でも手近な灌漑用水でもいいから、とにかく十分な水のある沖積層だけが国家作りの可能な場所だった。しかし、水は別の面でも死活問題だった。氾濫原か、またはその近くに位置して穀物農業に特化していたメソポタミアの初期国家センターは、自足経済からはほど遠かった。どこも、材木、薪、皮革、黒曜石、銅、錫、金、銀、蜂蜜など、ほかの生態系ゾーンに由来する多くの製品を必要とした。それと引き替えに、小規模な前駆国家は陶器、織物、穀物、工芸品などを手に入れたのだろう[13]。こうした商品の大半は、陸上よりも水路で運ばなければならなかった。わたしが「水路交易なくして国家なし」と言いたくなるのも、あながち誇張ではない[14]。先に強調したように、船ないし小型の艀(はしけ)による輸送は、ロバや荷車による輸送と比べてはるかに経済的だ。この対照をわかりやすく示す衝撃的な事実がある。1800年になってさえ、イングランドのサザンプトンからアフリカの喜望峰まで船で行くのと、ロンドンからエディンバラまで長距離馬車を走らせるのとで、同じ日数がかかっていたのだ[15]（蒸気船や鉄道はまだなかった）。そしてもちろん、船ならはるかに多くの荷を運ぶことができた。水上輸送にすれば摩擦の大半が奇跡のように消えるので、ごく一部を除いて、ほぼすべての初期国家は、沿岸であれ河川であれ、近くにある航行可能な水路に、必要な物の交易を依存していた。最初の沖積層国家は、ティグリス＝ユーフラテス川流域の起点近くに位置していたので、川の流れを利用して、材木のような嵩張る商品を水に浮かせることで、費やされる労働力を最小限に抑えた。ギルガメシュ叙事詩の中ほどの部分が、広大な森を守る巨人を殺したあと、レバノンスギの筏を浮かべて川を下っていく話になっているのも偶然ではないだろう（このスギは新しく作られた都市のメインゲートとなる）。

摩擦全般を避けることが、国家作りには重要だ。1年の大半を通じて航行可能な静かな水域もほぼ必須となる。陸地が平らならなおよい。氾濫原はそもそも平らなのだが、荒れた地形があると、やはり輸送コストが跳ね上がる。国家形成の陰の生態系を把握していたイブン・ハルドゥーンは、アラブ人は平らな土地なら征服できるが、山や谷では立ち往生すると指摘している[16]。

初歩的な国家作りの条件を明確化することは、換質換位による推論、すなわち、それが満たされなければ国家形成が考えにくい、あるいは事実上不可能となる条件を考えるのに役立つ。人口の集中が国家作りを促進するのに対して、人口の分散はそれを阻害する。そのような集中ができるのは、地味が豊かで十分な水のある沖積層なので、沖積層以外の生態系は、初期国家の生まれる場所とはなりにくい。荒れた砂漠や山岳地域では、肥沃な山間盆地が閉じこめられてしまうので、ほぼ例外なく、分散的な生業戦略が必要となり、国家の核にはまずなれない。こうした「無国家空間」は、遊牧、狩猟採集、焼畑農業など、生業パターンも社会組織もばらばらなので、国家の物語ではたいてい「野蛮人」という烙印を押されてコード化されてしまう。

国家の「モジュール」はマンパワー――具体的には、固定した畑での耕作を主として実践する農業用のマンパワー――の集中を必要とする。しかし集中だけでは足りない。メソポタミア沖積層の南部にあった湿地帯の生態系は、中東で最初の生業定住が生じたところでもあって、これがぴったり当てはまる[17]。大きな人口があり、いくつかの作物が栽培されていたにもかかわらず、最初の町からは、考古学の記録に明白な署名を残すような、定期的に耕作された畑の遺構がまったく出てこないのだ。ここでの生活は、先にも述べたように並はずれて多様で、湿地での狩猟や採集、野生のヨシやスゲの収穫のほか、水が引いたあとにはヒツジやヤギやウシの放牧が行われていた。人口が多くて人口密度も高かったが、彼らは農耕民ではなかった。「灌漑による穀類作物を原動力とする社会変容モデルを支持するどころか、都市中心部のこのような見直しは、むしろ沿岸部のバイオマスへの日和見的依存に始まる……定住の進歩を示唆している」[18]。湿地帯は富と町を生み出したが、国家が生まれるのはそれから１０００年以上も経ってからだった。耕作農業の景観とは違って、湿地の生活の有り余るほどの多様性は、国家作りに望ましいものではなかった。ナイル川デルタも、まるで大河のデルタが初期国家の建設に貢献しなかったことを確認するかのように、同じくらい有力な事例を提供してくれている。初期のエジプト国家はデルタの上流で発生した。デルタも人口は多く、生業資源は豊富だったのだが、国家の基盤とはならなかった。むしろ逆に、ここは国家に敵対し、抵抗する地域だと見られていた。メソポタミア湿地帯の住民と同様に、ナイル川デルタの人びとも「亀の甲羅」で暮らし、漁をし、ヨシを収穫し、甲殻類を食べ、ほんのわずかだけ農業に従事した。彼らは、王朝としてのエジプトには属していなかったのだ。

黄河沿いでも、初期国家の中心地は、つねに激しく変化するデルタ地帯ではなく上流にあった。栽培されたのは雑穀だったが、メソポタミア国家のコムギやオオムギと同じく、中国でも、耕作が国家建設の中核にとっての死活問題だった。中国の国家建設は、豊かで耕作可能な黄土地帯を、ひとつの場所から別の場所へと飛び石的に移動するプロジェクトで、あいだにある険しい地区（「奥地の」野蛮人）や複雑で多様な黄河デルタには触れないものだった。

穀物が国家を作る

古代の最初の主要農業国家――メソポタミア、エジプト、インダス川流域、黄河――の生業基盤はどれも驚くほど似通っている。すべて穀物国家で、コムギやオオムギ、黄河の場合はヒエやアワなどの雑穀を栽培していた。それに続く初期国家も同じパターンを踏襲した（ただし水稲と、新世界のトウモロコシが主要作物のリストに加わった）。この法則の部分的な例外となるのがインカ帝国で、トウモロコシとジャガイモに依存していたが、税作物としてはやはりトウモロコシが支配的だったようだ。[19] 穀物国家では、一つか二つの穀物が、主要な食用デンプン、現物税の単位、そして支配的な農事暦の基盤をすべて提供した。こうした国家は生態学上のニッチに閉じこめられていて、沖積層の土壌と利用可能な水があってこそ可能なものだった。ここで強調するべきは、やはりリュシアン・フェーブルの「環境可能論」の概念だ。このようなニッチは国家形成に必要だったが――そして運河や台地構造といった景観管理による拡大も可能だったのだが――それだけでは十分ではなかった。[20] またこの場合であれば、人口の集中は国家作りと区別されなければならない。すでに見たように、湿地帯の豊かさが初期の都市化と商業につながることはあったが、大規模な穀物栽培なしに国家形成が起こることはなかった。[21]

しかし、なぜ穀物は、最初期の国家でこれほど大きな役割を果たしたのだろうか。結局のところ、ほかの作物は――中東ではとくにレンズマメ、ヒヨコマメ、エンドウマメなどの豆類が、中国ではタロイモ、ダイズが――すでに作物化されていたのだ。なぜ、こうしたものは国家形成の基盤とならなかったのだろう。もっと広げれば、なぜ歴史記録には「レンズマメ国家」がないのだろう。ヒヨコマメ国家やタロイモ国家、サゴ国家、パンノキ国家、ヤムイモ国家、キャッサバ国家、ジャガイモ国家、ピーナッツ国家、あるいはバナナナ国家はなぜ登場しなかったのだろう。こうした栽培品種の多くは、土地1単位当たりで得られるカロリーがコムギやオオムギよりも多く、労働力が少なくて済むものもある。単独で、あるいはいくつかを組み合わせることで、同程度の基礎的栄養は提供されたはずだ。言い換えれば、こうした作物の多くは、人口密度と食料価値という農業人口統計学的な条件を、穀物と同じ程度には満たしているのだ（このなかで水稲だけは、土地1単位当たりのカロリー値の集中度という点で抜きんでている[22]）。

わたしの考えでは、穀物と国家がつながる鍵は、穀物だけが課税の基礎となりうることにある。すなわち目視、分割、査定、貯蔵、運搬、そして「分配」ができるということだ。レンズマメやイモ類をはじめとするデンプン植物といった作物にも、こうした望ましいかたちで国家適応した性質がいくつか見られるが、すべての利点を備えたものはない。穀物にしかない利点を理解するためには、自分が古代の徴税役人になったと想像してみればいい。その関心は、なによりも収奪の容易さと効率にある。

穀物が地上で育ち、ほぼ同時に熟すということは、それだけ徴税官は仕事がしやすいということだ。軍隊や徴税役人は、正しい時期に到着しさえすれば、1回の遠征で実りのすべてを刈り取り、脱穀し、押収することができる。敵対する軍隊にとっては、穀物だと焦土作戦がとても簡単になる。収穫を待つばかりの穀物畑を焼き払うだけで、耕作農民は逃げるか飢え死にするかしかない。さらに好都合なことに、徴税役人にしても敵軍にしても、ただ待っていれば作物は脱穀され、貯蔵されるので、あとは穀物倉の中身をごっそり押収すればいい。実際に中世の十分の一税では、耕作農民が脱穀前の穀物を束にして畑に置いておけば、徴税官が10束ごとに1束ずつ持っていくことになっていた。

この状況を、たとえばジャガイモやキャッサバのようなイモ類を主要作物としている農民と比べてみよう。こうした作物は1年後に熟すが、あと1年か2年は地中に残しておいても大丈夫だ。必要なときに掘り出し、残りは育ったところ（地中）で貯蔵できる。軍隊や徴税官がイモをほしいと思ったら、農民がするようにひとつずつ掘り出さなければならない。また、荷車1台分のジャガイモは同じ荷車に積んだコムギと比べると、カロリー面においても市場においてもずっと価値が低いうえ、すぐに腐ってしまう。[23] プロイセンのフリードリヒ大王〔フリードリヒ2世〕は臣民にジャガイモの植え付けを命じたが、これは、イモを栽培する農民は敵軍が来てもそう簡単に逃げ出すわけにいかないことを理解していたからだった。[24]

穀物が「地上で」同時に熟することには、国家の徴税官が判読、査定できるという、計り知れない利点がある。こうした特徴があったからこそ、コムギ、オオムギ、コメ、トウモロコシ、およびヒエやアワなどの雑穀は第一級の政治的作物になったのだ。税の評価担当者はふつう土壌の質で畑をランク付けする。その土壌での具体的な穀物の平均収穫量がわかれば、それで税の見積もりが可能になる。年ごとの調整が必要なら、農地を測量して、収穫直前にサンプル部分の作物を刈り取れば、具体的な作物年度の推定収穫量が得られる。あとでも見るように、国家の役人は、作物の収穫量と現物税を増やす目的で、栽培技術を強制した。メソポタミアでは、くり返し鍬で掘り返して大きな土の塊を砕き、何度も鋤で耕すことで根の付きを良くして栄養がいきわたるようにした。ポイントは、穀物と整地によって、植え付け、作物の状態、そして最終的な収穫量が可視化され、査定しやすくなることだ。比較のために、たとえば市場で、買い手と売り手の商業活動を査定して課税する場合を考えてみよう。中国では商人階級が公的に信用されず、非難されてきたが、その大きな理由のひとつは、単純に、コメの栽培農家と比べると商人の富は目に見えにくく、隠匿が可能なうえに、一過性だからだった。市場全体に課税することはできるだろうし、道や川の分岐点で通行料を取ることもできるだろう（そうした場所は商品や取引の透明性が高い）。しかし一人ひとりの商人に課税するのは、徴税官にとっては悪夢となる。

図10　配給用（？）の傾斜付き碗型土器（写真提供：スーザン・ポーロック）

測定し、分割し、評価するという目的のためには、穀物の収穫が（脱穀の前だろうが後だろうが）最終的に小さな粒になるという単純な事実が、途方もない管理上の利点となる。砂糖や砂の粒と同じで穀物はほぼ無限に分割可能だから、経理上の目的でどんどん小さく分けていけば、重量・体積で正確に測ることができる。穀物の単位が、交易や献納のときの計量と価値の規準になり、それを基にして、ほかの商品の価値も計算された。これには労働力も含まれていて、メソポタミアのウンマでは、最下層の労働者への日々の食糧配給は、ほぼ正確にオオムギ2リットルだった。計量に使った傾斜付きの碗型土器は、考古学遺跡のどこででも出土するもののひとつだ。

では、なぜヒヨコマメ国家やレンズマメ国家がないのだろう。こうした豆類も栄養豊富な作物で、集中的な栽培が可能だし、収穫は小さな種子だから、乾燥させれば保存が利く。穀物と同じように容易に分割できるから、少量ずつ計量して配給することもできる。ここでの穀物の決定的な利点は、成長期間が決まっているので、どの穂にもほぼ同時に実が熟することだ。徴税官の立場から見て、大半の豆類で問題になるのは、長期間にわたって継続的に実をつけることだ。ダイズやエンドウマメがそうだが、実が熟すのに合わせていつまでも摘みつづけることができるし、実際にそうしている。徴税官が早く来すぎたら作物はほとんどまだ熟していないし、遅れてきたら、収穫の大半はすでに納税者が食べてしまっているか、隠したり売ったりしてしまっている。徴税官の側はワンストップ・ショッピングで済ませたいので、成熟期の決まっている作物が最適なのだ。旧世界の穀物は、その意味では国家形成に前適応していた。しかし新世界には、一部の例外を除いて、成熟期が決まっていて畑全体が同時に熟す作物はほとんどない（トウモロコシはずっと摘みつづけたり、そのまま熟すのを待って畑で乾燥させたりできる）。だから新世界には、旧世界ならどこの農事暦にもある収穫祭の伝統がまったくない。ここで残る疑問は、決まった成熟期は初期新石器時代の耕作者が選択したものなのか、もしそうなら、なぜ、たとえばヒヨコマメやレンズマメも成熟期が決まっているのに、同じように選ばれなかったのかということだが、これはまだよくわからない。

とはいえ、穀物課税はバカでもできる仕事というわけではない。所定の穀物は、たしかに一度植えてしまえば同時に成熟するが、植え付けの日は季節の進み具合で前後することが多いから、畑が違えば熟する時期が微妙に違ってくる。また、税を逃れる目的で、耕作者が完熟前に穀物の一部を密かに収穫することも珍しくなかった。古代国家は、可能な場合には、定められた地区に定められた時期の植え付けを義務づけるよう努めた。水稲の場合なら、隣接する農地すべてにほぼ同時に水を入れたが、これだけで田植えの予定を指定することができた（いうまでもないが、水稲はこうした条件下で成長する唯一の作物だ）。

穀物は大量輸送にも適していた。古代の条件下でさえ、荷車で運んで利益の出る距離はほかのどの食品よりも大きかった。水上輸送が利用できる場合には、大量の穀物を相当遠くまで運ぶことができたので、初期国家が支配して税を抽出したいと思う農業の中心地が大きく広がった。紀元前２０００年代後半のウル第三王朝に関するある記述では、ウル地域のオオムギの収穫全体の優に半分を、艀で王の貯蔵庫まで運んだとしている。[25] ここでも、初期メソポタミアの——そして、この問題については19世紀までの——徴税官にとって、農耕国家と航行可能な河川または沿岸という組み合わせは、まさに天の結んだ縁だった。たとえばローマでは、穀物（通常はエジプトから）やワインは地中海ルートで運ぶ方が、陸路を荷車で１００マイル〔約１６０キロメートル〕以上行くよりも安上がりだった。[26]

穀物は、単位重量・体積当たりの価値がほとんどの食料より高く、保存できる期間も長いので、課税作物としても生業作物としても理想的だった。必要なときまで脱穀せずに置いておくこともできた。労働者や奴隷への配給にも、献納品として要求するにも、兵士や守備隊に提供するにも、食料不足や飢饉の救援にも、あるいは包囲に抵抗して都市全体が食べていくためにも、穀物は理想的だった。力の源泉としての穀物をもたない初期国家を想像するのは難しい。

穀物が——したがって農耕への課税が——止まれば、国家の権力も弱体化しはじめた。中国の初期国家の勢力は、黄河流域や長江流域の耕作可能地に限られていた。固定した畑（水田）と水稲栽培から成るこの生態学上、政治上の中心地の外には、課税のできない、移動性の人びと（遊牧民、狩猟採集民、移動耕作民）がいた。こうした人びとは「まだ版図に入らない」「生」の野蛮人だと定義された。ローマ帝国も、その帝国主義的野心にもかかわらず、穀物の限界ラインを大きく越えて拡大することはなかった。アルプス以北でのローマの支配は、考古学の用語でいう「ラ・テーヌ文化圏」に集中していた。これは最初に人工物が発見されたスイスの地名にちなむ名称で、その範囲内では人口密度も高く、農業生産も盛んで、大きな町（オッピドゥム文化）もあったのだが、圏外に出れば人口はまばらで、遊牧と焼畑を特徴とする「ヤストルフ文化のヨーロッパ」が広がっていた。[27]

この対照は、世界と世界人口の大半が、初期穀物国家の外に存在したのだということを思い出させてくれる。穀物国家は、集中的な農業に好適な、生態学上のわずかなニッチにしかなかった。その水平線の向こうには、収奪不能な生業活動とでもよべるものが多種多様に広がっていた。そのうち最も重要なものが、狩猟と採集、海洋での漁労と採集、園耕、移動耕作、そして専業遊牧だった。

国家の徴税官の視点から見れば、こうした生業形態は財政的に不毛だった。管理コストに見合うだけのものが返ってこないのだ。狩猟採集民や海洋採集民は分散して動いているうえに、その「収入」は多様で傷みやすい。こうした人びとを追跡すること、ましてや課税することは、ほとんど不可能だ。園耕農民は、おそらく最初の穀物が植えられるずっと前にイモ類を作物化していたと思われるが、そうしたものは森の中の小区画で密かに作ることができたし、必要になるまで収穫の多くを地中に残しておくこともできた。焼畑農民はある種の穀物を植えることも多かったが、典型的な焼畑では、成熟期の異なる栽培品種が何十何百とあるのが当たり前だった。しかも、焼畑農民は数年ごとに畑を移し、場合によっては住居まで移した。専業遊牧は農業から派生したと見られているが、これにも分散性と移動性という同じような問題があって、徴税官とは真っ向から対立する。遊牧民が樹立したオスマン帝国にしても、羊飼いへの課税はことのほか難しかった。1年のうちの、出産と剪毛の瞬間を捉えて課税しようと試みたが、それですらロジスティクスの面で難しかった。オスマン支配を研究しているルディ・リンドナーは「穏やかな気質の農民から予測可能な歳入が得られる定住天国というオスマンの夢は、遊牧民には相応しくなかった」と結論付けている。「遊牧民はわずかな気候の変化に合わせながら、良質な牧草と真水へのアクセスを最大化していた。その結果、彼らはつねに移動していたのである[28]」

いずれにせよ、無穀物民——つまりは世界の人びとの大半——は、課税不能な生活や社会組織というものを、さまざまな形で体現していた。それは物理的な移動性であり、分散的で多様な集団およびコミュニティ規模であり、多様で目に見えない生活物資であり、固定点資源をほとんど持たないことだった。しかし、だからといって、両者がまるで隔絶した世界だったということではない。事実はまったく逆で、すでに指摘したように、両者の間では交換、交易が盛んに行われていた。しかしそうした交換は強制的なものではなく、ある生態系ゾーンと別の生態系ゾーンとで望ましい財が物々交換される、相互に利益のあるものだった。特定の生業形態を実践する人びとは、たいていの場合、交易相手ではあっても違う種類の人間だと見られるようになった。たとえば、ローマ人が野蛮人を定義する重要な特徴のひとつは、乳製品や肉は食べるが、ローマ人のような穀物食をしないことだった。メソポタミア人にとっての「野蛮人」であるアムル人が常軌を逸した存在だったのは、彼らが「穀物を知らず……火を入れない肉を食い、死者を葬らない」と言われていたからだった。[29]

ここで述べたような多様な生業形態は、自己完結した不浸透性のカテゴリーと見るべきではない。各集団は複数の生業活動の間を往き来することができたし、実際にしていた。また、その多くは安易な分類を許さない、異種交配的な活動を行っていた。さらに、生業活動の選択が往々にして政治的選択、すなわち、国家に対峙するときの立ち位置にまつわる決断だった可能性についても、割り引いて考えるべきではない。

壁が国家を作る——防御と閉じこめ

メソポタミア沖積層の町の大半は、紀元前2000年代半ばまでには、城壁で囲まれていた。国家は初めて防御のための甲羅を身につけたのだ。遺跡は一般にこぢんまりしたもので、平均すると10—30ヘクタールだったが、そうした防御用の境界を築いて維持することは、段階的に建てたにしても、かなり労働集約的だった。壁は、ごくおおざっぱな意味において、なにか守るべき価値のあるもの、または外界から隠しておくべきものがあったことを物語っている。壁の存在は、恒久的な耕作が行われ、食料が備蓄されていたことを示す、確実な代理指標だ。そして、この二つの結びつきをさらに確認するかのように、そうした都市国家が崩壊して壁が恒久的に破れてしまうと、恒久的な耕作もその地域からほぼ消えてしまっている。都市を征服する際には、倒した相手の壁を壊してしまうのが一般的な習慣だった。集中させた、価値のある、略奪可能な、固定点資源が存在するなら、それを守ろうという強力な動機が生まれるのは自明のことだ。ひとつの空間に集中していれば防御が容易になるし、その価値も、守ろうとする努力に値するものになる。小農なら、自分の畑や果樹園、家や穀物倉、さらには家畜を守ろうと力を尽くすのが当然で、これは死活問題だ。だとすれば、ギルガメシュ叙事詩で、建国の王が人びとを守るために都市に城壁を築いても不思議ではない。この前提からだけでも、国家の形成は共同作業であり、おそらくは社会契約（?）だったと考える人がいるかもしれない。耕作する臣民とその支配者（および戦士とエンジニア）が、収穫物や家族や家畜を、ほかの前駆国家や無国家略奪民の攻撃から守るために作ったのだ、と。

しかし、問題はずっと複雑だ。小農が自分の作物を人間や人間以外の捕食者から守らなければならないのとまったく同じように、国家のエリート層も、自分たちの権力の源泉――耕作人口と穀物備蓄、自分たちの特権と富、そして政治的儀式的な権力――を守ることに圧倒的な利害がある。オーウェン・ラティモアらは中国の万里の長城をつぶさに観察したうえで、長城は野蛮人（遊牧民）を入れないためと同じくらい、国内の納税者、耕作者を外に出さないために築かれたのだとした。つまり都市の壁は、国家の維持に不可欠なものを外へ出さないことを意図していたのだ。ティグリス川とユーフラテス川の間にある、いわゆるアムル人対策の壁は、アムル人を入れないためよりも、むしろ耕作者を国家の「圏内」に留めるために作られたのではないだろうか（どのみちアムル人はすでに沖積層に相当数が定着していた）。ある研究者の見解では、この壁はウル第三王朝の中央集権化が大きく進んだ結果であり、移動性の人びとが国家の管理を逃れるのを封じ込めるためか、そうでなければ、それまでに強制的に追放された人びとに対する防御として築かれたのだという。いずれにせよ、壁は「政治支配の限界を定義することを意図していた」[30]。人びとを管理して閉じこめることが都市城壁の理由であり機能だったのかどうかは、臣民の逃亡が実際に初期国家の最大関心事だったことを示せるかどうかでほぼ決まるのだが、これは第5章のテーマになる。

文字が国家を作る――記録と識字力

《統治される》ということは、あらゆる活動、あらゆる取引、あらゆる動きにおいて、記録され、登録され、調査され、課税され、印紙を貼られ、測定され、査定され、賦課され、認可され、許可され、注記され、説諭され、差し止められ、矯正され、懲戒され、処罰されることなのである。

――ピエール＝ジョゼフ・プルードン

現場での国政術を長らく経験してきた小農たちは、国家が記録と登録と測量の機構だということをつねに理解してきた。だから、政府の測量士が白紙の表を携えてやって来たときや、国政調査官がクリップボードと質問票を持って世帯の登録に来たときには、臣民は、徴兵か強制労働か、土地の接収か人頭税か、それとも耕作地への新たな課税か、とにかくなにかの厄介ごとがそう遠くないのだとわかる。強制力をもった機構の向こうに山ほどの文書があることも暗に理解している。一覧表、各種の書類、納税者名簿、戸籍、規制、要求、命令などの文書は、大半がわけのわからない、理解を超えたものだ。彼らの頭の中では、そうした書類と自分たちの抑圧の源とが完全に一致している。だから、多くの農民反乱で最初に行われるのは、そんな書類がおいてある地元の記録事務所を焼き討ちすることだった。記録をつけることを通して国家が土地と臣民を見ているのはわかっているから、農民は暗に、国家を盲目にすれば自分たちの苦痛が終わると思い込んだのだ。古代シュメールの格言がこのことを見事に言い当てている。「王がいてもかまわない。領主がいてもかまわない。けれど怖いのは徴税官だ[31]」

おおよそ紀元前3300年から紀元前2350年にかけてのメソポタミア南部は、ひとつだけではなく、いくつかの関連する国家作りの実験が行われた中心地だった。戦国時代の中国や、のちに多くの都市国家が割拠したギリシアのように、南部沖積層は多くの都市政体が競い合い、盛衰を繰り返す場だった。最もよく知られているものとしては、キシュ、ウル、そしてなによりウルクがある。そしてまったく驚くような、歴史上にも類を見ないことがここで起こった。一方では、神官や有力者、地元首長の集団が、それまで親族間での慣習的表現しか使ってこなかった権力構造の規模を拡大し、制度化した。彼らが作ろうとしていたのは――もちろん本人たちがそんな用語で理解していたとはとても思えないが――今でいう国家につながるものだった。そして他方では、何千、何万もの耕作者、職人、商人、労働者が臣民として、いわば別目的に利用されるようになり、そのために、数えられ、課税され、徴兵され、作業に駆り出され、新しい形態での管理に従属させられた。

文字が初めて登場したのは、ほぼこの頃だった[32]。原始的な国家と原始的な文字との偶然の一致からは、これから国家を作ろうとする者が国政術に必須のさまざまな表記法を発明したのだという、粗雑な機能主義の結論を導きたくなる。しかし、たとえインカ型のキープ（紐に結び目をつけて数を記述する方法）のようなものであっても、とにかく数値的な記録管理に関する体系的な技術がなければ、最初期の国家ですらほとんど想像できないといっても言いすぎではないだろう。国家による収奪の第一条件は、利用可能な資源（人口、土地、作物の収穫、家畜、貯蔵庫の中身など）の一覧表でなければならない。しかしこうした情報は、地籍調査と同じで、すぐに古くなるスナップショットでしかない。収奪が進展するにつれて、穀物の送達、実際に行われた賦役、請求、領収などについて、継続的な記録管理が必要になる。たとえ数千人の臣民であっても、ひとたび政体が成立すれば、記憶や口承を越えた、なんらかの形態での表記法と情報管理が必要になる。

国家行政と文字とのつながりの強力な論拠となるのは、メソポタミアではほぼ簿記目的だけで文字が使われていたらしいということで、それから500年以上も経ってから、ようやく文学、神話、賛歌、王の名の一覧と血統、年代記、宗教上の文章など、文字と聞いて思い浮かぶような文明の栄光が反映されるようになる。[33] たとえば、長大なギルガメシュ叙事詩はウル第三王朝（紀元前2100年頃）までさかのぼるが、これは楔形文字が国家と商業の目的で最初に使われてから、優に1000年もあとのものだ。

見つかった楔形文字の粘土板からどんなことが考えられるだろう。発見され、解読された文書は、シュメールの大地での実際の統治に関するものだった。ここからは、少なくとも表記法の体系を通して多大な努力がなされたことがわかる。その目的は、社会とそのマンパワー、生産高がどれほどのものかを、支配者や神殿の役人が判読できるようにするため、そしてそこから穀物と労働力を抽出するためだった。もちろん、役所の記録と現場の事実とが必ずしも対応しないことはよくわかっている。かなり近代的な官僚機構でさえそうだ。文書は私利私欲のため、あるいは上司を喜ばせるために偽造され、ごまかされる。文書の中に注意深く配された規則や規制も、現場に出れば死文化される。土地の記録は改竄されていたり欠損していたり、単純に不正確だったりする。記録事務所の命令は練兵場での命令のようなもので、実際の行政や戦場ではたいていない無秩序がはびこっている。しかしそうした記録は、この国政術のユートピア的なリンネ式階層分類について少なからぬことを語っている。そこから記録管理の論理や分類項目、計量の単位、そしてなによりも、記録がなにに注目していたかが浮かび上がってくるのだ。わたしは、当時の国家は部隊の糧食や燃料、機材、被服の補給などを実施する「需品係」のようなものだったと考えているのだが、その「目の奥のかすかな光」はなにより多くを語ってくれる。その強い意志を表すかのように、シュメールの王のシンボルは「竿と糸」で、これはほぼ間違いなく測量士の道具だ。[34] こうした国家を想像することの有効性は、メソポタミアや初期中国の行政慣行を少し調べてみればすぐにわかる。

ウルクの行政に関する最古の粘土板は紀元前3300—3100年頃の第4層から出たものだ。その中身はリスト、リスト、またリストで、大半が穀物とマンパワーと税に関するものになっている。現存する粘土板に書かれているテーマは、頻度の高い順に、オオムギ（配給および税として）、戦争捕虜、男女の奴隷だ。[35] ウルク第四王朝やその後のセンターの最大の関心事は人口登録簿だった。すべての古代王国では人口の最大化が強迫観念となっていて、たいていの場合、領土の征服そのものよりも優先された。人口は、生産者として、兵士として、奴隷として、国家の富を意味していた。ウルに服属する都市国家だったウンマからは、紀元前2255年頃までさかのぼる膨大な量の粘土板が発見されているが、ここはとくに早熟で、100ヘクタールの土地を占有し、1—2万人の住民を擁していた。これは、管理するには大きな人口だ。ウンマの判読プロジェクトの核となったのは場所と年齢と性別による人口調査で、これを基礎として、人頭税や賦役、兵役義務が割り当てられた。これは「内在的な」プロジェクトで、おそらくは神殿の経済とそれに依存する労働力を除いて、実践に移されることはなかった。土地の所有は、どうやら神殿についても私人についても、その規模と土壌の質、予想される作物の収穫量によって指定されたようで、これが税査定の基礎となった。

図11　倉庫への搬入、搬出について述べた楔形文字の粘土板（写真提供：大英博物館）

シュメールの政体のいくつか（とくにウル第三王朝）は指揮統制型の経済だったようで、紙（というか粘土板）による中央管理が厳しく、軍が重視され、組織化が進んでいた。ギリシアの都市国家のひとつで軍事国家だったスパルタを思わせる。ある粘土板には840人分のオオムギを配給したと記録されていて、まず間違いなく、オオムギ2リットルが入る（大量生産の？）碗型土器に入れて与えられた。そのほかの配給では、ビール、挽き割りや粉のオオムギなどへの言及がある。作業集団への言及は、戦争捕虜のもの、奴隷のもの、賦役労働者のものなど、至るところに見ることができる。

初期の国家形成では、労働、穀物、土地、配給の各単位を扱うのに必要な、ある種の標準化、抽象化が全体として行われた。そうした標準化には、標準となる術語体系の発明が不可欠で、文字を通してすべての必須カテゴリー――領収書、作業命令、労働義務など――を表せるようにしなければならない。文字で書かれた規範が創造され、都市国家の全土で強制されて、地域ごとにばらばらだった判断に取って替わった。文字それ自体が距離を破壊するテクノロジーとなり、小さな領土の全域を支配した。鍬や鋤での耕作や種播きといった任務のために、労働の基準が開発された。「作業ポイント」のようなものが作られ、割り振られる作業によってそのポイントが上下した。魚やオイルや布地についても、分類と量に独自の規準が定められ、重量と目の詰まり具合で選別された。家畜、奴隷、労働力は性別と年齢で分類された。萌芽期の形態であっても、収奪国家の主要統計の目的が、土地と人びとから可能な限り多くの価値を抽出することにあったのは明らかだ（ただし、こうした組織化が現場にどれほどの負担になったかは、また別の問題になる）。

初期中国で文字が登場するのは1000年以上あとの黄河流域だった。始まったのは二里頭文化の地域だっただろうが、証拠は残っていない。最もよく知られている文字は商王朝（紀元前1600―1050年）のもので、占い用に神託を骨に書いたものが発見されている。その後は戦国時代（紀元前476―221年）まで継続して使用され、とくに国家行政上の目的で用いられた。しかし、文字と国家形成の関係が明確になるのは、有名な、そして革新的だが短命だった秦王朝（紀元前221―206年）になってからだった。秦はウル第三王朝にも似て体系化と秩序に執着した体制で、国家資源の総動員という非常に包括的なビジョンを提示した（少なくとも紙の上では、秦の方がさらに野心的だった）。中国にしてもメソポタミアにしても、そもそも文字が考えられたのは、話したことを書き記す手段としてではなかったのである。

秦が目ざした標準化と単純化の前提条件は、書字法の改革と統一だった。そのために表意文字の四分の一を廃止し、直線を増やし、それを領土の全域に適用した。書字法は会話の写しではなかったので、そもそもの本質から、ある種の普遍性を備えていたのだ。[36] ほかの初期早熟国家と同じく、標準化のプロセスは、通貨の鋳造をはじめ、重さ、距離、体積の単位（とくに穀物と土地）にも適用された。各地にあった独自の単位や独特の計量慣行を廃止した意図は、それによって初めて、中央にいる支配者が、自分の使える富と生産物と人的資源を明確に把握できるようにすることだった。そうして作ろうとしたのは中央集権国家であって、単に、強力な都市国家が小規模な半独立衛星都市からときおり献納品を吸い上げるというのではなかった。漢王朝に仕えた歴史家の司馬遷は、秦の始皇帝が王国を緊密な戦争機構に作り変えた功績を好意的にふり返って、次のように記している。「田には阡陌（せんぱく）（東西と南北のあぜ道）を開き、境界を設定した」「兵の徴募と土地の税を平等にし、度量衡の尺度を標準化した」[37]。のちには作業の基準と道具も標準化された。

競い合う前駆国家どうしが地域内で軍事的に対立するという文脈では、領内からできるだけ多くを搾り取ることが大切だった。それは、利用可能な技術を用いて、できる限り完全な資源目録を作り、更新することを意味していた。人頭税や徴兵に役立つ詳細な戸籍は、大きな人口とその増加とともに、権力のしるしだった。捕虜は宮廷の近くに定住させられ、人口の移動は規則によって制限された。農業王国の初期の国政術で顕著な特徴のひとつは、人口を決まった場所に留め、承認なしには移動させせないことだった。物理的な移動と分散は、徴税官にとって致命傷だったのだ。

土地は、税を集める側にとっては幸いなことに、動かない。しかし秦は、私的な土地所有を認めるなかで、精緻な地籍調査を実施して、作物畑の各区画と所有者（＝納税者）とを結びつけていった。土地は土壌の質、種を播く作物、降雨の多寡によって分類され、徴税官が予想される収穫量を計算し、税率を決められるようになっていた。秦の税制度では、立毛〔刈り取り前の生育中の農作物〕についても年間ベースで見積もりを出し、少なくとも理論上は、実際の収穫に従って税を修正することになっていた。

ここまでは、国家の役人の意図を集中して見てきた。それは単なる略奪者であることをやめ、文字、統計、人口調査、測量を通して、臣民から合理的に労働力と食料を抽出しようとするものだった。このプロジェクトは最も重要なものではあっただろうが、国家が領内の景観を作り変え、さらに豊かで、判別が容易で、収奪に反抗しない国を作ろうとする政策は、もちろんこれだけではなかった。灌漑や水の管理は初期国家の発明ではないが、灌漑と運河を拡張して輸送を円滑にし、穀物用の土地を拡大したのは、たしかに初期国家だった。可能なときには、必ず臣民や戦争捕虜を強制的に再定住させ、生産人口を数と判別性の両方で増加させるようにした。秦の「均田」という概念〔ことばとしてはのちの北魏で始まる〕は、大まかに言えば、納税と徴兵のための人口基盤を提供できるだけの土地をすべての臣民に与えるということだった。秦の下では、人口の重要性を反映して、国家は逃走を禁止するだけでなく、人口増加を奨励する政策を制度化し、新しい臣民の子を産んだ女性とその家族に税控除を与えた。後期新石器時代複数種再定住キャンプは最初期の国家の核心だったが、初期の国政術の大半は、収奪を促進するための巧みな政治的修景事業だった。穀物の取れる土地が増え、多くの人口が集中し、文字記録を使った情報ソフトウェアが可能となって、すべてを国家が利用できるようになった。ひょっとしたら、最も野心的な初期国家は、こうした徹底した政治的修景事業に努めたことが仇になって解体したのかもしれない。ウル第三王朝は1世紀足らずしか続かなかったし、秦はわずか15年で滅んでいる。

初期の文字が国家作りと分かちがたく結びついていたとしたら、国家が消滅したら文字はどうなるだろう。わずかに残った証拠は、官僚機構や行政記録、階層的なコミュニケーションがなくなると、読み書きも、完全にはなくならないまでも、大きく縮小することを示唆している。これは驚くことではない。最初期の国家では、読み書きができるのは人口中のわずかな階層に限られていて、その大半は役人だった。ざっと紀元前1200―800年の時期、ギリシアの都市国家は分裂して、いわゆる暗黒時代となった。再び読み書きが登場したとき、それはもはや古い形態の線文字Bではなく、フェニキア人から借用したまったく新しい書字法だった。というと、まるでこの期間、ギリシアの文化がすべて消えてしまったかのようだが、そうではない。ギリシア文化は口承のかたちをとるようになったのだ。のちに文字に定着する『オデュッセイア』『イーリアス』はどちらもこの時代のものだ。文学の伝統がもっと広がっていたローマ帝国でさえ、紀元5世紀に分裂したあとは、ごくわずかな宗教施設の外では、ラテン語の読み書きがほとんど消え去っている。初期の国家では、文字はまず国政術のテクニックとして発達したので、国家自体と同じくらい脆弱な、一過性の達成だったのではないだろうか。

では、作物の植え付けが数多い生業技術のひとつだったように、最初の社会の読み書きはコミュニケーションの技術のひとつだったと考えればどうなるだろう。植え付けの技術は、その使用が広がるずっと前から知られていたが、生態学的、人口統計的に特殊な条件下でのみ行われていた。同じ意味で、文字が発明されるまでの世界は「暗黒」で、文字が発明されたらすべての社会がそれを採用した（もしくは採用しようとした）かのように考えるのは間違いだ。最初の文字も、国家建設と人口集中、そして測定から生まれたものだった。ほかの状況では応用が利かない。初期メソポタミア文字のある研究者は、推測だと認めつつも、文字は国家以外では抵抗された、それは国家と税とのあいだに消すに消せない結びつきがあったからで、耕作が重労働とのつながりを消せずに長らく抵抗されたのと同じだとしている。

［なぜ］辺境の典型的コミュニティは、あれほど多くの考古文化があり、しかもメソポタミア南部の複雑系に曝露していたのに、どこも文字の使用を拒絶したのだろう。こうした複雑系の拒絶は意識的な行動だったといえるかもしれない。その理由はなんだろう。……辺境の人びとには複雑性に対処するだけの知性がなかったから、

ではないだろう。それどころか、むしろ頭がよかったからこそ、文字に備わった抑圧的な指令構造を、少なくとも500年は回避できたのだ。もっとも最後には、軍事征服によって強制されることになるのだが。……どの事例を見ても、辺境の人びとは、当初は複雑系の採用を（直接曝露してもなお）拒絶した。……そうすることで、国家という檻を500年にわたって回避したのである。(38)

5
人口の管理——束縛と戦争

国が強大であれば王は栄光を得る。民が絶えれば君主は滅びる。
——旧約聖書　箴言14：28（『新共同訳聖書』）

群集がちりぢりでつなぎ止めておけないなら、都市国家は廃虚の丘となるだろう。
——初期中国の統治の心得

たしかに［シャム王国が］国土の広さにおいて余の国を上回っているのは認めよう。しかし、ゴールコンダの王は人を支配しているが、シャムの王は森と蚊を支配しているにすぎないことはお前も認めねばならぬ。

——シャム王国からの来訪者に対するインド・ゴールコンダの国王のことば（1680年頃）

たくさん召使いのいる大きな家では扉を開けておいてもよい。わずかな召使いしかいない小さな家では扉は閉めておかねばならない。　——シャム王国の諺こうして多すぎるほどの碑文を並べたのは、人口の獲得と管理がそれほどまでに初期の国政術の中心的関心事だったことを示すためだ。肥沃で十分に水のある沖積層の一隅を支配したとしても、そこで耕作に当たる人間がいて、生産が行われなければ何の意味もない。初期の国家を「人口機械」と見るのはあながち的外れではない。ただし、この「機械」は管理状態が悪く、頻繁に故障した。理由は国政術の失敗だけではない。国家は「飼い馴らした」臣民の数と生産性につねに焦点を当てていて、それは羊飼いが群れの世話をし、小農が作物の手入れをするのと変わらなかった。

人を集め、権力の中核近くに住まわせ、その場所を離れさせることなく、必要を超えた余剰物を生産させるという原則は、初期の国政術を大いに活発化した[1]。国家形成の核となるような既存の定住人口がない場合には、そのために人を集めてこなければならない。それは、新世界やフィリピンなどでスペインの植民地主義を導いた原理でもあった。16世紀以降のラテン・アメリカでイエズス会士が設置した原住民教化集落（レドゥクシオン）は、スペインの勢力が放射状に広がる中心近くに先住民を（たいていは強制的に）集住させるもので、文明化プロジェクトの一環として見られたが、それは同時に、征服者（コンキスタドール）に奉仕して彼らを食べさせていくという、決して小さくはない目的を果たすものでもあった。人びとが分散して暮らす地域にキリスト教伝道団の駐屯所を作ったのも同じで、どの宗派も、駐屯所の周囲に生産に携わる人口を集め、そこから放射状に改宗の取り組みを広げていっている。

どのような手段で人びとを集め、余剰生産に当たらせたかは、この文脈ではさほど重要ではない。それよりも、非生産階級のエリートが使えるほどの余剰分が実際に生産されたということの方が大きい。そうした余剰分は、萌芽期の国家が作り出して初めて存在するものだ。もっと適切な表現をするなら、この余剰分を国家が抽出して収奪しない限り、必要以上の生産力は眠ったままだし、たとえ顕在化しても、余暇や文化的なことで「消費」されてしまう。国家のように中央集権化の進んだ政治機構が生まれる前は、マーシャル・サーリンズのいう家内制生産様式が一般的だった。[2] 土地、牧草、猟獣といった資源へのアクセスは、その資源を管理する集団——部族やバンド、血統、家族など——の成員でさえあれば、誰にでも開かれていた。除け者にされることはなく、当該の集団が利用できる生業手段については、それがなんであれ、個人が直接の、また独立したアクセスを拒絶されることはありえなかった。また、強制もなければ資本主義的蓄積の機会もなかったので、その地域で一般的な生業と慰安の規準を超えて生産しようというインセンティヴもなかった。つまり、ここでいう十分な水準を超えてまで、農業生産による重労働を増やす理由はなかったということだ。これは農民経済の異形なのだが、その論理についてはA・V・チャヤーノフが実証的に詳しく解明していて、説得力がある。とくに、家族のなかで働く者が増え、働かない被扶養者より多くなると、その家族は、必要な量が確保された時点で全体の作業量を減らすのだという。[3]

この目的にとって重要な点は、農民層は——基本的なニーズを満たすだけのものがあるとして——エリート層に収奪されるような余剰分をわざわざ自分から生産しない、生産させるには強制が必要だということだ。人口統計学的に見ると、初期国家が形成されたときには伝統的な生産手段がまだ豊富にあり、しかも独占されていなかった。そのような条件下では、なんらかのかたちでの不自由な強制労働——賦役、穀物など生産物の強制的な引き渡し、債務による束縛、農奴制、地域的な束縛や貢納、および多様な形態での奴隷制——を通してしか余剰はもたらされない。最初期の国家は、こうしたものを独自に組み合わせた強制労働を展開したが、あとで見るように、一方では国家余剰を最大化したいが、他方では臣民の大量逃避を誘発するリスク（とくに開けた辺境がある場合）があって、微妙なバランスをとる必要があった。束縛制度なしに、生産手段（土地）の管理だけで余剰を引き出せるようになるのは、ずっとのちの、いわば世界が完全に占領され、生産手段が私的所有されるか、または国家エリートに支配されるようになってからのことだった。エスター・ボーズラップがその古典的な著書で指摘したように、ほかに生業の選択肢がある限りは「社会の下層成員が人身的束縛をうけていないかぎり、彼らが二者択一的生存手段の選択を行うのを阻むことはできない。人口がきわめて稠密となり、そのために土地支配が行われるようになると、社会の下層成員に人身的隷属を強いる必要がなくなり、農民階層から独立耕作者［採食民、狩猟採集民、焼畑農民、牧畜民］としての権利を取り上げるだけで十分である[4]」。

最初期の国家の場合、下層階級から確実に自由を奪う手段は、穀物生産の「コア」につなぎとめておくことと、重労働や束縛自体を避けるための逃亡をさせないようにすることだった[5]。しかし、逃亡をあきらめさせるためにあらゆる手を尽くし、逃亡者を罰しても――実際に、最古の法典はそうした禁止命令であふれている――通常の環境下では、古代国家はある程度の漏れを防ぐことはできなかった。作物の凶作や非常な重税、戦争などの厳しい時期には、こうした漏れがたちまち大出血となる。流れをくい止める手段がないときには、大半の古代国家がさまざまな手段で損失を埋めようとした。これには、戦争によって奴隷を獲得する、奴隷商人などから奴隷を購入する、コミュニティ全体を穀物コアに強制的に移住させる、などが含まれる。

穀物国家の相対的な富と軍事的力量については、その国家が十分な広さのある肥沃な土地を支配していると仮定すれば、総人口が（絶対確実とはいえないまでも）信頼できる指標となる。交易ルートや水路上の有利な地点にあるとか特別に賢明な支配者がいるといった場合を除けば、農業も戦争も、その技術は相対的に変化の少ない、主としてマンパワーに依存したものだった。最も多くの人間のいる国家が一般的には最も豊かで、小規模なライバル国家を軍事的に凌駕しているのがふつうだった。この基本的な事実のひとつの指標は、戦争の戦利品は領土よりも捕虜のことが多かったという事実で、これは敗北者の生命とりわけ女性と子どもの生命が差し出されたことを意味する。数百年後のトゥキディデスはこのマンパワーの論理をよくわかっていて、スパルタの将軍ブラシダスが交渉によって平和的に相手を降服させたこと、それによってスパルタ人の生命を犠牲にせずにスパルタの税収とマンパワーを増やしたことを称賛している。[6]

メソポタミア沖積層の戦乱はウルク期後期（紀元前3500—3100年）に始まり、その後2000年にわたって続いたが、このときも、やはり目的は領土の征服ではなく、むしろ国家の穀物コアに集められた人口だった。セス・リチャードソンの独創的かつ緻密な研究から、沖積層での戦争の大多数は、強大で有名な都市政体どうしのものではなく、そうした有力政体が自国の後背地にある小規模な独立コミュニティを征服して労働力を（ひいては国力を）増強しようとした、小規模戦争だったことがわかる。そうした政体は「制圧されない」「分散した」人びとを集め、そのうえで「力と説得の両方を用いて、国家に属さない顧客を国家秩序に追い込む」ことを目的としていた。[7] しかも、このプロセスは不可欠なものでありつづけた、とリチャードソンは指摘する。なぜなら、国家は「自国を構成する人口を、国家以外の単位から得るとともに、そうした単位へと」つねに失っていたからだ。国家は臣民をきめ細かく管理しようとしたのだろうが、実際には、逃亡と死亡による損失の補塡につねに苦慮していて、だいたいは強制的な軍事作戦によって、それまで「課税も規制もされなかった」人びとのなかから新しい臣民を囲い込んでいた。旧バビロニアの法典の第一関心事は脱走者や逃亡者で、いかにして彼らを指定された作業と住居に戻らせるかに心を砕いていたのである。

国家と奴隷制

奴隷制は国家の発明ではない。さまざまな形態の奴隷化が、個人的なものも地域的なものも含めて、国家をもたない人びとのあいだで広く行われていた。コロンブス以前のラテン・アメリカについては、フェルナンド・サントス＝グラナロスがもう十分に証明していて、多くの形態での地域奴隷制が行われ、その多くが、スペインやポルトガルによる征服後も、植民地奴隷制と並行して存続していた(8)。奴隷制は、同化と社会的地位の上昇によって全般に緩和される面があるとはいえ、マンパワーに飢えたネイティヴ・アメリカンのあいだでは一般的なものだった。古代中東でも、人間の束縛が最初期の国家が登場する前から知られていたことは間違いない。定住と穀物の作物化が国家形成に先立っていたのと同じで、初期国家は生産人口を、ひいては収奪できる余剰生産を最大化するための必須の手段として、奴隷制度に工夫を加えてスケールアップしたのだ。

つい最近まで、束縛がなんらかのかたちで国家の発展の中心にあったことは、いくら強調しても足りない。アダム・ホックシールドによれば、1800年になるまで、世界人口のざっと4分の3は束縛されて暮らしていたといえるそうだ(9)。東南アジアでは、初期の国家はすべて奴隷制国家であり、奴隷狩り国家だった。19世紀の末まで、東南アジアの島嶼地域でマレー商人が扱う最も価値ある財は奴隷だった。マレー半島の先住民であるオラン・アスリやタイ北部の山岳民族の老人は、親や祖父母が恐ろしい奴隷狩りにあった話を今でも覚えているという(10)。

さまざまな形態の束縛が長期にわたって行われたことを考えると、思わず「奴隷制なくして国家なし」と言いたくなる。モーゼス・フィンリーは「ギリシア文明は奴隷労働を基盤としていたのか」という有名な問いかけをして、明確かつ十分な証拠を基に「イエス」という答えを得た。[11] アテナイの社会では、奴隷は明らかに多数者で、おそらく3分の2にもなったと思われるが、それはまったく当然のことと受け取られていたので、奴隷制廃止の問題は決して起こらなかった。アリストテレスが主張したように、ある種の人間は合理的な思考能力を欠いていて、生まれながらの奴隷なのだから、役畜のように道具として使うのが最善なのだとされた。またスパルタでは、奴隷の人口比がさらに高かった。両者の違いは――これについてはあとでもう一度ふれるが――アテナイの奴隷は大半がギリシア語圏外出身の戦争捕虜だったのに対して、スパルタの奴隷「ヘイロタイ」の大多数は、スパルタが征服したギリシア語圏内の土地にもともといた耕作民だったことだ。それを、コミュニティとして「自由な」スパルタ人のために働き、生産するよう強制したわけで、このモデルでは、武装した国家建設者による既存の定住穀物複合体の収奪がずっと明確になる。

帝政ローマは、大陸の東端にある同時代の中国・漢王朝を除けばほかに並ぶもののない大規模な政体で、地中海盆地の大部分を巨大な奴隷市場に変えてしまった。ローマ軍の遠征にはすべて奴隷商人の影がついてまわったし、ふつうの兵士も、個人的に手に入れた捕虜を売るか身代金を取るかして儲けることを期待していた。ある推定によると、ガリア戦争では100万人近い新しい奴隷が生まれたとされ、アウグストゥス帝治下のローマおよびイタリア本土では、奴隷が人口の4分の1から3分の1を占めていたという。商品としての奴隷がどこにでもいたことは、古典的な世界では「標準化された」奴隷が計量単位になっていたという事実によく表れている。アテナイでは市場が乱高下していたので、荷役用のロバ2頭の価値が奴隷3人分ということもあったという。

メソポタミアの奴隷制と束縛

もっと前の、証拠の少ない、小規模な、メソポタミアの都市政体でも、奴隷制その他の形態での束縛が存在したことに疑問の余地はない。フィンリーは「ギリシア以前の世界――シュメール人、バビロニア人、エジプト人、アッシリア人……の世界――は非常に深い意味で、自由人がいない世界だった。つまり、西欧がこの概念を理解するようになった意味では、ということである[12]」と断言している。しかし大きな疑問は、奴隷制そのものの広がりであり、その形態であり、それが政体の機能のなかでどこまで重要だったのかということだ[13]。一般的なコンセンサスでは、奴隷制が存在したのは間違いないが、経済全体の構成要素としては比較的小さかったとされてきている[14]。証拠が少ないのは承知のうえで、わたしは自分の読みに基づいて、このコンセンサスに異議を唱えたい。奴隷制は、古典期のアテナイ、スパルタ、あるいはローマほど大きな重要性こそはなかったものの、三つの理由から非常に重要だった。それは奴隷が、最も重要な輸出財である織物のための労働を提供したこと、最も辛い作業（運河の掘削や城壁の建設など）のための使い捨て可能な労働者階級を供給したこと、そして、エリート階級のステータスのしるしであり報酬だったことだ。メソポタミアの政体で奴隷が重要だったとする証拠には説得力があるし、それはこれから示していけると思う。負債による束縛、強制的な再移住、賦役など、ほかの形態の非自由労働を計算に入れれば、国家の中核部分にある穀物－労働モジュールを維持拡大するための強制労働の重要性を否定するのは難しい。

古代シュメールでの奴隷の重要性をめぐる議論には、用語の問題の部分もある。意見が分かれるのは、ひとつには「奴隷」を意味する語には、同時に「召使い」「部下」「目下の者」「農奴」などを意味するものが非常に多いからだ。とはいえ、折にふれて人間（家財奴隷）の売買が行われていたことは（どれほど一般的だったかはわかっていないが）十分に証明されている。

最も曖昧さの少ないカテゴリーの奴隷は戦争捕虜だ。つねに労働力が必要だったことを考えれば、大半の戦争は捕虜獲得のための戦争だったし、その成功度は、捕虜にした男、女、子どもの数と質で測定された。I・J・ゲルブは従属労働のソースを数多く確認していて、家庭内で生まれた奴隷、負債による奴隷、市場で誘拐業者から購入した奴隷、征服した土地から集団として連れてこられて強制的に定住させられた人びと、戦争捕虜を挙げているが、このなかではあとの二つが最も重要だろう。(15) どちらのカテゴリーも戦争の戦利品を代表している。あるリストには167人の捕虜が記してあるが、そこにはシュメール系やアッカド系の（つまりは土着の人間の）名前がほとんどなく、大多数は山岳地帯やティグリス川の東から連れてこられている。紀元前2000年代のメソポタミアで「奴隷」を意味したある表意文字は「山」の印と「女」の印の組み合わせになっている。これは、山岳地帯へ軍隊を送って略奪を行うなかで連れてきたか、おそらくは奴隷商人との物々交換で交易品と引き替えられた女性のことだろう。関連する表意文字で「男」ないし「女」が「よその土地」と組み合わさっているものも、奴隷のことだと考えられている。戦争目的の大部分が奴隷の獲得だったとすれば、こうした軍事遠征は、従来型の戦争としてではなく、むしろ奴隷の略奪という視点で見た方が筋が通る。

ウルクで唯一その実在が証明されている奴隷施設は国家の管理する作業場だったらしく、9000人もの女性が織物の生産に携わっていた。この女性たちはほとんどのソースで奴隷として記述されているが、債務者や貧困者、孤児、寡婦なども含まれていたようなので、ヴィクトリア朝イングランドの救貧院のようなものだったのかもしれない。この時代を研究している歴史家には、戦争捕虜として連れてこられた女性と年少者を中心に、債務者の妻や子どもを加えた人びとが、織物作りに当たる労働人口の中核を形成していたとする主張もある。この大規模な繊維「産業」が、エリート層にとってどれほど重要だったかを強調した分析もされている。沖積層は資源に乏しいため、彼らの権力は、外部から安定して流入してくる金属（とくに銅）その他の原材料に依存していた。そうした必需品との交換が可能な重要交易品を提供していたのが、この国家事業だったのだ。この作業場は捕虜を隔離して働かせる収容所（グラーグ）で、新しい階層である宗教的、市民的、軍事的エリートの支えだった。人口統計の面も軽視するわけにはいかない。さまざまな推定では、紀元前３０００年のウルクの人口は４万から４万５０００人前後だった。織物を作っていた９０００人だけでもウルクの住民の20パーセント以上になるし、数には入っていないが、その他の戦争捕虜やほかの経済部門の奴隷もいたはずだ。こうした作業員をはじめ、国家に依存した多くの労働者に穀物を配給するには、査定と徴収、貯蔵のための巨大な組織が必要だっただろう。[16]

そのほかのウルク文書も自由のない労働者、とりわけ外国出身の女性奴隷にたびたび言及している。ギレルモ・アルガゼによれば、こうした労働者は、ウルクの国家行政が自由に使える労働者の一次資源だった。[17] 労働者の集団（外国人と地元民の両方）について要点を記した文書を見ると、そこでは、年齢と性別で分類するのに「国家が管理する家畜動物の群れ」を記述するのと同じ用語が採用されている。「したがって、ウルクの書記官の頭の中では、そして雇う側の施設の目の中でも、こうした労働者は「家畜化された」人間として概念化され、家畜動物とまったく同じ位置づけをされていたことになる[18]」

捕虜と奴隷の組織、仕事、扱いについてほかに何がいえるだろう。例外的で非常に詳細なイメージを伝えてくれるものとしては（断片的なソースではあるが）、リム・アヌムの治世（紀元前１８０５年頃）にウルクに連れてこられて「囚人の家」に入れられた奴隷と戦争捕虜４６９人についての綿密な調査がある。[19] それによると「囚人の家は、メソポタミアのほかの場所や、古代中東の他の地域にも間違いなくあったと思われる[20]」。

この「家」は、ある種の労働力供給事務局として機能した。捕虜には全体として幅広い技術と経験があったので、個人や神殿や軍の将校などに配分され、船漕ぎ、庭の手入れ、収穫作業、ヒツジの番、料理、芸能、動物の世話、機織り、土器作り、工芸品作り、醸造、道路の補修、穀物の粉挽きなどをこなした。「家」は作業場そのものとは別だったようで、提供する労働の見返りに小麦粉を受け取った。作業は小規模な労働グループに請け負わせ、頻繁に場所を変えるなどして、反乱や逃亡の危険を最小化するための用心がされていた。

そのほかの証拠からは、奴隷や戦争捕虜が十分な扱いをされていなかったことが示唆される。多くは首枷をはめられるなど、体を動かしにくくした姿で描かれている。「円筒印章には、首枷をつけた捕虜を支配者が棍棒で打ちながら監督している場面がさまざまに描かれている」[21]。虜囚をわざと失明させたという報告も多いが、そうした慣行がどれほど広がっていたかを知るのは不可能だ。おそらく、残酷な扱いの最も強力な証拠は、一般に研究者が、隷属させられた人びとは子どもを作らなかったと結論付けていることだろう。捕虜の名簿を見ると、その多くが死亡と記されているのに驚く。これが強制移動によるものなのか、それとも過重労働と栄養不足によるものなのかは明らかではないが[22]、それにしても、なぜ貴重なマンパワーをこうも無造作に使い捨てていたのだろう——わたしはその理由を、戦争捕虜を蔑む文化だったからというよりは、新しい戦争捕虜が豊富に、また比較的容易に獲得できたからだろうと考えている。

奴隷や虜囚について最も強力な状況証拠が現れるのは、読者も予想しているように、ウル第三王朝よりあとの、楔形文字のテクストが豊富になる時代だ。もちろん、こうした証拠をウル第三王朝までさかのぼって読み込んでいいのか、それをこの本でのウルク期（紀元前３０００年頃）の理解に適用していいのかといわれれば、それははなはだ疑問なのだが、とにかくここまで時代が下ると、奴隷「管理」の組織が非常に明白に

図12　首枷を着けられた虜囚（写真提供：アフマド・カメル博士。イラク国立博物館）

なってくる。賞金稼ぎがいて、逃亡した奴隷を捜し出して連れ帰ることを専門としていた。逃亡奴隷の下位区分には「最近の」逃亡者、いなくなってから長く経ち「故人となった」逃亡者、「戻った」逃亡者があったが、逃亡した奴隷が再び捕まることはほとんどなかったようだ。[23] こうしたソースのすべてを通して、人びとが飢餓、抑圧、伝染病、戦争など、さまざまな理由で都市を逃げ出すようすが記述されている。多くの戦争捕虜がそのなかにいたことは違いない。ただし、そのあと出身地へ帰ったのか、別の町へ向かったのか（そうならきっと歓迎されただろう）、あるいは牧畜民になったのかはわからない。いずれにせよ、逃亡は沖積層の各政体をつねに悩ませていた。時代は下るが、有名なハンムラビ法典には、奴隷の逃亡を助けたり唆したりした場合の処罰が非常に多い。

ウル第三王朝の奴隷や債務奴隷の状況を確認できて興味深いのが、ユートピアを描いた賛美歌「穀物に抗って」だ。大きな神殿（ニヌルタの神殿）の建設に先立って過激な平等主義の儀式が行われ、一時的に「普段

図13　紀元前1000年代初めのエブラの粉挽き部屋。Postgate, *Early Mesopotamia: Society and Economy at the Dawn of History* より転載。

の」社会関係が停止されるのだが、詩文の一節に、この例外的な儀式で起こることと起こらないことが列挙されている。

女奴隷は女主人と平等になり
奴隷も主人と並んで歩く
孤児が富者の下へ届けられることはなく
寡婦が力ある者の下へ届けられることもなく
債権者は人の家に入らない
彼［支配者］は鞭や棍棒のピンを外す
主人は奴隷の頭を打たないし
女主人も女奴隷の顔を平手で叩かない
彼は債務を帳消しにする(24)

ユートピア空間のこの描写は、貧者、弱者、隷属者の通常の苦痛を否定することで、彼らの日常がどんなものだったかを端的に垣間見せてくれている。

エジプトと中国

古代のエジプトについては——少なくとも古王国（紀元前２６８６—２１８１年）については——そもそも

奴隷が存在したかどうかが熱い議論になっている。わたしはこの問題に決着をつける立場にないし、いずれにせよこれは、なにを「奴隷」と考えるか、古代エジプトのどの時期について述べるかによって変わってくる[25]。この問題は、最近もある評論家が述べたように、違いのない区別なのかもしれない。なぜなら、臣民にとっては賦役も作業割り当ても、かなり厄介なものだったからだ。書記官になれという忠告が、臣民の負担をよく捉えている。「書記官になれば苦役から逃れられるし、あらゆる作業から守られる。鋤やツルハシを持たなくていいから、土の入った籠を運ばなくて済む。櫂を漕ぐこともなく、苦痛から逃れられる。多くの領主や数え切れないほどいるご主人さまの下僕ではないからだ[26]」

メソポタミア型の捕虜獲得戦争は第四王朝（紀元前２６１３—２４９４年）に行われた。「外国」の戦争捕虜は焼き印を押され、王家の「大農場」やその他の神殿ないし国家施設に強制的に再定住させられ、厳しい労働を割り当てられた。これは推測だが、初期の奴隷制の規模こそ不確かだが、中王国期（紀元前２１５５—１６５０年）には、家財奴隷にかなり近いものが広く存在していたように思われる。軍事遠征で捕らえられ、連れてこられた捕虜は、奴隷商人の所有となったり売り飛ばされたりした。「枷の需要があまりに大きいので、神殿から製造業者に定期的に注文が出されていた[27]」。奴隷は遺産として相続されていたようで、相続財産の目録では、家畜と人間が一覧になっていた。負債による束縛も一般的だった。時代が下った新王国（紀元前16—11世紀）には、レヴァント地方への遠征や、いわゆる海の民に対する軍事作戦で数千人の捕虜が生まれ、その多くがエジプトへ連れてこられて、耕作者として大規模に再定住させられたり、命を落とすことも多い採石場や鉱山で働かされたりした。こうした捕虜のなかには王家の墓を建てた者もいたらしく、食料を配給できない王宮の役人に対して、記録に残る最初のストライキを敢行した。「みんなとんでもなく貧しい……食べるものもなにもない……本当にもう死にそうだ、もう生きているとはいえない」と、ある書記官が彼らに代わって記している。[28] 征服されたほかの集団は、金属やガラスなど毎年の貢納物を作らされたほか、奴隷にもされたようだ。古王国と中王国で疑問となるのは、奴隷制と変わらないものが存在したかどうかではなく、それが全体として、エジプトの国政術にとってどれほど重要だったかだと、わたしは思う。

短命に終わった秦王朝とそれに続いた漢王朝の初期について知られていることも、最初期の国家が人口機械であり、可能な手段のすべてを使ってマンパワー基盤の最大化に努めていたという印象を強くしてくれる。[29] 奴隷制はそうした手段のひとつにすぎなかった。秦王朝はよくいわれるように、早い時代に全体主義的な組織的支配をめざした。ウマやウシの市場と同じように、奴隷の市場があった。王朝支配の域外には山賊がいて、誰かれ構わず捕まえては、奴隷市場で売り飛ばしたり身代金を取ったりしていた。秦・漢どちらの王朝も、首都には国家や将軍や個々の兵士が捕らえてきた戦争捕虜が充ち満ちていた。初期の戦争が大半そうだったように、軍事遠征は「私掠」とない交ぜになっていて、戦利品として最も価値があったのは、売り物になる捕虜の数だった。秦王朝下で耕作を担っていたのは、多くが虜囚と債務奴隷、そして懲役を言いわたされた「罪人」だった。[30]

しかし、可能な限り多くの臣民を集めるうえでの主要テクニックは、征服した領土の人口全体の――とくに女性と子どもの――強制再移住だった。捕虜の祭祀センターは破壊され、秦の首都である咸陽にレプリカが再建されて、それが新しい象徴的センターとされた。アジアでもその他の地域でも、初期の国政術で指導者の武勇やカリスマを示したのは、たいていの場合、宮廷の周囲に多くの人間を集める能力だった。

「人的資源」戦略としての奴隷制

最後に、戦争は、動物とおなじく、人間をも、かいならすことができるという大発見に役だった。敗残の敵は殺されないで、ドレイにされたかもしれない。すなわち生命をたすけるかわりに、はたらかせることができた。この発見の重要性は、動物馴養の重要性に匹敵した。……歴史時代の初期までに、ドレイ制度は古代工業のキソであり、資本の蓄積における有力な道具であった。

——V・ゴールドン・チャイルド『文明の起源』〔ねずまさし訳、岩波書店、1957年〕

マンパワーのニーズを担当する補給係将校の立場に立って純粋に戦略的な見方をしてみるとよくわかるのだが、奴隷——ふつうは戦争による捕獲の形態をとった——には、ほかの形態での余剰収奪と比べていくつか利点があった。最も明確な利点は、征服した側が手に入れる捕虜の大部分が労働年齢にあることで、別の社会が育てた人びとの最も生産的な時期を利用できる。かなりなケースで、征服する側はわざわざ遠回りをしてまで、役に立ちそうな特定のスキルをもった捕虜——船大工、機織り、金属加工、武具作り、金銀細工のほか、芸能や舞踊や音楽のできる者——を獲得しようとした。その意味で奴隷の獲得は、奴隷狩り国家がマンパワーとスキルを自国で開発せずに奪ってくる、ある種の略奪行為だった。(31)

捕虜は分散した場所や背景から獲得してきて、ふつうは家族から切り離されるので、社会的に解体ないし微粒子化されており、したがって管理も吸収も容易だった。戦争捕虜が、あらゆる点で捕獲者と異質と見られる社会の出身である場合には、それまでと同じ社会的考慮を受ける資格があるとは見なされなかった。地元の臣民と違って地域での社会的なつながりがほとんどないので、集団でまとまって反抗することもほぼできなかった。社会から切り離された奉仕者という原理は、14—19世紀オスマン帝国のイェニチェリ、中国の宦官、中世ヨーロッパの宮廷ユダヤ人など、スキルはあるが政治的には中立な側近をおくという支配者のテクニックとして、その後も長く行われてきた。しかしある時点で、奴隷の人口が大きくなり、集住が進み、民族的なつながりができてくると、この望ましい微粒子化が維持できなくなる。ギリシアやローマで奴隷の反乱が多かったのはその兆候だ。もっとも、メソポタミアやエジプトでは（少なくとも新王国までは）そこまでの規模の奴隷制はなかったようだが。

女性と子どもはとくに奴隷として価値が高かった。女性はたいてい地域の家庭に入って妻、妾、召使いとなったし、子どもはすぐに周囲に同化していったからだ（ただし地位は低かった）。彼らは1世代か2世代のうちに、その子孫とともに地域社会に取りこまれていったと思われる。その社会秩序の中で、すぐ下にまた新しく捕らえられてきた奴隷の層ができていったことだろう。マンパワーに飢えた政体——ネイティヴ・アメリカンの社会やマレー人の社会など——を歴史的な指標にすると、奴隷制が一般的な社会では、急速な文化的同化と社会的流動性が併せて見られるのがふつうだ。たとえば、マレー人の捕虜となった男性がマレー出身の妻をもらい、やがて自分で奴隷獲得の遠征を組織するようになるのも珍しいことではなかった。奴隷がつねに獲得されていたことを考えると、そうした社会はずっと奴隷社会であり続けたとはいえ、何世代かのスパンで見れば、かつての捕虜と捕らえてくる側とは、ほとんど区別がつかなくなっていたことだろう。

女性奴隷による出産奉仕は、少なくとも労働による奉仕と同程度には重要だった。初期国家の幼児死亡率と妊産婦死亡率の問題や、家父長的家族と国家の両方の農業労働ニーズを考えれば、女性奴隷は人口統計上の配当だった。女性の出産は、集住とドムスによる健康への悪影響を緩和するうえで、大きな役割を果たしたことだろう。わたしはここで、動物の家畜化との明らかな類似を考えずにはいられない。家畜は繁殖を管理してやる必要がある。家畜化されたヒツジの群れに雌ヒツジと子ヒツジが多いのは、そうすることで繁殖の可能性が最大になるからだ。同じ意味で、出産年齢の女性奴隷は主に種畜として価値が高かった。それが初期国家のマンパワー機構への貢献になったからである。

社会秩序の底辺への継続的な奴隷の吸収は、初期社会の大きな特徴である社会階層化のプロセスに大きな役割を果たしたと見ることができる。かつての捕虜やその子孫が社会に取りこまれていくなかで、つねに新しい捕虜によって下のランクが補充されていくなか、長期的な浸透性があったとはいえ、やはり「自由な」臣民と束縛された者との一線は強固になっていった。また、苛酷な労働に当たらない奴隷は、その大半が、初期国家の政治エリートに独占されていたと想像される。ギリシアやローマのエリート家庭がなにかの目安になるとして、それが最もよく表れるのは、驚くほど多くの召使い、調理係、職人、舞人、楽人、高級売春婦などがずらりと並んでいることだった。最下層にいる戦争捕虜上がりの奴隷と、そうした奴隷に依存した頂点のエリート層を抜きにして、最初期の国家で初めての精巧な社会階層化を考えるのは難しい。

当然のことながら、家庭の外には多くの男性奴隷がいた。ギリシア＝ローマ世界では、捕らえた敵の戦闘員を処刑することもあったが（とくに頑強に抵抗した場合）、それよりも、身代金を取ったり戦利品として連れて帰ったりすることの方がずっと多かった。少ない生産者人口に依存している国家が、初期の戦争で得た貴重な品を粗末にすることは考えにくい。メソポタミアで男性の戦争捕虜がどう処理されたかはほとんどわかっていないが、ギリシア＝ローマの領域では、ある種の使い捨て可能なプロレタリアートとして、銀や銅の採掘、石の切り出し、材木の伐採、ガレー船の艚漕ぎなど、最も苛酷で危険な作業に配属されていた。これに含まれる人数は膨大だったが、資源の現場で作業していたため、宮廷センターの近くにいる場合と比べると、ずっと見えにくい——そして公的秩序に対する脅威になりにくい——存在だった[32]。こうした作業場は、一斉労働と高死亡率を特徴とするグラーグだと考えてもまったく誇張ではない。この部門での奴隷労働には強調に値することが二つある。第一に、採鉱、採石、伐採は、国家エリートの軍事面でのニーズや記念物のニーズに不可欠な、重要なものだった。メソポタミアの小規模な都市国家ではそうしたニーズは控えめだったが、それでも重要性では決して劣っていなかった。第二に、使い捨てと交換が可能なプロレタリアートがいるおかげで、自国の臣民を最も屈辱的な重労働に割かずに済んだ。おかげで、そうした労働を引き金とする反乱の圧力を未然に防ぐことができ、同時に、軍事や記念物のための重要な野心を満たすこともできた。採石、採鉱、伐採のほかに、よほど追い詰められるか報酬が多いかでなければ自主的に引き受ける者のいない仕事としては、荷車での運搬、ヒツジの番、レンガ作り、運河の掘削、浚渫、土器作り、木炭作り、大小の船の艪漕ぎなども挙げることができる。最初のメソポタミア国家はこうした商品の多くを交易で得ていたから、そのための苦役や労務管理をアウトソーシングしていた可能性はある。しかし、それでも国家作りの実態は、多くが主にこうした作業に依存していたのだから、それを担う者が奴隷か臣民かは大きな問題となる。ベルトルト・ブレヒトは自作の詩「読書する労働者からの質問」でこう問いかけている。

七つの塔のテーバイを建てたのは誰だ?
王たちの名前を書いた本に載っている。
その王たちが岩の塊を引きずってきたのか?
バビロンはなんども崩れ去ったが、
それをなんども建て直したのは誰なのだ?

初期国家のマンパワーへの執着を確実に示しているのは、肥沃な三日月地帯、ギリシア、東南アジアを問わず、その年代記が、手に入れた領土をほとんど誇っていないことだ。20世紀のドイツが求めた「生存圏」のようなものを探そうとしても無駄に終わる。成功した遠征にまつわる勝利の記述は、将軍や兵士の勇猛さを述べたあとは、たいてい戦利品の量と価値で読者を印象づけようとする。紀元前1274年のカデシュの戦いではエジプトがレヴァントの王たちに勝利したが、その記述はファラオの勇猛さへの讃辞だけでなく、略奪の記録でもある。とりわけ家畜と捕虜の記録――多くのウマ、多くのヒツジ、多くのウシ、そして多くの人間の記録――が多い[33]。このときも、捕虜の多くは技術と技能で分別された。征服した側が獲得したものについて、性能の在庫一覧のようなものが作られたと思えばいい。征服した側は、包括的なマンパワーに目を光らせると同時に、職人や、宮廷を明るくする芸のある者も探していた。敗れた側の町や村はふつう破壊されるので、戻るところはなかった。理屈では、略奪品は支配者のものになるのだが、実際には戦利品は分割され、将軍や個々の兵士が自分の分の家畜や捕虜を手に入れて、手元に置いておいたり、身代金を取ったり、売却したりした。トゥキディデスはペロポネソス戦争について記した『歴史』で、こうした征服についていくつか述べたうえで、大半の戦争は穀物が熟した時期に、それを手に入れて略奪品や飼い葉にするために戦われたと付け加えている[34]。

こうした戦争の大多数には――それが競合する国家に対するものであれ、周縁地域の無国家民に対するものであれ――マックス・ヴェーバーの「略奪的資本主義」という概念が適応できるだろう。「略奪的資本主義」は、戦争でいえば、端的に利益を目的とした軍事遠征を意味する。ひとつのかたちとしては、一群の将軍たちが別の小規模な王国を侵略する計画を立てる。狙いは、それで手に入る金、銀、家畜、捕虜などの略奪品だ。これはある種の「共同出資企業」で、事業内容が略奪というわけだ。予想される利益は、各参画者が事業のためにどれだけの兵士や馬、武器を出すかによって、投資額に比例して割り当てられる。もちろん、この事業は危険がいっぱいだ。企画者には（単なる財政支援者でないかぎり）潜在的に生命の危険がある。たしかに、こうした戦争には、交易ルートの支配やライバルの打倒など、ほかの戦略目的もあっただろう。しかし、初期の国家にとって略奪品、とりわけ捕虜を手に入れることは、単なる戦争の副産物ではなく、重要な目的だった。[35] 奴隷狩り戦争は、地中海の多くの初期国家によって、マンパワーのニーズを満たす活動の一部として組織的に行われた。多くの場合――初期の東南アジアや帝政ローマでは――戦争は富と快楽に至る道だと見られていた。上は司令官から下は個々の兵士に至るまで、誰もが略奪の分け前を得られることを期待していた。軍務年齢の男子が奴隷狩りの遠征に加わると（帝政ローマがそうだった）、その度合いに応じて、国内で穀物や家畜生産に当たる労働力に問題が生じた。やがて膨大な奴隷が流入してくると、地主たちは――そして小農兵も――農業労働力の大半を、徴兵の対象にならない奴隷で置き換えることができた。

メソポタミアや初期のエジプトで奴隷制が広まっていたという確たる証拠は比較的少ないが、初期国家の穀物モジュールで確立された奴隷部門は、小規模なものであっても、巨力な国家の創造にあたって不可欠の要素だったと推測したくなる。捕虜奴隷の周期的な流入はマンパワー不足の多くを緩和した。これがなければ、国家は人口統計上の危機に陥っただろう。そして最も重要なことは、スキルを持った少数の労働者を除いて、奴隷が最も劣悪で危険な労働に集中していたという事実だ。ドムスから離れたところで行われてはいたが、そうした労働の多くは、国家のパワーの物質的、象徴的な源だった。もしこのような国家が、自国の核となる臣民だけからそうした労働を抽出しなければならなかったら、きわめて高いリスクで逃亡や反乱が（またはその両方が）起こっていただろう。

メソポタミアの奴隷制および束縛の特殊性

前にも指摘したように、歴史家や考古学者は「証拠の不在は不在の証拠ではない」という表現が好きだ。これまで検証した奴隷制や束縛の証拠は、決して不在ではないが、かなりまばらなので、多くの研究者は、奴隷制や束縛は重要ではなかったと思い込んでいる。ここでは、なぜメソポタミアでは、ギリシアやローマと比べて奴隷制の証拠があまり目立たず、重要に思えないのかを示してみたい。理由として関係してくるのは、メソポタミアの政体が規模の面でも地理的領域の面でも比較的小さかったこと、奴隷人口の出自、非自由労働を「下請け」に出せる可能性、臣民人口による賦役の重要性、そして、地域社会的な形態での束縛の潜在的な役割だ。これはメソポタミアでの労働に関する研究を調べていくなかで気づいたのだが、少なくともいくつかの記念物建造プロジェクトについては、臣民（＝非奴隷）人口に求められる労働が一般に思われているよりずっと少なく、しかも、記念物の完成時には儀式的な祝宴さえ行われていたらしい[36]。

紀元前2000年代のメソポタミアが、アテナイやローマと比べて奴隷の少ない社会だと見られてしまう明確な理由は、初期の政体は人口が少なかったこと、残された文書資料が比較的少ないこと、そして、地理的な勢力範囲が相対的に小さいことだ。アテナイとローマは強大な海軍国家で、知られている世界の隅々から奴隷を輸入し、遠く離れた幅広い非ギリシア語社会、非ラテン語社会の奴隷人口のほぼすべてを引き抜いていた。こうした社会的、文化的な事実が大きな基盤となって、一方に文明化された国家民、他方に野蛮な無国家民という標準的な関係ができあがっていた。対照的にメソポタミアの都市国家は、ずっと自国に近いところから捕虜を手に入れていた。そのため捕虜も、捕まえた側と文化的に近かった可能性が高い。この前提に立てば、主人の文化や社会的慣習に同化するのも（それが許される場合には）早かったのではないかと考えられる。若い女性や子どもは捕虜として最も価値が高かったので、2世代も経てば、結婚や愛人化によって社会的出自が曖昧になっていたことは十分に考えられる。

戦争捕虜の出自にはさらに複雑な要素がある。メソポタミアの奴隷制に関する文献は、アッカドのことばもシュメールのことばも話さない捕虜についてのものが大半を占めているのだ。しかし、沖積層の都市国家どうしで戦争が当たり前だったことは明らかだ。実際の話、もしかなりの割合の捕虜が互いの臣民を目的とした都市国家間戦争から生じたのだとしたら――しかもそれまで独立していた地域コミュニティの出身者だったのだとしたら――その共有文化を考えれば、彼らはたいした混乱なしに、捕らえた側の都市国家のふつうの臣民になったと考えるのが妥当だろう。おそらく、公式に奴隷化されることすらなかったのではないだろうか。奴隷と主人との文化的、言語的差違が大きければ大きいほど、一線を引いて社会的、法律的な分離を強制するのが容易になるし、そのような鋭い境界設定が、奴隷社会には典型的に見られる。

たとえば紀元前5世紀のアテナイには、人口の10パーセント以上というかなりな階級があって、メトイコイとよばれていた。ふつうは「在留外国人」と訳されるメトイコイは、アテナイで暮らして商売をする自由があり、市民としての義務（納税や兵役など）はあったが、特権はなかった。彼らの相当数は元奴隷だった。となると、メソポタミアの都市国家は、とめどない労働ニーズのかなりな部分を、文化的に似通った人びとを捕虜や難民として吸収することで満たしていたのではないか、と考えずにはいられない。もしそうだとしたら、そうした捕虜や難民は、奴隷としてではなく特殊なカテゴリーの「臣民」として登場し、年月とともに完全に同化してしまったことだろう。

今の西欧でも、消費者の大半は、自分たちの生活の物質基盤が再生産される状況を直接経験することはない。それと同様に、アテナイのギリシア人も、奴隷人口の約半分が採石場、鉱山、伐採現場、ガレー船などで働いている姿を目にすることはほとんどなかった。それよりはるかに小規模ではあったけれど、初期のメソポタミア国家も、石を切りだし、武具のための銅を採掘し、建設用、燃料用、製炭用の材木を提供するために、男性の労働力を必要としていた。こうした活動は氾濫原からかなり離れたところで行われていたから、中心部にいる臣民には（エリート層は別として）あまり見えていなかっただろう。ウルク文化の人工物がザグロス山脈の後背地で発見される「ウルク文化の大拡張」とよばれる現象があるが、これも、沖積層で手に入らない重要な品々の交易ルートを創設ないし警護するために進出した痕跡のように思える。[37] こうした拡張地域で奴隷を捕まえていたことは確実だが、ウルクがこの一次抽出による奴隷や戦争捕虜を直接使っていたかどうかは明らかになっていない。服従させたコミュニティからの貢納物としてこうした物資を強要したのかもしれないし、さらに言えば、穀物や布地、贅沢品などをそうした物資と交換したのかもしれない。いずれにせよ、こうした強制労働はウルクから距離を置いたところで——おそらくは交易のパートナーに下請けに出して——行われていたはずだから、楔形文字の痕跡はほとんど残らないはずだ。

最後に、地域社会による束縛のなかでも、多くの初期国家で広く行われていて、実態としては奴隷制と変わらないのに、わたしたちが考える奴隷制としては文字記録に表れてこない形態が二つある。第一は、大規模国外退去&コミュニティ強制定住とでもいえるものだ。この習慣を最もよく伝えているのは新アッシリア時代（紀元前911—609年）の記録で、これが大規模に行われている。アッシリア帝国の崩壊はいま焦点を当てている時代よりずっとあとのことだが、少なからぬ研究者は、こうした形態での束縛は、ずっと以前のメソポタミア、エジプトの中王国、ヒッタイト帝国でも用いられたと主張している。[38]

大規模国外退去&強制定住は、新アッシリア時代に征服地域に対して組織的に適用された。征服した土地の人口と家畜を、王国の辺境地帯から中核部の近くへそのまま移動させ、強制的に再定住させたのである

（この人びとは通常、耕作に当たらせた）。ほかの奴隷狩り戦争と同様に、捕虜には「私的に」収奪される者もあれば、作業集団を形成する者もあったが、国外追放&強制定住に関して特徴的なのは、捕虜となったコミュニティの大部分が、生産活動の監視と収奪が容易な場所へ、丸ごと移されたことだ。ここでは、マンパワーと穀物を中央に集中させる機構が機能しているが、全体のレベルで見れば、モジュールとしての農業コミュニティを丸ごと手に入れて、国家への奉仕に当たらせている。書記官による誇張はあるにしても、人口移動の規模としては前代未聞だ。新アッシリア時代には、たとえば20万人以上のバビロニア人が帝国の中核へと移動させられた。すべての国外退去を合わせた規模は驚くほどになる[39]。国外退去の専門家もいた。役人は、捕虜人口について、その所有物、スキル、家畜までを網羅した詳細な一覧表を作成したうえで、途上での配給も担当した（新しい場所に到着するまでの損失を最小限にするため）。なかには、ほかの臣民が放棄した土地に捕虜が再定住しているケースもあって、強制的な大規模再定住が、大量脱走や伝染病による穴を埋めるための努力の一環だったことが窺われる。捕虜の多くは「シャクヌトゥ」とよばれているが、これは「土を治めるための捕虜」という意味だ。

　新アッシリア時代の政策は歴史的に見て新しいものではない。メソポタミアで一般的だったかどうかはわからないが、歴史を通じては——とくに東南アジアと新世界では——征服王朝の慣習だった。しかし、ここでの目的にとって最も重要なのは、こうした再定住人口が必ずしも奴隷として歴史記録に登場していないことだ。いったん再定住してしまえば——とくに目立った文化的差違がない場合には——あとはふつうの臣民になっただろうし、時間が経てば、農業に携わるほかの臣民とほとんど見分けがつかなくなったはずだ。初期のシュメールの用語をめぐっては、たとえば「エリン」を「臣民」と訳すべきか、それとも「戦争捕虜」「軍事入植者」あるいは単純に「小農」と訳すべきかといった混乱があるが、これは「臣民」になる前の出自を反映して、臣民の階級が多様になったためではないだろうか。

歴史的には一般的だが、やはり奴隷としては歴史記録に表れにくい束縛の最後のジャンルといえば、スパルタのヘイロタイのモデルだ。ヘイロタイは、スパルタに支配されたラコニアとメッシニアの農業コミュニティだった。そのような支配を受けるようになった経緯については議論がある。メッシニアは戦争で征服されたようだが、一部には、ヘイロタイは戦争に加わらないことを選択した人びとであるとか、それ以前の反乱によって集団的に処罰された人びとだとする主張もある。いずれにせよ、ヘイロタイは奴隷とは区別される。コミュニティが丸ごとその土地に残っていて、スパルタの儀式では毎年屈辱を受け、すべての古代農業国家の臣民と同じように、穀物、オイル、ワインを主人に届けるよう義務づけられていた。戦争によって国外退去させられ強制的に再定住させられたのではないことを除けば、ヘイロタイはあらゆる点から見て、徹底した軍事社会で農耕作業に当たる奴隷だった。

そこでもうひとつ、必要なマンパワー－穀物複合体を構築して国家建設の余剰生産モジュールとするための古代の公式があったことになる。すなわち、メソポタミアの都市国家には征服や強制移住を起源とするものが少なからずあって、農業人口が外部の軍事エリート層によって定住させられたのではないかと考えることができるのだ（もちろん実際のところはわからない）。このような文脈でニッセンは、国家をもたない人びとを非難するレトリックは大きく割り引いて考えるよう警告するとともに、山岳地帯と低地帯との間でつねに交流があったことを思い起こすようよびかける。「紀元前３０００年代半ばのメソポタミア平原での大規模定住でさえ、こうしたプロセスの一部だったかもしれないのだ」

「文字記録に惑わされて、わたしたちは……低地帯住民の視点でものを見てしまっている」[40]。ウル、ウルク、エリドゥといった地名がシュメール起源でないという事実は、侵略——あるいは既存の農耕社会の軍事派閥による支配権掌握——の可能性を示唆している。さらには、穀物コアが拡張したために、後背地やほかの都市からの戦争捕虜を強制的に再定住させて穴埋めしたことも考えられる。いずれの場合でも、こうした初期社会は、表面的には奴隷社会に見えなかっただろう。実際に、アテナイやローマのような意味での奴隷社会ではなかっただろう。しかし、初期農業国家の穀物‐マンパワー関係を創造し、維持するうえで、束縛や強制が重要な役割を果たしたことはまったく明らかだと思う。

飼い馴らしと重労働と奴隷制に関する推測的覚書

奴隷制や人間の束縛を発明したのが国家でないことはわかっている。そうしたものは、数え切れないほどある国家以前の社会にも見られる。しかし、捕虜を使った強制的人間労働をシステム的な基盤とする大規模社会は、たしかに国家の発明だった。奴隷の割合こそ、アテナイやスパルタ、ローマ、あるいは新アッシリア時代の帝国に劣るとはいえ、捕虜労働と奴隷制の役割は、国家権力を維持するうえで非常に重要かつ戦略的なもので、こうした国家がそれなしに長い年月を生き延びることはとても想像できない。

そこで有益な推測として、奴隷は作業のための道具であり、ウシのような家畜動物として考えるべきだとしたアリストテレスの主張をまじめに取り上げてみてはどうだろう。詰まるところ、アリストテレスは本当にそう思っていた。奴隷制や、農作業に当たる戦争捕虜や、ヘイロタイを国家プロジェクトと考え、新石器時代の祖先がヒツジやウシを家畜化したように——力によって——奉仕者階級をまるごと家畜化したのだと見て検証してみてはどうだろう。もちろん、このプロジェクトが完全に現実化することはなかったが、この角度からの見方がまったく的外れというわけではない。アレクシ・ド・トクヴィルは、ヨーロッパによる世界覇権の広がりを考察して、こんなアナロジーに到達している。「ヨーロッパ人と他の諸人種との関係は、人間自体と動物との関係のようなものだとはいえないだろうか。ヨーロッパ人は他の諸人種を自分たちの用に使用していて、これらの諸人種を屈従させることができないときには、彼等を滅ぼしてしまう[41]」

ここで「ヨーロッパ人」を「初期国家」に、また「他の諸人種」を「戦争捕虜」に置き換えたからといって、このプロジェクトを大きく歪めることにはならないと思う。個人および集団としての捕虜は、国家のドムスにいる家畜や穀物畑と並んで、その国家の生産と再生産に不可欠な手段となっていた。

さらにいえば、この類似には啓発的な力があるとわたしは考えている。繁殖の問題を考えてみよう。飼い馴らしのまさに中心には、人間が植物や動物の繁殖を管理するという関係性があり、そこには必然的に閉じ込めと、選択的な品種改良および繁殖率への関心がともなっている。捕虜獲得戦争で出産年齢の女性が強く好まれたのは、少なくとも労働による奉仕と同じくらい、出産による奉仕に関心があったことを反映している（女性の奴隷の出産が国家の人口統計的安定と成長にとってどれほど重要だったかを、初期国家センターでの疫学的課題に照らして知ることができれば有益なのだが、残念ながらそれは不可能だ）。同じように、初期穀物国家の奴隷でない女性の飼い馴らしも、同じ観点から見ることができるかもしれない。土地の所有権、家父長制家族、ドムス内での労働の分割、そして国家最大の関心事だった人口の最大化という組み合わせには、女性の出産一般を飼い馴らす効果があるのだ。

家畜化された耕作動物や荷役動物は、人間の背中から多くの重労働を取り除いた。ほぼ同じことは奴隷についてもはっきりいえるだろう。耕作農業以外にも、またそれ以上に、新たな国家センターでの軍事ニーズ、式典ニーズ、都市ニーズは、種類の面でも規模の面でも前例のない、さまざまな形態での労働を要求した。採石、採掘、ガレー船漕ぎ、道路建設、材木の伐採、運河の掘削、およびその他の単純労働は、かなり近年になるまで、囚人や契約労働者、希望をなくしたプロレタリアートがする仕事だった。それはドムスから離れたところで行われ、小農も含めた「自由」人が忌避する類の仕事だった。しかしそうした危険な重労働は、最初期の国家の生存そのものにとって必要不可欠だった。自国の農耕人口にそうした仕事を強要すれば、必ず脱走や反乱の危険が伴う。となれば、捕らえてきて飼い馴らした外国の人間にやらせるしかない。そうした人口を獲得しようとすれば、これはもう奴隷制しかないだろう。それは道具人間というアリストテレスのビジョンを現実化するための、昔からある、しかし究極的には成功しない、最後の手段なのである。

6
初期国家の脆弱さ——分解としての崩壊

最初期の国家について研究すればするほど、最初にこれを生み出した国政術と即興の巧みさへの驚きは大きくなる。そうした国家の脆弱性や虚弱性は明白だから、説明が必要なのは、むしろこのような国家が少数とはいえ生まれてきたこと、そこからさらに少なくなるとはいえ、長続きするものがあったことの方だ。初期の国家建設のイメージとしては、小学校の生徒が作る4層や5層の人間ピラミッドを思い浮かべればいい。たいていは完成する前に崩れてしまう。予想に反して頂上までできあがったとしても、見ている側は、それが揺れたり震えたりするたびに息を呑み、崩壊が避けられないことを予測する。選手たちが幸運なら、てっぺんに登った最後のひとりがほんの束の間、観客に向かって勝利のポーズを見せるだろう。この喩えをもう少し進めるなら、ピラミッドの個々の部分は、それだけを取り出してみれば、かなり安定している。基本単位または構成要素とよんでいいだろう。しかし、それでできあがる巧みな構造は、ぐらぐらとして、今にも倒れそうだ。すぐに倒れても驚きはしない。そもそも完成したことの方が驚きなのだ。

定住農業コミュニティの上にできあがった政治構造として、国家には、定住穀物コミュニティ一般に共通する脆弱性があった。定住は、前にも指摘したように、一度きりの達成ではなかった。国家の前にはおよそ

５０００年（日本やウクライナでの農耕以前の定住を含めれば７０００年）におよぶ散発的な定住があったし、考古学者は、定住と放棄、そして再定住と再放棄が繰り返されたと思われる場所を何百カ所も記録している。放棄と再占拠の理由は曖昧なことが多い。理由となりそうな要因としては、気候変動、資源の枯渇、病気、戦争、もっと豊かな地域への移住などが挙げられる。どんなものであれ、紀元前1万５００年以前に存在した小規模な固定定住地が全般に後退していったのは、ヤンガードリアスによる寒冷化、いわゆる「ビッグフリーズ」が理由だったと見てほぼ間違いない。ほかには、先土器新石器文化Ｂ（ＰＰＮＢ）と呼ばれ、ヨルダン川流域に存在したことが証明されている文化複合体が紀元前６０００年頃になって突然、広範囲にわたって消滅していて、こちらは気候変動、病気、土壌の劣化、水源の縮小、人口圧など、さまざまな理由が考えられている。重要なのは、定住穀物コミュニティの亜種としての国家には、一般の定住コミュニティと同じ崩壊の危険があったうえに、さらに政治的実体としての国家に特有の脆弱性も抱えていたという点だ。

最初の古代国家の脆弱性に関しては完全にコンセンサスができているようだが、その脆弱性の原因についてはまったくコンセンサスがないし、わずかな証拠もほとんど問題の解決にはならない。初期メソポタミア国家についての知識では誰にも負けないロバート・アダムズも、ウル第三王朝が5人の王に受け継がれて1００年も続いたことに、少なからず驚いている。この王朝もその後には崩壊するのだが、それでも、ほかの王国が目まぐるしい興亡を繰り返したのと比べれば、これは記録的な長期安定のように思える。アダムズは、資源の中央集中化とそれに続く不規則な、しかし不可逆的な衰退のサイクルに気づき、分散化および「地域自足」に向けた動きと結びつけた。[1] ノーマン・ヨフィー、パトリシア・マカナニー、ジョージ・カウギルは「崩壊」の概念そのものをほかに類を見ないほど徹底的に再検証し、そのうえで「初期文明における権力の集中はたいてい脆弱で短命だった[2]」と考えている。シプリアン・ブラッドバンクも、メソポタミア、レヴァント、地中海の政体について幅広く調査したうえで、同じ結論に到達した。ブラッドバンクは「地域的または広範な好機と苦難が決定する建国、放棄、拡大、縮小の当惑するようなパターン」[3]があると指摘している。

では、たとえば紀元前２０００年頃の「ウル第三王朝の崩壊」、紀元前２１００年頃の「エジプト古王国の崩壊」、あるいは紀元前１４５０年頃のクレタ島の「ミノア第二宮殿時代の崩壊」などというときの「崩壊」は、なにを意味しているのだろう。少なくとも、巨大な宮廷センターの放棄または破壊（もしくはその両方）はあった。これはふつう、単なる人口の再分散ではなく、社会的な複雑さが、壊滅的とはいわないまでも、相当失われたと解釈される。人口が残っていれば、小規模な定住地や村落に分散した可能性が高い[4]。上流のエリート層は姿を消す。記念物の建設活動は止まる。行政および宗教目的での文字の使用もおそらく消滅する。大規模な交易や再分配は急激に縮小する。エリート層の消費と交易を目的とした特殊工芸品の生産は減少するか、なくなるかする。すべてを合わせると、こうした変化は洗練された文化から遠い、悲しむべき後退だと理解されることが多い。しかしこの視点では、こうしたできごとが必ずしも意味していないものを強調することが必要だ。こうした変化は、必ずしも地域人口の減少を意味していない。人間の健康、福祉、栄養も必ず低下するというものではないし、むしろこれからみるように、向上することもある。最後に、中心部での「崩壊」は、解体というよりむしろ文化の再形成と分散を意味することの方が多い。

「崩壊」という語の歴史とこの語から連想される憂鬱なイメージについては、真剣に考えてみるだけの価値がある。古代国家に関するわたしたちの知識と驚きは、元はといえば20世紀になる前後の、考古学の英雄時代とでもよべる時期に、初期文明の巨大センターがピンポイントで特定され、発掘されたところからきている。そうした初期文明の文化的、美的、建築的な達成に畏怖の念を抱くことは正当なことなのだが、それとは別のところで帝国主義的な争奪戦のようなものが繰り広げられ、高貴な血統と工芸品の両方が収奪された。そして最後には、学校の教科書や博物館を通して、こうした初期国家についての支配的で標準的なイメージ（エジプトのピラミッドとミイラ、アテナイのパルテノン、アンコールワット、西安の兵馬俑など）が偶像化された。だから、こうした考古学のスーパースターが姿を消したときには、まるで全世界が終わったかのように思われた。しかし実際には、古典考古学で愛されたオブジェ――相対的に珍しい中央集権的な王国が集中した遺跡と、それに伴って文字記録や贅沢品など――が見つからないというだけだ。少しだけ人間ピラミッドの喩えに戻るなら、組み体操の頂点の、全員の注目が集まる部分が急に消えたようなものなのだ。

頂点が消えることでとりわけ喜ばしいのは、頂点ではなく、基礎や構成単位に注目する考古学者が急増することだ。移動定住のパターン、交易と交換の構造、降雨、土壌の構造、生活のための戦略ミックスの変化などについての知識が蓄積することによって、重力に逆らうかのような頂点に注目していたときよりも、ずっと多くのことが見えてくる。そうした発見からは「崩壊」の原因を推定することもできるが、それだけではない。もっと大事なこととして、個々のケースについて「崩壊」の意味を問うことができるのだ。ここで重要な洞察のひとつは、崩壊だと思われてきたものの多くが、むしろ、大きいが脆弱な政治単位から、小さいがたいていは安定した要素への分解だったことが見えてきたことだ。「崩壊」は社会的な複雑さの減少を意味するが、その一方で、こうした小さな権力の核（たとえば沖積層のコンパクトな小規模定住地）の方が、短期的な国政術の奇跡で一気にまとめ上げた大王国や大帝国よりもはるかに持続しやすい。ヨフィーとカウギルが、行政理論家ハーバート・サイモンの「モジュール化」という語を借りているのは適切だ。これは、大きな全体を構成する各単位が一般に独立していて取り外し可能な――サイモンの用語では「大部分が分解可能」な――状況をいう。(5) そうしたケースでは、中心部（＝頂点）が消えたからといって、それほど無秩序になるわけではないし、ましてやトラウマになどならない。耐久性があって自足的な基礎単位に向かうだけだ。

ヨフィーとカウギルと同じ主旨で、ハンス・ニッセンも「中央集権期の終わりを「崩壊」と考え、一度は統一された地域が小さな部分に分かれている段階を政治的混乱期とみなすのは」誤りだ、と警告している[6]。

定住も、それに全面的に依存した国家建設も、一度きりの達成ではなかった。大きな人口が消え失せ、定住それ自体が縮小して以前の姿は名残だけという時期が何度もあったし、それが長く続くこともあった。紀元前1800年頃から紀元前700年頃までの1000年以上、メソポタミアではそれまでの4分の1足らずの地域でしか定住が行われていないし、都市定住の頻度は直前の1000年間の16分の1でしかなかった。影響は地域全体に及んでいるから、苛酷な支配者や地方戦争、特定穀物の凶作といった、純粋に地域的な偶発事象と結びつけることはできない。これほど大規模な消失が起こるためには、もっと広い、地域全体に関わる原因が必要だ。気候変動、侵略、遊牧民に追われての移住、交易の大混乱、あるいは、ゆっくりだが地域全体で進んでいた環境劣化が急に臨界閾値に達した、などが考えられるが、どの理由が最も重要だったかについてのコンセンサスは、現時点ではないようだ。しかし、ウル第三王朝が滅亡してからの1000年余り、メソポタミアでは都市化ではなく農村化が優勢だったことは間違いない。理由はおそらく遊牧民の侵入だろう[7]。

気候学の面からこの問題を解決してくれる「救いの神」としては、ヤンガードリアス、紀元前6200年から始まって2―4世紀続いた寒冷化、さらには小氷期などがあって、どれも、生態学的に可能だったものを大幅に縮小させるできごとだったのだが、それとはまったく別に、すべての初期国家が基盤としていた穀物複合体には根本的かつ構造的な脆さがあったことを認識しておくことが重要だ。定住は、非常に特殊で限られた生態学上のニッチで発生したもので、とくに沖積層や黄土の土壌で起こった。あとになって――それもずっとあとになって――最初期の国家が生まれたが、それはさらに限定された生態学的環境でのことで、十分な水のある肥沃な土壌という大きな核があり、航行可能な水路があって、穀物を栽培する多数の臣民を維持できなければならなかった。そうした国家創造の好適地はごくわずかで、その外では、相変わらず採集民、狩猟民、遊牧民が繁栄していた。

国家が作られた場所はそもそも生業の失敗に対して構造的に脆弱で、それは支配者が有能か無能かとはほぼ無関係だった。そうした構造的な脆弱さでまず挙げられるのは、一、二の主要穀物の毎年の収穫に過度に依存していることだ。旱魃、洪水、害虫、嵐による被害、あるいは穀物の病気などがあれば、人びとはたちまち死の危険にさらされたし、その人びとが生産する余剰物に依存している支配者も同様だった。また、こうした人びとは群集して暮らしていたので、すでに見たように、分散している狩猟採集民と比べると、人間や家畜の感染性疾患による危険がはるかに大きい。最後に、これから詳しく見るように、エリート層が余剰物に依存しているということは、輸送の論理と合わせて、国家がコアの直近にある人口と資源に大きく依存しているということで、そこにも安定性を損ねる可能性があった。

このように、最初期の国家は微妙なバランスが必要な行為だったので、多くのことがよほどうまくいかないかぎり、ほとんどは短命に終わった。たとえば初期の東南アジアでは、王国が2、3代以上続くことはまれだった。あれこれの問題が起こってくれば――そのすべてが王国自身の作り出したものではなかっただろうが――国は簡単に倒れてしまった。大半の王国が定期的に消滅したのは「過剰決定」によるものだった。直面した困難は何重にも重なっていたから、考古学者が検死官になって死因を絞り込もうとしても、相当苦労するだろう。

初期国家の罹患率――急性疾患と慢性疾患

中東、中国、新世界で最初にできた原始国家は、まったく地図のない領域で活動していた。国を建てた側も臣民も、自分たちを待ち受けている生態学上、政治上、疫学上の危険について、まったくなにもわかっていなかった。前例のない問題ばかりだから推測することも難しかった。ごくまれに、とくに文字資料がある場合には、国家の消滅した理由がかなり明らかになることがある。別の文化による侵入が成功して敵に取って替わられた、国家間で破壊的な戦争があった、内戦や反乱があった、などだ。しかしたいていは、国家消滅の背後にある理由は曖昧かつ潜行的だ。洪水や旱魃、作物の不足といった破滅的なできごとがあったにせよ、そこには深く蓄積した原因があったかもしれない。そうした原因がとくに興味を引くのには、少なくとも二つの理由があると思う。第一に、侵略のような偶発性の高いできごとと違って、こうした原因には、国家のプロセスと直接関連する体系的な特徴がある。したがって、それがユニークな窓になって、古代国家の構造的な矛盾を覗き見ることができる。第二に、こうした原因は大半の歴史分析で軽視されがちだ。直接的で近接した人間主体が背後にいないように思えるうえ、たいていの場合は、確認できる明確な考古学的特徴が残らないからだ。こうした原因が国家の死亡率に果たした役割については状況証拠と推測に頼るしかないが、その重要性が非常に過小評価されてきたと考えるだけの理由はある。

病気――過度の定住、移動、国家

群集と動物家畜化に伴う感染症の発生については、すでにかなりの紙面を割いて述べてきた。新石器時代の穀物－動物複合体を基盤とした国家の創造によって、初期国家の人びとが破壊的な伝染病にさらされるケースが大幅に増えたと考える根拠は十分にある。そこで関連してくるのが規模、交易、戦争だ。

国家に先立って沖積層周辺の湿地帯に現れた最初の町は、最盛期でも５０００人規模の人口しかなかった。対照的に、初期の国家はふつうでもその4倍の大きさはあったし、なかには10倍になるものもあった。人口規模の桁数が増えるのに伴って、リスクの規模も大きくなっていった。先土器新石器文化Ｂ（ＰＰＮＢ）が紀元前６０００年頃に急に姿を消したのが、一部で考えられているように伝染病のためだったとしたら、それから２０００年以上あとの初期国家はずっと大きかったから、伝染病もはるかに起こりやすかったことだろう。人口が多くなれば感染症の保菌者、保菌動物も大幅に増えるはずだし、群集と数の両方の効果によって（伝播の幾何学論理を考えれば）あっという間に広がったことだろう。

細菌や寄生虫は人間や動物とともに移動する。ある程度の距離での限定的な交易は国家ができる前から存在したが、大規模で贅沢なエリート層が登場し、自分の富を最大化してそれを見せびらかそうとするようになると、交易の量と地理的距離は飛躍的に増大、拡大した。国家自体も、初期の定住コミュニティよりはるかに大きなスケールで資源を――それも桁違いの資源を――必要とした。その結果、陸路と水路による交易が爆発的に増加した（とくに水上輸送が大きかった）。初期の交易を研究しているギレルモ・アルガゼとデーヴィッド・ウェングロウは、紀元前３５００年頃から紀元前３２００年頃の「ウルク世界システム」のことを、北はコーカサス、南はペルシャ湾、東はイラン高原、西は地中海東岸にまで広がる交易と交換の統合世界だったとしている[8]。ウルクとその競合国は、沖積層では入手できない資源――銅や錫（道具類、武器、甲冑、装飾用品・実用品に）、材木や木炭、石灰岩や切り出した岩（建設用）、金銀宝石類（威厳を誇示するため）などを、はるか遠くから手に入れる必要があった。こうした品物と交換するのに、沖積層の前駆国家は、織物、穀物、土器、工芸品などを交易相手に送った。ここでの目的から見れば、このような商業圏の大幅拡大には、病気の伝播圏も同じように拡大するという効果があった。これによって、それまで別々だった疾病供給源が初めて接触するようになった。しかし、この点から見た「ウルク世界システム」は、ネーミングこそ壮大だが、まだまだ小規模な予兆に過ぎなかったのかもしれない。紀元前1年頃に中国とインド、地中海の疾病供給源が統合されたのをきっかけに、世界で初めてのパンデミックが起こるようになり、たとえば紀元6世紀のユスティニアヌスの疫病では、3000万人から5000万人が死亡している。沖積層の前駆国家による記念碑的な栄光の多くは交易によるものだったが、皮肉なことに、その交易が、そうした前駆国家の消滅に大きな役割を果たしたとも考えられる。

国家による悪名高い活動はほかにもある。それは戦争で、これは疫学的に見て甚大な影響を及ぼす。人口統計学の面からだけでも、人口の大量移動と移住に関して戦争に並ぶものはない。軍隊や、その点では大量の難民や捕虜も感染症の移動モジュールで、コレラ、発疹チフス、赤痢、肺炎、腸チフスなど、伝統的に戦争とつながりのある多くの病気との接触と伝播が起こる。昔から、軍隊や難民が歩くルートは感染症のルートを示すものとして知られていて、文明人はできれば避けようとした。古代の戦争のように、勝利した側が最大の戦利品である捕虜を自分の王国まで歩かせた場合、感染症に関して交易とほとんど同じ結果が——ただしずっと大規模に——もたらされることになる。もちろん、捕獲したなかには敵が飼っていた四本足の家畜もいたから、こちらも独自の病気や寄生虫を勝利国の首都へ運んだことだろう。

交易と戦争による疾病は、初期国家の消滅に関してどれほど重要だったのだろう。考古学記録は証拠としてはほとんどなにも提供してくれないから、たしかなことはわからない。わたしの直観では、古代世界で人口の中心地だったところが理由もわからず突然放棄されたのは、かなりな割合までこれで説明できると思う。ローマ世界や中世世界の伝染病についてわかっていることから逆算すれば、この直観がさらに妥当に思えてくるかもしれない。群集疾患はまったく新しいものだったから、初期の人びとが拡大のメカニズムを知る方法はなかった。しかし、致死的な伝染病の発生が、船による交易、陸路を行く隊商、軍隊、そしてその捕虜と関わっているという知識は、非常に早くからあったに違いない。[9] 脅威にさらされた町の人びとがまず行ったのは、最初の症例を分離し、町を壁で囲って、汚染源と思われるものとそれ以上接触しないようにすることだっただろう。海を渡ってきた者の隔離と分離（中世にはラザレットとして制度化される）も、恐ろしい伝染病の登場とともに、なんらかのかたちで行われていたに違いない。同時に、致死的な伝染病の起こっている場所から逃げ出してちりぢりになれば感染を避けられる望みが大きいことは、最初期の町の住民でも理解していたはずだ。人びとは本能的に、少しでも早く田舎に散らばろうとした（そして行った先で間違いなく恐れられた）。最初期の国家は、必死になってそれを押しとどめようとしたことだろう。

初期の伝染病への対応についてのこうした理解が大筋で正しいなら、大規模な定住地の多くは病気によって消滅したというシナリオが妥当なものとなってくる。いったん伝染病が広がってしまえば――そしてとりあえず、大半の人びとが都市の中心部に残ったと仮定するなら――人口が壊滅し、その都市が国家センターとして生き残れなくなることは十分に考えられる。もっと現実的に考えて、人口の大半がなんとか逃げ出したと仮定すれば、死亡者は減るだろうが、結果として、国家が依存していた都市の中心部はもぬけの殻になってしまう。どちらのシナリオでも、権力の結節点としての国家センターはあっという間に消滅してしまうだろう。しかし二番目のシナリオでは、総人口が大きく減るのではなく、都会を離れた安全な場所に人びとが分散することになる。証明されたある例では、紀元前１３２０年にヒッタイト人がエジプトにもたらしたが破滅的な疫病によって飢餓が発生した。生き残った農民は課税に抵抗して多くが農地を捨て、報酬をもらえない兵士は山賊になってしまったという。[10] 伝染病で最初期の国家が倒れることがどれほど頻繁にあったか、確かなことを知る方法はないが、帝政ローマ後期や中世ヨーロッパでは、戦争や侵略、交易による病気の拡大が、脱都市化の原因として突出していた。紀元166年には、メソポタミアへの遠征から帰還したローマ兵が感染症を持ち帰ったことで、ローマの人口の4分の1から3分の1が死亡している。[11]

環境破壊――森林破壊と塩類化

最初の国家が原始的な創造物だったということは、その興亡について分析をするときに、つねに前景に置いておくだけの価値がある。すでに指摘したように、臣民にしてもエリート層にしても、自分たちの支配している類まれな集合体（穀物と人間と動物）が、のちに経験するような疫学的結果をもたらすなどとは知る由もなかった。もっと狭い範囲で考えても、この集合体による前例のない負荷が、周囲の環境に対して独特の、支えきれないほどの需要を生み出すということも、まったく予測できなかったはずだ。環境面での限界のなかでも、国家の存続を脅かす可能性が最も高い二つについて検討してみよう。それは森林破壊と塩類化だ。[12] どちらも最も古い時代から、古代世界では十分に文書が残っている。伝染病と最も大きく違うのは、この二つが長期的に作用すること、急激にではなく漸進的に（というより潜行して）進むことである。伝染病にはほんの数週間でひとつの都市を破壊する力があったと想像できる。しかし、森林破壊によって生じる薪不足と、少しずつ進む運河や河川でのシルト（シルテーション）の堆積は、じわじわと経済を窒息させる。同じように致命的ではあるが、はるかに目立ちにくい。

メソポタミア南部の沖積層は、それ自体がティグリス川、ユーフラテス川の自然な浸食の産物で、上流域から運ばれてきた土壌が氾濫原に堆積したものだ。その意味で、初期の農業社会は、両河川が数千年にわたって下流に運んできた栄養分の分け前に依存していた。しかし、大規模な定住地が成長するとともに、このプロセスは新しい段階に入った。沖積層の湿地では手に入らない材木や薪のニーズが拡大したのだ。紀元前2000年代初め以降、材木や燃料のための森林破壊と過放牧との組み合わせによって、ユーフラテス川のマリより上流で森林破壊が起こった証拠はたくさんある。(13)

初期国家の木への欲求はほとんど際限がなく、かなり大きな定住コミュニティが必要とする量をも大幅に上回っていた。農業や放牧のための土地開墾はもちろん、調理や暖房、家屋の建設、土器を焼くための窯などのためにも木のニーズがあったのに加えて、冶金、鉄の精錬、レンガ造り、塩蔵、坑道の支柱、造船、記念物の建築、漆喰作りのためにも膨大な量の木が必要だった。とくに最後の漆喰作りでは、原料の石灰岩を高温で焼くために膨大な量の薪を用意しなければならなかった。離れたところから運んでくるのは難しいだろうから、国家の中心地近くにある木を伐りだしたと考えられるが、コアとなる定住地周辺の供給量などたいしたものではないから、すぐに使い切ってしまったことだろう。しかし、ほとんどの初期国家は航行可能な水路（通常は河川）に面していたので、木の浮力と川の流れを利用して、中心地より上流にある土手で材木を切ることができた。

丸太への加工と運搬の実用性からいって、労働力を最小化するには、やはりできるだけ川の近くで伐採する必要がある。上流でも近いところにある森の木を伐りつくすと、どんどん上流へさかのぼるか、運びやすい小さな木を伐るかして（またはその両方）、土手から下流へ流した。古代世界で森林破壊が行われた証拠はたくさんあって、アテナイは海軍用の材木をマケドニアまで求めていったし、ローマ共和国でも材木不足が起こっていた。(14) それよりずっと前の紀元前6300年までには、新石器時代の町アイン・ガザルでも、定住地から歩いて行ける距離には樹木がなくなって、薪が不足するようになった。その結果、コミュニティはばらばらになり、あちこちの村落に散らばった。ヨルダン川流域の新石器時代の定住地も、地域の伐採地の環

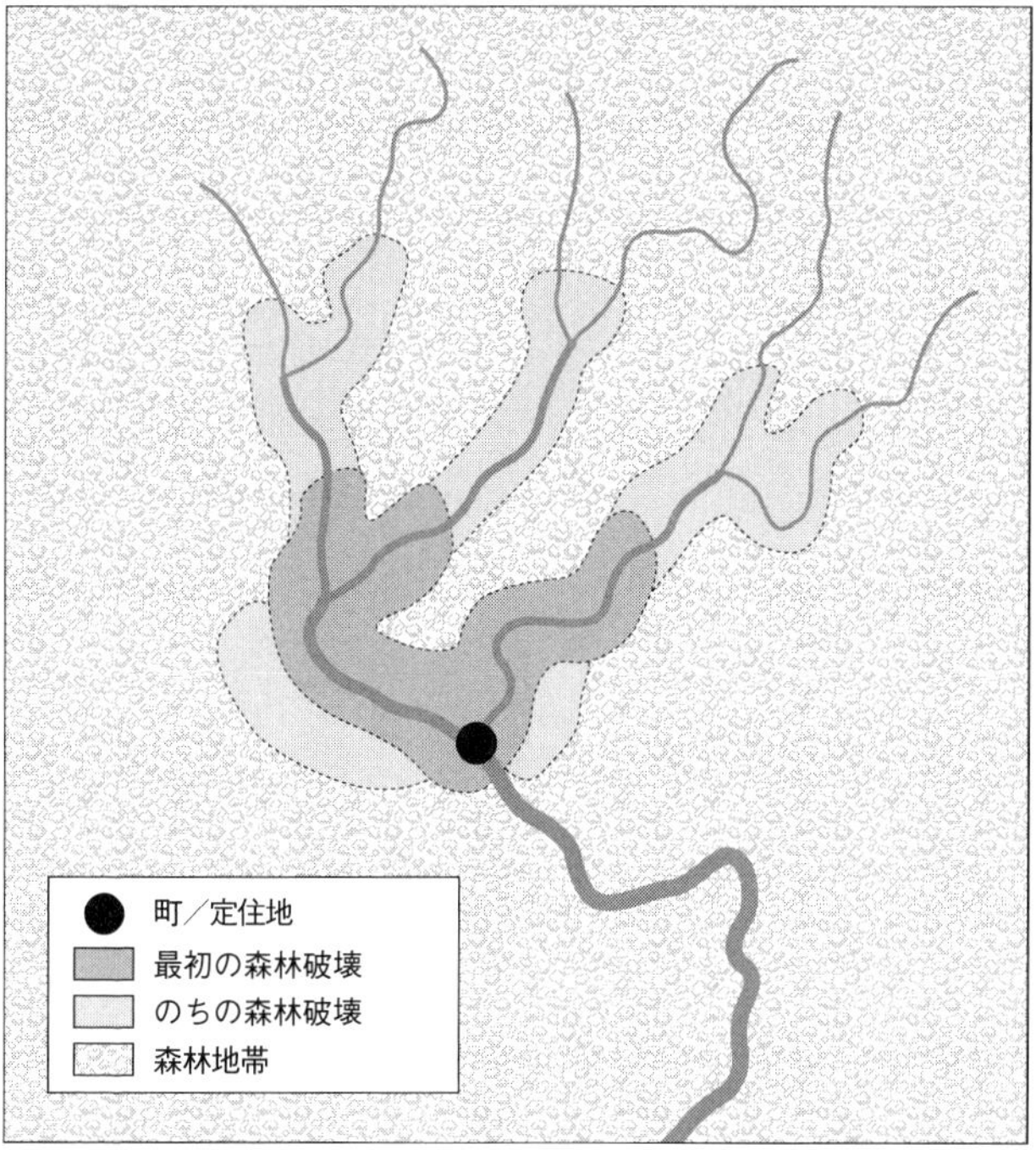

図 14　仮想の国家センターから見た上流での森林破壊パターン

境収容力を超えたときには、たいてい同じことが起こった[15]。

都市国家がすぐに使える手近な薪の不足に直面していたことをほぼ確実に示しているのが、必要量をどこまで木炭で供給していたかの比率だ。木炭は、土器の焼成、石灰石の加熱、金属の精錬といった高温での利用には不可欠だが、家事目的で使用することは、手近な薪を使い尽くしたのでない限り、考えにくい。木炭の特異な利点は、単位重量・体積当たりの発熱量が生の木よりはるかに大きく、したがって長い距離を運んでも経済性があることだ。欠点は、当然のことながら二度燃やさなければならないことで、木の消費量が非常に多くなる。容易に集められる距離にある地元産の薪が少なくなれば、それだけ、遠くから運ばれてくる木炭に置き換わる割合が増えていく。

薪の不足も都市国家の成長の制約になるかもしれないが、都市上流域での森林破壊はまた別の、はるかに深刻な問題をもたらす。問題の第一は浸食とシルテーションだ。最初期の国家は沖積層とそのシルトから生まれたが、その一方で、植生が剝ぎ取られたり、単に作物のために開墾されたりすることで、流域からシルテーションが進む。そのペースが浸食の増大という独自の危険をもたらすのだが、これは容易には予見できない。最初期の国家は非常に勾配の緩い沖積層に基盤があったので、水路もほぼ1年中、ゆっくりと流れていた。これは、流れが滞るとシルトが沈殿しやすいということだ。都市国家が灌漑に大きく依存している場合には、水路がシルトで詰まりやすくなり、それがまた流れを遅くしてしまう。そこでどうしても、その水路が潤している畑の生産が落ちないように、賦役労働による浚渫が必要となる。

森林破壊がもたらす脅威には、潜行性どころか破滅的なものもある。森林——古代メソポタミアではとりわけカシ、ブナ、マツ——には、冬の後半に降った雨を保持し、5月に浸出がはじまるとゆっくり湿気を放出するという効果があった。それが森林破壊や農業目的での開墾によって、流域に抱え込んでいた雨やシルトがはるかに速く放出されるようになり、急激で暴力的な洪水が繰り返されるようになった。[16] これには、都市国家の生存能力を脅かす効果がいくつもあったと思われる。よくあることだが、もしシルテーションのプロセスによって河床が上がり、周囲の土地と変わらない水準になったら、川の流れはとんでもなく不規則になって、それぞれのシルトが高くなるたびに、ひとつの流路から別の流路へと跳び移っていく。歴史的には中国の黄河が教科書的な例で、大規模な洪水が起こり、海までの川筋が激しく変動したために数百万もの死者がでた。国家以前では新石器時代最大の定住地のひとつだったイェリコでさえ、紀元前8000年代半ばには流域の損傷に屈したようだ。「その敵とは洪水の水と泥流だった」とスティーヴン・ミズンは書いている。「降雨量が増加し、周辺の林地の開墾によって植物による補水機能が失われていくにつれ、パレスチナの丘陵地帯の堆積物の安定性が損なわれ、その堆積物が近辺のワディ〔雨季を除いて流水のない涸れ川〕によって集落のはずれまで運ばれることによって、イェリコは、定期的な洪水の危険にさらされていた[17]」。都市国家とその作物の大半を破壊するような破滅的な洪水は少なくても、洪水が引いたあとに川の流れが変わることもあっただろう。そうなれば、既存の都市は高くて乾いた場所に、輸送と商業の大動脈から切り離されてぽつんと残ることになる。

最後にもうひとつ、これはさらに推量になるが、森林破壊とシルテーションはマラリアの広がりにも一役買ったようだ。以前からマラリアは「文明の病気」だといわれていて、農業のために開墾した土地で発生していた。J・R・マクニールは、これを森林破壊と河川形態学に関連したものだと考えていて、興味深い。シルトを抱えた川が勾配の緩い海岸平野を横切ると、流れが遅くなってシルトの沈殿が増える。シルトが堆積すると、それ自体が堤防や障害物になって海への通り道を塞いでしまうので、川は後退して横に広がる。こうしてできたマラリア湿地は人為改変によるものであり、おそらく居住不可能だ[18]。

塩類化と土壌の疲弊も、同じ穀物‐灌漑国家という人為改変の結果であり、やはり国家の存在を脅かすようになったようだ。灌漑用水には必ず溶解塩が含まれている。これは植物に取りこまれないので、時間とともに土壌に蓄積していって、フラッシング〔大量の水で表面の塩分を洗い流す〕などの方法で除去しないかぎり、土壌を殺してしまう。しかし、これも短期的な解決に過ぎない。フラッシングをしても深いところには塩類が残るので、それが結局は地表近くまでやってきて植物の根に入り込む。オオムギはコムギよりも塩類に寛容なので、塩類化が進んだときの適応方法のひとつは、一般にはコムギの方が好ましいのを承知のうえで、オオムギを植えることだ。しかしオオムギにしても、地下水面が上がり、それによって塩類が地表に近づいてくれば、収穫量は劇的に減少する。[19] メソポタミア南部は勾配が緩くて降雨が少ないために、問題はさらに深刻になる。こうした問題のエキスパートであるアダムズは、塩類化の進行が、紀元前２４００年以後にこの地域が生態学的に下り坂になった最大の要因だと確信している。[20] メソポタミアの農民は、生活できるだけの収穫量を維持するために、２年から３年ごとに穀物畑を休ませなければならなかった。ウル第三王朝期の農業に関する文書は、近くの畑が「塩辛い土壌」の「塩辛い場所」の「半塩水のところにあって」「たくさんの塩」を含んでいると述べて、穀物の収穫の少なさを説明している。[21]

これは豊かな沖積層でも似たようなもので、灌漑による塩類化が大きな問題にならなくても、長いあいだには穀物の収穫量は減っていった。結局のところ、この時代までは、同じ区画の土地で毎年継続して作物を栽培するという経験がほとんどなかったのだ。アイン・ガザルは最初の国家が登場する前からすでに収穫量の減少を経験していたから、穀物国家でも、中核での栽培強度を考えれば、平均収穫量はほとんど同じように減少していったのではないだろうか。牧草地も過放牧になっただろうから、家畜に関する自然収容力も下がっていったはずだ。

初期国家の脆弱性とその消滅を理解するうえでは、たとえば紀元前１７２０年のラルサの消滅のような「突然死」と、衰弱して最後に消滅したものとで原因を区別するのが有効ではないだろうか。伝染病や大洪水などは、もちろん潜行性の影響が蓄積して起こることもあるが、やはり前者の例だ。シルテーション、収穫量の減少、塩類化の場合は、着実ないし不規則なペースでの衰え（人口の流出）として、あるいは凶作の増加として歴史記録に登場するかもしれない。必ずしも劇的な転換点なしに、ほとんど知覚されないうちに少しずつ消えていくようなケースもあるだろう。「崩壊」は、こうしたプロセスに適用することばとしては大仰すぎる。巻き込まれた側の臣民にとってはごくふつうのことで、単に分散して定住地と生業ルーチンを整理し直すという、お馴染みのパターンだっただろう。それを「崩壊」という悲劇として経験したのは、国家のエリート層だけだったのではないだろうか。

政体の消滅――戦争とコアの搾取

そもそも「崩壊」の問題が生じるのは、本質的には、壁に囲まれた定住地の発生を示す遺物が見つかり、そこに巨大センターがあることから、そうした中心的な場所が「文明」そのものだと、当たり前のように誤って決めつけるからだ。すでに指摘したように、国家以前の定住コミュニティがなにかの理由で一時的に、または恒久的に放棄された例はいくらでもある。そうしたできごとは、考古学者が指摘するように、相当数の人びとが関わることもあるが、それが「歴史的ニュース」になることは、そのコミュニティが壁に囲まれた国家センターでないかぎり、ほとんどない。問題になるのは石と瓦礫だ。これがあると発掘現場が印象的になるし、博物館を飾る遺物にもなる。民族の輝かしい過去を示す象徴的な血統が出てきたりもする。スマトラ半島のシュリーヴィジャヤ王国のように傷みやすい素材で築かれた文明は、今ではほとんど消えてしまって歴史書には出てこないが、アンコールワットやボロブドゥール寺院は輝かしいセンターとして生き続けている。

奴隷制が国家の発明ではないのと同じで、戦争も国家の発明ではない。しかしここでも、この制度を一大活動としてスケールアップしたのは、やはり国家だった。国家が成立する以前から小規模ながらもつねに行われていた捕虜獲得のための略奪が、目的はそのままに、他の国家を相手にする戦争のようなものに姿を変えたのである。二つの国家のあいだの捕虜獲得戦争では、敗戦国はほぼ文字どおり消滅した。これこそまさに「崩壊」だった。ふつう、人口の大半は殺されるか、連れ去られるかした。神殿は破壊され、家や作物は焼き払われた。要するに、敗戦国は完全に消し去られたのだ。例外は一方が平和的に降服した場合で、たいていは貢納をするようになったが、戦勝国の連れてくる入植者が敗戦国の土地を占拠することもあった（こちらは穏やかな選択肢ではあるが、元の国家が消え去ることに変わりはない）。戦争をする政体が多いときには――メソポタミア沖積層、秦王朝以前の「戦国時代」の中国、ギリシアの都市国家群、マヤの国家群のように、同じ地域にあって互いに規模が拮抗した「同位政体」が多い場合には――前駆国家が頻繁に興亡を繰り返すことになった。崩壊は日常茶飯事だったのだ。

繰り返される戦争とマンパワーの取り合いは、初期国家の脆弱性のさらなる理由となった。第一に――そしてなによりも明らかなことは――食料生産に振り向けていれば人びとを生存ぎりぎりのレベルより多少なりとも引き上げていたはずのマンパワー資源が、壁の建設や防衛のための作業、攻撃作戦などに割り振られてしまった。第二に、都市国家の創設者や建設者の方も、物質的な豊かさよりも軍事的な防御への配慮を優先して、場所や配置を選ばなければならなかった。その結果、国家は、防御はしやすいが経済的には不安定なものになったことだろう。

勝った側には戦争の見返りもあっただろうが、当然のことながら、死んだり捕虜になったりするなど、考慮するべき危険もあった。想像するに、各同位政体の臣民の多くは、なんとかして徴兵を回避しようとしただろう。これには国家からの逃亡も含まれていただろうし、戦争に負けそうな国家はマンパワーの漏出に気づいていたはずだ（アメリカ南北戦争が最終段階に入った1864年に南部連合から貧しい白人が大量に逃亡したことが思い出される）。トゥキディデスは、シュラクサイへの遠征が失敗しそうになってアテナイ連合が解体したときのことを書き記している。「わが軍の戦況の不利になるや従卒の脱走者が増加し、しかも傭兵の中のある者たちは船の乗り組みを強制されるやすぐに各隊の出身地に帰国してしまった」(22)。マンパワーはこうした国家の血液のようなものだったから、決定的な敗北が国家自体の崩壊の予兆になったことは十分に考えられる。[23]

最後に、都市国家は後継者争いや内戦、反乱など、内部の争いでもいとも簡単に破壊されたと思われる。内部の争いで特徴的なのは、支配下に置くに値する新しい、貴重な獲物があったことだろう。すなわち、壁で囲まれた中に人と家畜と備蓄を備え、余剰を生み出す穀物コアだ。好都合な場所を支配するための争いは、国家以前の社会でも決して瑣末なことではなかったが、初期国家の登場によってその「賭け金」が急に大きくなった。最大の理由は運河、防御機能、記録、貯蔵庫といった固定資本で、これにはたいていは、土壌と水と交易ルートという点から見て価値の高いロケーションが含まれている。こうした資産は権力の結節点であり、軽々しく諦めるわけにはいかなかった。地域の権力をめぐる闘争はどんどん残虐な、ルールのないものになっていったことだろう。

国家間戦争であろうと内乱であろうと、戦利品としての穀物‐人口複合体は、政治権力の中核であり続けた。国家間戦争や無国家民による略奪では、勝者はこの複合体を破壊して動産を自分たちのコアへ移すか、それができないときは、貢納のためのコアに変えた。国家間戦争の場合、戦いは独占権をめぐるものであり、コアに代表される資源を収奪するためのものだった。

なぜ初期の国家は宮廷周辺のコア地域を過剰に搾取して自ら墓穴を掘ったのか——その理由を理解するためには、輸送と収奪の基本的制約に立ち返ることが役に立つ。薪のコストの急上昇と、それによる家庭での木炭使用の増加が示しているように、嵩高い商品を陸路で収奪するためのコストは飛躍的に増大するので、距離が延びるとあっという間に法外なものになっていく。この論理から、輸送技術が変わらないかぎり国家はここまでしか広がれないという現実的な限界がわかる。平らな沖積平野で役畜と荷車を使うと仮定すると、最初期の国家が穀物を徴発できる範囲は、半径約48キロメートルを大きく超えることはなかっただろう。重要な例外は、もちろん水上輸送だ。これは摩擦が劇的に削減できるので、国家が穀物のような嵩高い商品を管轄できる範囲が大きく広がる。したがって農業コアの定義は、輸送コストが法外に大きくならない範囲で嵩高い商品を中心地まで持ってこられる圏内、ということになる。しかし重要な事実がある。それは、支配して最も利益の多いゾーンというのは、首都に最も近い地域か、または航行可能な水上ルートによって容易に到達できる地域だということだ。だからこそこうしたゾーン内では、穀物貯蔵庫、主要な神殿、行政職員、近衛兵、中央市場、最も生産性が高くて水の十分な土地、そしてなにより宮殿の日干しレンガと神殿のエリートなど、権力を象徴するもの、その源泉となるものが発見されるのだ。

こうしたコアゾーンこそが国家の権力と結束の鍵だった。そしてそれは国家のアキレス腱でもあった。なにかの危機に陥ったときには、このゾーンが最初に、そして最も厳しい圧力を受けるからである。[24] このゾーンは最も手近にあり、最も価値が高く、資源が密にあるというまさにその理由で、いざというときには、どこよりも多くのマンパワーと穀物をもたらしてくれる。わがままな支配者がいて、軍事や記念物建設に野心を抱いたり、侵略や内紛の脅威を感じたりしたら、最も抵抗の少ない方針として、このコアから資源を引き出したくなるだろう。二つの事実から、これは国家が倒れかねない、非常に危険な賭けになる。第一に、農業王国はふだんから降雨や天候の変化、害虫、人や家畜の病気に左右されやすいため、毎年の収穫量は、この最も信頼できる農業環境にあってすら、極端に変動した。通常の環境でも、エリート層がこのゾーンから抽出できる「収穫」は大きく上下していた。もしエリート層が、このゾーンからどうしても安定的に穀物と労働力を手に入れようとすれば——ましてやそれを拡大しようとしたりすれば——コアに暮らす農民は、そうでなくてもやっと生きているだけなのに、収穫変動の矢面に立たされて破滅してしまいかねない。どんな農業経済でもそうだが、階級関係の鍵は、凶作の年の不可避的な衝撃をどの階級が吸収するか、言い換えれば、どの階級がどの階級を犠牲にして経済的安定を確保するか、なのだ。

原始国家の例で思い起こす第二の要因は、国家が地区ごとのコムギとオオムギの実際の作付面積を――つまりは見込める収穫量と実際の収穫量を――ごく大まかにしか把握していなかったことだ。重要なコアゾーンのことは遠隔地域よりよくわかっていただろうが、それでも、凶作の年には作物の徴収が多すぎて、臣民は餓死寸前になっていたと思われる。これは強欲とはまったく別のことで、最初の国家には細部にわたる知識がなかったのだ。もしあれば、臣民の支払い能力に合わせて収奪する量を容易に修正していただろう。わたしの同僚がかつて言ったように、当時の国家は「ど不器用で微調整が効か」なかったのである。[25] またこうした判断ミスの原因には、現場の徴税官の強欲さ（私的着服を意図していた）を監視できないということも含まれていた。

緊急時、税収の最大化は生き残りを左右する問題となる。逃亡や反乱を誘発するリスクがあったとしても、コア地域への圧力はほとんど避けがたい。遠隔地域は現実的な選択肢ではなかった。農業的に限界地域といってよく、収穫量は少ないうえ、変動も大きかった。そこから収奪できる歳入は、輸送コストで少なからず相殺される。また、そうした資源についての知識とそれを収奪するための行政組織は、中心地から離れると急激に縮小した。エリート層が、自分たちに死の危険が迫っていると信じ込んだり、現実離れした野心に捉われたりした場合には、ほとんど良心の呵責を感じることなしに、金の卵を産むニワトリ（穀物コア）を殺しかねない生き残り戦略を採用したことだろう。あとになって「崩壊」として読み取られているものの多くは、このような状況で追い詰められたコアの臣民による抵抗と逃亡がきっかけだったのではないか、とわたしは推測している。

紀元前２０００年代のメソポタミア国家にとっての「崩壊」が実際になにを意味していたかを研究している者も、同じ問題を指摘している。「中央の権威が、社会の一定の要素から得られる歳入の減少に合わせて経費をカットするとは考えにくいから、それ以外の人びとへの税負担が増加する可能性が高い」[26]。アッカド王朝（紀元前２２００年頃）の後半段階の証拠は、王国のコアゾーンが定期的な圧迫を受けていたことを示している。そこが最も実りが多く、最も近い歳入源だったからだ。コアにいる役人は少しでも多くの穀物を植えるよう要求した可能性があるし、実際にしていた。また、目の前の収量を最大化するために休耕期間を縮めたことで、長期的な生産性が犠牲になった。２世紀後、アムル人の侵入でウルが危うくなり、守備側の将軍から穀物を強く求められると、農民は抵抗するか逃亡するかした。こうした文脈でのマンパワー－穀物国家の崩壊を捉えた有名なウルの哀歌がある。「飢えは水のように都市を満たした……王は王宮でただひとり重い息をつき、民は武器を投げ捨てた」[27]

紀元前２０００年代後半のエジプトは、20余りの同位政体が競い合ったメソポタミアよりはるかに大きく強固な王国だったが、やはり穀物と労働力のためにコアゾーンの農業人口を情け容赦なく抑圧する国家だったらしく、人びとの生活水準は低かった[28]。ナイル川沿いの肥沃な地帯が砂漠に挟まれていることから、逃げ出していく空間がある地域よりずっと強い圧力を人びとに加えることができたのである。一部の評論家は、耕作に当たる臣民の「子ども」〔ここでも動物の子どもに使う語が使われている〕が痩せて骨と皮だけだったことや、倹約令によって、人口の90パーセントがある種の服を着ること、高級な商品を所有すること、エリート層の行うある種の儀式を禁じられていたことを強調している[29]。

人口の移動を追跡できるような統計データがないので、残念ながら、穀物と労働力の抽出が強化されたことでコアゾーンからの逃亡者数が増えたかどうかを確かめることはできない。逃亡が可能かつ一般的だったとすれば、圧政を受けた臣民はコアゾーンから徐々に、あるいは急速に逃げ出しただろう。だとすると国家は、捕虜を獲得して強制的にコアに再定住させることで、そうした漏出を埋め合わせることができたのだろうか。

崩壊万歳

崩壊という状況の描き出すものが、複雑で脆弱で、たいていは抑圧的な国家が、小さくて分散的な小片へと拡散していくことであるのなら、なぜ「崩壊」を嘆き悲しむのだろう。[30] 崩壊を嘆く単純な、また必ずしも表面的とは言い切れない理由は、それによって、古代文明の証明を使命としてきた学者や専門家が、必要な原材料を奪われてしまうからだ。考古学者にとっては重要な遺跡が減り、歴史家にとっては記録や文書が少なくなり、博物館にとっては、陳列するべき大小のアクセサリー類が減ってしまう。古代ギリシア、エジプト古王国、紀元前2000年代半ばのウルクについてはすばらしい、有益な資料があるが、そのあとの曖昧な時期――ギリシアの「暗黒時代」、エジプトの「第一中間期」、アッカド帝国下でのウルクの衰亡――の姿は、求めても無駄に終わるだろう。しかしこうした「空白」期は、多くの国家の臣民にとっては束の間の自由と人間福祉の向上を意味していたと、強く主張することができる。

ここでわたしは、ひとつの偏見に異を唱えたい。国家センターという頂点への人口集中を文明の勝利として見る一方で、他方では、小さな政治単位への分散を政治秩序の機能停止や障害だとする、ほとんど検証されることのない偏見に対して、である。わたしたちは崩壊の「標準化」をめざし、これをむしろ定期的で、おそらくは有益でさえある政治秩序改革の始まりとして見るべきだ、とわたしは考えている。中央集権による指令－配給経済が進んでいたウル第三王朝やクレタ文明、中国の秦王朝の場合は問題がさらに複合的で、集権化→分権化→再集合のサイクルが一般的だったように思える。[31]

古代国家の中心地の「崩壊」は、それに伴う多大な死亡者数など、多くの人間悲劇を暗示するが、多くの場合、それは間違いだ。たしかに、侵略や戦争、あるいは伝染病が大量死の原因になることもあるが、それと同じくらいに、ほとんど人命が失われることなく国家センターが放棄されることもあった。そうしたケースは人口の再分配と考えた方がいいし、戦争や伝染病の場合も、残っていれば失われていた命が、都市を放棄して田舎へ逃げだすことで救われたというケースが多い。「崩壊」の魅力の大部分は、エドワード・ギボンの『ローマ帝国衰亡史』から来ている。しかしこの古典的な例でも、人口は失われたのではなく、ゴート族のような非ラテン系民族を吸収するなかで再分配されたのだとする主張もなされている。[32] 広い視野で見れば、ローマ帝国の「衰亡」は、帝国が各地の構成単位を継ぎ合わせる前まで支配的だった「古い地域的パッチワーク」を復活させただけだったのである。[33]

大規模な国家センターが放棄されたり破壊されたりするときに、文化的になにが失われるかは、実証的な問題だ。たしかに労働力は分割されるし、交易の規模や巨大建築物にも影響はあるだろう。他方、もはや中央の奴隷ではなくなった多数の小規模なセンターで文化が以前と同様に生き残り、発展することもあるだろう。文化を国家センターと、あるいは宮廷文化の頂点をその幅広い基盤と、混同してはならない。なによりも、人びとの幸福を宮廷ないし国家センターの力と混同することは、絶対にあってはならない。初期国家の臣民が、税や徴兵や伝染病や抑圧から逃れるために農業からも都市の中心地からも離れていくことは、決して珍しいことではない。ひとつの視点から見れば、これは狩猟採集や遊牧といった原始的な生業形態への退行かもしれない。しかし別の視点からは――わたしはこの方が幅広い見方だと考えているが――これは労働と穀物という税を回避し、伝染病から逃れ、抑圧的な農奴制を、大きな自由と物理的な可動性、そしておそらくは戦闘での死亡と交換したのではないだろうか。そうしたケースでは、国家の放棄は解放として経験されただろう。もちろんこう書いたからといって、国家の外での生活がまた別の種類の捕食や暴力で特徴づけられることは多いし、それを否定するものでは決してない。そうではなく、都市中心部の放棄という事実そのものを野蛮と暴力への下降だと決めつけることはできない、と言いたいのだ。

集合と分散の不規則なサイクルは、国家が最初に登場する前の生業パターンを思い起こさせる。たとえば、ヤンガードリアスの時期には環境が急激に寒冷乾燥化したので、それまで分散していた人びとが温暖、湿潤な低地へ移動し、集まって豊かな食料供給を利用するようになったといわれている。対照的に、紀元前7000年頃（先土器新石器時代A）のメソポタミアでは、収穫の減少とおそらくは病気がきっかけで、人口が全体として拡散していった。降雨のタイミングや量は季節ごとに変動するのだから、農耕民がレパートリーのひとつとして、飢餓が長引いたときには大規模な定住地を離れて状況が改善するまで分散していたということは十分に考えられる。[34] メソポタミアを研究しているある学者は、水陸両生農民という考え方を拡張して、ふつうは不可侵、不浸透とされる農民と遊牧民の境界線を越えてみてはどうかという考えを示している。オーウェン・ラティモアが中国の漢‐モンゴル国境について同様の過激な提案をしているように、アダムズは「遊牧民と定住民とのつながりは両面交通で、個人やグループは、この連続体を往き来しながら環境や社会の圧力に対応していた」と考えている。[35] 多くの者には後退であり文明の異端と思えることも、つぶさに検証してみれば、環境変動に対する堅実な、ずっと前から実践してきた適応にすぎないのかもしれないのだ。

なにか——たとえば旱魃——に対処するためにあれこれの修正方法が考案されれば、それがその時代の定住農耕コミュニティの特徴となっただろう。これは無国家関連振動とでもよんで、国家の作用と区別するのがいいかもしれない。最初期の国家の時代には、中心地の放棄はほぼすべて、国家形成による直接間接の影響だったとわたしは考えている。作物と人と家畜が前例のないほど密集し、国家が都市的な経済活動を促進したことを思えば、それによるさまざまな影響がでてきたはずだ。土壌の疲弊、シルテーション、洪水、塩類化、伝染病、火事、マラリアなど、どれひとつとして、国家以前にここまでの水準で存在したものはなかったし、どれかひとつでも起これば、都市は徐々に、あるいは突然に無人となり、国家は破壊されてしまっただろう。そしてそうした影響は、当たり前のことになっていった。

　最後の、そしておそらくこの本の目的にとって最も重要なものは、直接の政治的原因による国家消滅、すなわち「政治的自殺」だ。穀物や労働力というかたちでの破滅的な課税、内戦や首都内部での後継者争い、都市間戦争、抑圧手段としての肉体的懲罰や恣意的な虐待などは国家作用ともよべるもので、どれもが単独で、あるいは組み合わせることで、国家の崩壊をもたらしかねない。困難な時期に穀物コアから人口が漏出して「一目散に」逃げ出し、放牧に走るという昔からのパターンは、マンパワーに過剰な関心を寄せる国家にあっては、恒常性（ホメオスタシス）の回復装置だったのかもしれない。おそらく、多くの臣民が逃亡しているという情報を得た国家は、積極的な措置を講じて負荷を減らし、漏出を止めようとしただろう。しかし崩壊の頻度から見て、そうしたシグナルは受け取ってもらえなかったか、無視されたと思われる。

　崩壊のエピソードに続く時代は、たいてい「暗黒時代」とよばれるようになる。崩壊の意味に精密かつ批判的な検証の価値があるのと同じように、この「暗黒時代」という語についても問いかけが必要だ――それは誰にとっての、どんな視点からの「暗黒」なのか、と。暗黒時代は、世に語られる王朝全盛期の統合と変わらないくらい、ありふれている。この語はたいていプロパガンダの一形式で、中央集権的な王朝が自らの達成を際立たせるために、それまでの不統一と分散に当てはめたものだ。どう控えめに見ても、ただ国家の中心地で人口が減少し、巨大建築や宮廷記録が存在しなくなったというだけで、その時代を暗黒時代と名づけ、文明の光が消えたのと同じだと理解するだけの正当な理由はないと思われる。たしかに、侵略や伝染病、旱魃、洪水などで数千人が死亡し、生き残った者もちりぢりになった（もしくは奴隷にされた）時期は実際にある。そうしたケースでは、出発点として「暗黒時代」という語も適切に思えてくる。しかしいずれにせよ、その時代の「暗黒度」は実証的に問いかけるものであって、レッテルを貼って当然視するものではない。歴史家や考古学者が暗黒時代に光をあてようとするときに問題となるのは、わたしたちの知識が非常に限られていることだ（だからこそ「暗黒時代」とよばれる）。視界を遮る障害は少なくとも二つある。第一は、自ら語ってくれる（それも誇張して語りがちな）都市型政治構造の頂点が除かれていることだ。なにが起こっているのかを知りたければ、周縁部へ出向いて小さな町や村、遊牧民の野営地を探し回らなければならない。第二に、発見される文字記録や浅浮き彫りは、なくならないまでも数が少ないので、文字どおりの「暗黒」ではないにしても、せいぜい口承文化の世界になってしまい、追跡して時代を特定するのが難しい。自ら書類を残してくれる宮廷センターは、歴史学者や考古学者に便利なワンストップ・ショッピングを提供してくれたのに、取って替わった「暗黒時代」は断片的で、拡散していて、ほとんど文書が残っていない。

紀元前2000年代の終わりにウル第三王朝が「崩壊」したあと、シュメール人の沖積層は「暗黒時代」に入ったというのが、長さについては議論があるものの、コンセンサスになっている。多くの定住コミュニティは放棄された。「定住生活の最後のゆらめきが近づくにつれ、本来ならそのプロセスを記録するはずの各地の年代記や公文書はすべて消えてしまったようだ」[36]。人口減少の規模についてはほとんど疑問がない。「ある推定によれば、レヴァント地方南部の人口は以前の水準の10分の1か20分の1にまで激減してしまった」とブルッドバンクは書いている。「大規模な定住地は大半が無人となり、代わって、小さく短命な場所が散在するようになった[37]」

崩壊の理由としてよく挙げられたのがアムル人による「侵略」で、おそらく旱魃のために、遊牧民が元いた場所から移動してきたのだろう。しかし、大きな流血はなかったようだし――この点はマンパワーの重要性というこの本での理解と符合する――アムル人の覇権は漸進的なプロセスだったらしい。人びとになにが起こったかは謎だ。おそらくは各地に分散したのだろうが、大勢が虐殺されたという証拠はない。ほかに、旱魃か伝染病（またはその両方）によって多くの命が奪われ、生き残った者もちりぢりになったという可能性もある。アムル人の支配はウル第三王朝よりも緩やかだったようだ。税と強制労働は大半が廃止され――おそらくは人口の流出を止めるため――大規模農民、商人、自由な臣民による社会が推奨されたと見られる。いずれにせよ、野蛮人による略奪と殺戮の物語とはほど遠いものだった。

これまで継承されてきたメソポタミアの物語の大半は、たくさんの文書記録が残る300年ほどの「ハイな状態」の時代――アッカド帝国とウル第三王朝、あとはバビロン第一王朝の短期的な覇権〔ハンムラビ王の時代〕――が基になっている。しかし、セス・リチャードソンによれば、この時期の方がむしろ特異なのであって、紀元前2500年から紀元前1600年にかけての900年のうち、700年は分裂と分散の時代だった[38]。この時代は、自らの年代記を作成するような輝ける国家がないという意味では「暗黒」だったが、飢餓や暴力という点では、いかなる意味においても暗黒だったことを示すものはない。

エジプトの最初の「暗黒時代」は古王国と中王国のあいだの第一中間期とよばれる時期で、1世紀よりもわずかに長いくらいだ（紀元前2160―2030年）。この時期には、人口の激減も定住パターンの過激な分散もなかったようで、むしろ、中央支配の連続性に空白があっただけらしい。その明らかな結果として、州ごとに「州侯」とよばれる支配者が生まれ、中央宮廷には名目上の忠誠を示すだけになった。税が軽減される一方で、州のエリート層は、それまで中央のエリートにしか許されなかった祭祀を真似る権利を行使するようになった。これは文化面での小さな民主化を意味している。要するに、第一中間期はそれほど暗い時代だったわけではなく、むしろ分散化の短期的なエピソードだということだ。それを誘発したのはナイル川の水位低下だったと考えてほぼ間違いない。凶作のために、中央国家による臣民の掌握が緩んだのだ。この時代の碑文は、貧困一般についてと同じくらい、社会関係の逆転——略奪、穀物貯蔵庫の襲撃、貧者の優位と富者の困窮——について詳しく語っている[39]。

ギリシアの暗黒時代は紀元前1100年頃から紀元前700年頃まで続いた。宮殿のある中心地は多くが放棄され、たいていは物理的に破壊されて燃やされた。交易は大幅に減少し、線文字Bの文書も消え去った。考えられる理由はいくつもあって、まだ確認はされていない。ドーリア人の侵略かもしれないし、地中海の謎の「海の民」の侵略、旱魃、そしておそらく病気もあっただろう。文化の面では、その後のギリシア古典時代の栄光に先立つ暗黒時代と見られている。しかしすでに述べたように、口承の叙事詩『オデュッセイア』『イーリアス』はまさにこのギリシア暗黒時代のもので、あとになって、現在知られているかたちで文字に起こされたにすぎない。実際に、こうした朗誦と記憶を繰り返すことで生き延びていく口承叙事詩は、少数の識字エリート層に依存した文字テクストよりも、はるかに民主的な形態の文化を構成していると主張していいのかもしれない。ギリシアの暗黒時代、それまでのような都市国家は長期にわたって徹底的に姿を消してしまった。その一方で、小規模で断片的な、しかし自立したセンターは生き残ったはずなのだが、そこでの生活や、そうしたセンターがその後に花開く古典ギリシアの基盤を作るうえで果たした役割については、ほとんどなにもわかっていない。

というわけで、古典的な暗黒時代のためには、人間の幸福という視点から語るべきことが山ほどありそうだ。その特徴である分散は、大半が戦争、課税、伝染病、凶作、徴兵からの逃避だった可能性が高い。だとすれば、これは、国家支配の下での集中定住から生じる最悪の損失をくい止めるものだったのかもしれない。そうして生じた分散化は、国家が課してくる負担を軽減するだけでなく、ある程度の平等主義の先駆けとなる可能性すらあるのではないだろうか。最後に、文化の創造を、頂点である国家センターとだけイコールで結ぶ必然性はない。だとすれば、脱中央集権と分散をきっかけに、文化的創造の再定式化と多様性の両方が進むこともあるのではないだろうか。

わたしは、国家の中心地から遠く離れた、まだ認識も証明もされていない、真の暗黒時代について、もうひとつの方向をジェスチャーで示すくらいはしたいと願っている。初期国家の時代の世界人口の大半は、国家をもたない狩猟民、採集民で構成されていた。そうした人びとが、穀物コアでの密集状態から生まれた新しい病気と接触したら――たとえそれが都市の人びとにとってはもはやただの流行病で、それほど致死的ではなくなっていたとしても――人口統計的に見て壊滅的な打撃を受けただろう、とウィリアム・マクニールは推測している。(40) もしそうだとしたら、こうした無国家人口は、記録も通知もないままに滅びていったはずだ(だからこそ、記録された歴史の範囲外となっている)。新世界の人びとが疫学的に破滅したのがまさにこのケースで、病気の多くはヨーロッパ人の目にもとまらぬ速さで内陸へと広がり、人びとは次々と斃れていった。こうした病気に加えて、無国家民を奴隷としてかき集めるという、19世紀まで続いた習慣を考えるなら、それこそが、歴史そのものに気づかれずに歩んだ「歴史なき」人びとにとっての、壮大な「暗黒時代」だったといえるだろう。

7　野蛮人の黄金時代

小農の歴史は町の人間が書く
遊牧民の歴史は定住民が書く
狩猟採集民の歴史は農民が書く
国家をもたない人びとの歴史は宮廷書記官が書く
資料室での分類はどれも「野蛮人の歴史」になる。

紀元前2500年の地球を宇宙から見たとしたら、メソポタミアやエジプト、インダス川流域（ハラッパなど）のごく最初期の国家は、ほとんど視界にも入らないだろう。紀元前1500年くらいになれば、マヤや黄河など、あといくつかのセンターが見えてくるだろうが、地理的な存在としては、実際には全体として縮小しているかもしれない。ローマや前漢のような「スーパーステイト」の全盛期でも、実効支配していた地域は驚くほどわずかだったはずだ。人口で見れば、この時期を通じて（たぶん少なくとも紀元1600年までは）大多数の人びとはまだ無国家民で、狩猟民、採集民、海洋採集民、園耕農民、焼畑農民、遊牧民のほか、相当数の農民も事実上、国家による支配や課税を受けていなかった。[1] 旧世界でさえ、辺境地帯にはまだまだ余裕があって、国家と距離を置いておきたい人びとを受け入れることができていた。[2]

国家はほとんどが農業現象なので、いくつかの山間渓谷を除けば、どれも沖積層に浮かぶ島々のようなもので、一握りの大河が作る氾濫原に位置していた。強力にはなったかもしれないが、その支配が及ぶ範囲は生態学的に限られていて、権力基盤である労働力と穀物の密集を支えるだけの水がある、豊かな土壌だけだった。この生態学的な「スイートスポット」の外では、荒れ地も沼地も、沼沢地も山地も、支配することはできなかった。懲罰的な遠征を行うことはあったし、交戦して勝利することも一度や二度はあっただろうが、支配するとなれば話は別だった。ある程度続いた初期国家の大半は、直接支配するコア地域、周辺の曖昧な地域（ここの人びとをどこまで取り込めるかは国家の勢力と富の大小によって変動した）、そしてまったく手の届かないゾーンから構成されていたのだろう。ほとんどの場合、国家はコアより先の、財政的な不毛な地域を支配しようとはしなかった。そんなところはふつう、統治してもコストに見合わない。そこで国家は、後背地に軍事上の同盟者や代理を求め、自分たちに必要な希少な原材料を手に入れようとした。

後背地は、単に統治されていない——あるいはまだ統治されていない——ゾーンではなく、国家の中心地から見た「野蛮人」や「未開人」が治めるゾーンだった。正確なリンネ式の階層分類とはかなり違うが、あえて言えば、「野蛮人」は敵対的な遊牧民で、国家に軍事的脅威をもたらすが一定の条件下では取り込むこともできる存在、一方の「未開人」は採集と狩猟で暮らしているバンドで、文明の原材料には適さず、無視したり殺したり、奴隷にしてもいい存在と見られていた。だから、奴隷は道具だと書いたときにアリストテレスが念頭に置いていたのは「未開人」であって、決して野蛮人（たとえばペルシャ人）ではなかったと思われる。

広い意味での「飼い馴らし」というレンズを使うと、国家の中心地から見た「野蛮人」の意味がよくわかる。国家のコア地域にいて穀物を育てた奴隷は飼い馴らされた臣民だが、採集民や狩猟民、遊牧民は野生で、未開で、飼い馴らされていない人びと、つまり野蛮人だ。飼い馴らされた臣民にとっての野蛮人は、飼い馴らされた家畜にとっての野獣、害虫、害獣に相当する。少なくとも野放しだし、最悪の場合は厄介者で、絶滅させなければならない脅威にもなる。逆に、耕作した畑に生える雑草は、飼い馴らされた作物からすれば、文明的な生活にとっての野蛮人に等しい厄介者だ。雑草は、招かれもしないのに畑の収穫という食卓に現れる鳥やネズミとともに、国家と文明にとっての危険でもある。雑草、害獣、害虫、そして野蛮人という「飼い馴らされない」存在は、穀物国家の文明を脅かす。手なずけるか飼い馴らすか、それができないなら絶滅させるか、徹底的にドムスから排除するかだ。

ここでもう一度はっきりさせておくが、わたしは「野蛮人」という語を皮肉、嫌みの意味で使っている。「野蛮人」というのは――そして「未開人」「野生」「生」「森の民」「山地民」などの多くの同類語は――まだ国家の臣民にならない人びとのことを記述するとともに、非難の烙印を押すために、国家の中心地で発明されたものだ。中国の明朝には「熟」という語があって、同化した野蛮人をさしたが、これは実際には、定住して徴税簿に登録され、原則として漢人の執政官によって統治される人びと――要するに「版図に入った」と言われる人びと――を意味していた。言語も文化も同一の集団が、国家行政の外にいるか内にいるかのみを規準に「生」と「熟」に区分されることも多かった。ローマ人と同様に、中国人にとっての野蛮人や部族も、徴税と主権が終わるところから始まっていたのだ。というわけで、これ以後わたしが「野蛮人」というときには、単に国家をもたない人びと＝「無国家民」の皮肉を込めた縮約形だと理解してほしい。

文明とその野蛮な周辺部

ここまで、初期の国家が内部の構造的、疫学的、政治的な理由からきわめて不安定だったことを詳しく見てきた。ほかの国家からの捕食にも脆かった。しかしここでは、野蛮人による脅威こそが、国家の成長を制限する単一要因として、最も重要なものだったと主張したい。その期間は数百年どころか数千年に及ぶ。メソポタミアへのアムル人の侵入からギリシアの「暗黒時代」、ローマ帝国の分裂、中国の元朝（モンゴル）まで――おそらくまだまだあるだろう――野蛮人の存在は国家の存在に対する最大の危険であり、どう控えめに見ても、国家の成長に対する重要な制約だった。[3] しかしここでは、モンゴル、満州、フン、ムガール、オスマンなどの「スター」よりも、むしろそれ以外の無国家民――定住した穀物農業コミュニティを非情な襲撃で苦しめた無国家民の無数のバンド――について語ろうと思う。国家をもたない略奪民の多くは、パサン人、クルド人、ベルベル人のように、自らが、少なくとも準定住民でもあった。

こうした活動を概念化するとすれば、進化して儲けが大きくなった狩猟採集の一形態、と見るのが最善だろうと思う。定住コミュニティは、移動性の狩猟採集民にとっては、集中的な採集ができる最高に魅力的な場所だった。それで得られる採集物がどれほどのものだったかは、次の略奪品リストを見ればおおよそ想像できるだろう。後期植民地時代のインド西部で山地民が低地の定住民に大規模な略奪を仕掛けたときのもので、去勢ウシ76頭、牝ウシ１０６頭、子ウシ55頭、牝のスイギュウ11頭、真鍮製・銅製の壺54個、布地50枚、毛布9枚、鉄製の鍬19本、斧65本、そのほかに装飾品や穀物があった。[4] しかも、これでも最終的には失敗だったのである！

最初の国家群が登場してから無国家民に対する覇権を確立するまでの期間を、わたしは「野蛮人の黄金期」だと考えている。これは国家があるからこそ、そして国家が強くなりすぎないかぎりは、野蛮人でいる方が多くの面で「いい」という意味だ。国家は、略奪と貢納という面でおいしい場所だった。捕食者としての国家が定住して穀物栽培する人びとを必要としたのとまったく同じように、定住人口が集中し、穀物、家畜、マンパワー、商品がそろっているところは、国家以上に可動性の高い捕食者である野蛮人にとって格好の抽出の場となったのだ。ラクダ、ウマ、鐙（あぶみ）、喫水が浅くて機敏に動けるボートなどが登場して捕食者の可動性が高まると、略奪の範囲と有効性は大きく拡大、増大した。集中的に採集が行えるこうした場所がなかったら、野蛮人の生活に戻ることの魅力は大きく減じただろう。野蛮人の生態系の環境収容力を考えるなら、わたしの主張はこうなる——都合のよい野生の穀物株が見つかったり獲物が渡ってきたりするのと同じで、ちっぽけな国家が存在することで、野蛮人の生態系は環境収容力が高まったのである、と。ただし、定住コミュニティにいるミクロサイズの寄生虫と外からやって来るマクロサイズの略奪者と、どちらが国家とその人口の成長を制限するうえで寄与度が大きかったのかということになると、これはわからない。

「野蛮人の黄金期」の正確な年代を設定しようとしても、もちろん無駄骨に終わる。具体的にどの地域を取り上げても、歴史や地理ごとに環境設定がまったく違うし、そうして得られた国家－野蛮人関係にしても、時とともに移り変わっていく。紀元前２１００年頃のアムル人によるメソポタミアへの「侵入」は野蛮人「問題」のピークとして顕著な例かもしれないが、当然のことながら、メソポタミアの都市国家が後背地からのトラブルに直面したのはこのときだけではない。しかもここで思い起こすべきは、わたしたちは野蛮人の「脅威」についての知識を、ほぼすべて国家側のソースから得ているということだ。そうしたソースは利己的な理由から、脅威をわざと軽視することもあるだろうし、逆に過剰にドラマ化することもあるだろう。「野蛮人」という語の定義も狭くなったり広くなったりしているはずだ。

こうした複雑さを意識してバリー・カンリフは、少なくとも地中海地方では、古代国家世界が野蛮人によって崩壊させられるケースは1000年以上、紀元前200年まで続いたと、勇気ある考えを提出している。そのうえで、この時期とくに紀元前1250年から紀元前1150年の100年間は「中央集権化された、官僚機構による、王宮を基盤とする交換体系は完全に破綻していた」とする。[5] この時期に国家センターの多くがほぼ放棄されたのは、いわゆる海の民——おそらくミュケナイ人やペリシテ人が源流だと思われるが、ほとんどなにもわかっていない[6]——の侵略が原因とされることが多い。彼らは紀元前1224年にエジプトを襲い、紀元前1186年にもう一度、こんどはナイル川の西に広がる砂漠の遊牧民を伴ってやってきた。これとほぼ同時期に、地中海北岸地域で要塞や塔の建設が広がるが、おそらくは陸と海を移動してくる侵略者に対する防御だったのだろう。この1000年の長いあいだに、地中海人口のかなりな割合が、一度ならず住む土地を失っている。カンリフは、紀元前2世紀までには「全域を覆った略奪の雰囲気はほぼ収まった」と判断しているが、それまでにはケルト人がデルフォイまでも略奪していた。[7]

この時期の終わり頃、ユーラシア大陸の反対側では秦王朝、漢王朝が、黄河が大きく湾曲した「オルドス・ループ」内の土地の支配をめぐって匈奴の部族連合と問題を抱えていた。一方、インド亜大陸には強力な国家はなかったが、ベネット・ブロンソンによれば、これは強力な遊牧民の略奪集団が数多くあったために、国家の強化確立が妨げられたことが大きな理由だった。紀元前4世紀から紀元1600年までの「亜大陸では、北3分の2を全部合わせても、まずまず存続して地域を広げた国家は二つしか出ていない。それは「チャンドラ」グプタとムガールだ」とブロンソンはいう。「そしてこのどちらも、またそれより小規模な北部国家のどれも2世紀以上は続かず、無政府状態のまま、長くて深刻な空白期間が至るところで続いた」[8]

強力な軍事力を有する北方遊牧民の一派と中国との関係という文脈で見た国境研究のパイオニア、オーウェン・ラティモアは、さらに一般的、大陸的なパターンを見いだしている。その指摘は、無国家民に対する防御として国家が城壁や要塞を築くのは西ヨーロッパが起源で、それが中央アジアから中国へ伝わり、13世紀にモンゴルがヨーロッパを侵略するまで続いたというものだ。いささか誇張した主張にも思えるが、ラティモアから出たものならば、熟考してみる価値はある。「太平洋から大西洋まで、古代の文明世界には要塞化した北のフロンティアという鎖がつながっている。要塞化したフロンティアが最初に登場したのはイランの辺りだったようだ。西でローマ帝国がブリテン島やライン川、ドナウ川のフロンティアに築いた城壁は、かつては森や高地や牧草地の部族に、そしてこんどは遊牧民に対するものとなった(9)」

しかし、国家の登場が野蛮人にもたらした最大の恩恵は、捕食の場としてよりも交易拠点としてだった。国家の農業生態系は非常に幅が狭かったので、生き残るためには、沖積層外部からの多くの製品に依存しなければならなかった。国家と無国家民は自然な交易パートナーとなった。国家の人口と富が増えるにつれて、近隣の野蛮人との商品交換も増えていった。紀元前1000年以後には、地中海地方の海上通商が文字どおり爆発的に増加したことで、交易の量と価値が飛躍的に増大した。こうした文脈での「野蛮人経済」は、大部分が低地市場に必要な原材料と商品を提供することに充てられていて、そのうちの多くは、ほかの港への再輸出があらかじめ決まっていた。野蛮人が供給するものの大部分は、最も高価な部類の家畜——ウシ、ヒツジ、そしてなにより奴隷——だった。見返りとして野蛮人が受け取ったのは、織物、穀物、鉄器・銅器、土器・陶器、職人が作る贅沢品などで、こちらも「国際」交易から得られたものが多かった。野蛮人の集団は、低地の主要センターへ至る主要な交易ルート（通常は航行可能な河川）をひとつ以上支配すれば大きな利益を得られたし、こんどはその交易センターが、明らかな贅沢と才能と、そういってよければ「文明」の場になっていった。

国家相手の略奪と交易によって、国家の周辺での経済生活は、国家がない場合よりずっと発展性のある、儲けの多いものとなった。しかし略奪と交易は、単なる収奪の代替モードではなかった。あとで見るように、この二つは非常に効果的に組み合わさって、国政術の一定の形態を模倣することになっていくのである。

野蛮人の地理、野蛮人の生態系

もちろん「野蛮人」は文化でもなければその欠如でもない。歴史的あるいは進化論的な発達の「段階」でもない。そうした考えでの最高段階は国家で納税者として暮らすことであり、ローマ人や中国人が共有する歴史的な組み込みの言説と一致する。カエサルにとっての組み込みとは（友好的なものも敵対的なものも含めた）部族から「属州人」へ、そしておそらく最終的にはローマ人へ移行することだった。漢人にとっては敵対的な「生」から友好的な「熟」へ、そしておそらく最終的には漢人へと進むことを意味していた。中間のステップである「属州人」や「熟」は行政上、政治上の組み込みの特定のカテゴリーで、そのあとは（理想的な環境ならば）文化的同化へと続く。臨床的かつ構造的に考えれば、いわゆる「野蛮人」は国家ないし帝国と対峙する立場だと理解するのが最もよい。野蛮人とは、国家の近くにいるが属していない人びとのことだ。ブロンソンが言っているように、彼らはただ「外にいて中を見ている」(10)。野蛮人は税を支払わない。国家との財政的な関係があるとすれば、集団としての貢納品が期待されるくらいだった。

古代世界の国家の地理や生態系は、国家を作るうえでの農業的、人口統計学的な要件を計算に入れれば、比較的容易に記述できる。国家は、十分に水のある沖積層低地の豊かな土壌でしかほぼ発生しない。紀元前500年頃以後になって、大型帆船で大きな荷物を遠くまで運べるようになるまでは、国家は穀物コアにしっかりとしがみついていなければならなかった。他方、野蛮人の地理と生態系を記述するのは各段に難しい。理由は、簡単にいえば、これが巨大な「その他」のカテゴリーで構成されているからだ。基本的に、これには国家を作るのに適さない地理のすべてが含まれる。野蛮人のゾーンとして最もよく言及されるのは山岳地帯と大草原地帯(ステップ)だ。実際、アクセスと判読が難しくて痕跡が残らない地域、集中的な農業に適さない地域は、ほぼすべて野蛮人のゾーンとして認定されただろう。したがって、未開墾の密林、林のある沼地(スウォンプ)、草だけが茂る沼沢地(マーシュ)、河川デルタ、各種の草が生える泥炭湿地(フェン)、背の低い草木のみが広がる湿原(ムーア)、砂漠、薄い表土と砂でできた荒地(ヒース)、不毛の荒野、さらには海そのものも、国家の言説ではこのカテゴリーに入れられてきた。一見すると民族名に思えるものも、ことばどおりに訳してみると、その人びとの暮らしている地理を表したものが実に多く、国家の言説によって「山の民」「沼地の住人」「森の民」「草原の民」などの名称があてがわれている。野蛮人をめぐる国家の言説のなかでステップの遊牧民や山地人、海の民がこれほど突出して多い理由はひとつしかない。それは、こうした人びとに国家の手が届かなかったというだけでなく、彼らが国家自身にとって軍事的脅威だったからだと考えてまず間違いない。

　比喩的な、そして往々にして文字どおりの意味での国家領域の限界は、国家が「文明人」ゾーンと「野蛮人」ゾーンとの間に作った物理的な境界線だった。この種の巨大城壁の最初のものは、紀元前2000年頃にシュメールの王シュルギの命令でティグリス川とユーフラテス川の間に築かれた「国の壁」で、長さは250キロメートルに及んだ。この壁は、ふつうは野蛮人のアムル人を入れないためのものだと言われているが(この任務は失敗に終わる)、アン・ポーターらは、これにはもうひとつ、メソポタミア南部の納税耕作民を閉じこめておくという目的があったと考えている。[11] 初期のローマ帝国では、野蛮人の領域はライン川東岸から「始まった」。トイトブルク森の戦い(紀元9年)で壊滅的な敗北を喫して以後、ローマ軍はあえてそこから先へ踏み込もうとはしなかった。またバルカン半島は「数え切れないほどの細い川が山と谷を切り裂く土地で、大きな平地はほとんどなく」、こちらも要塞化した国境（リーメス）で区切られていた[12]。

野蛮人の地理は、野蛮人の生態系と人口統計の特徴に対応している。そこでは残余のカテゴリーとして、国家の穀物コアとは違ったさまざまな様式の生業と定住が記述される。シュメールの神話では、遊牧民であるマルトゥとの結婚を拒んで叱責された女神アドゥガルキドゥグがこう答えている。「あの人は山に暮らし……争いも多く……服従することを知らず、火を通さないものを食べ、住む家もなく、死んでも埋葬もされません」。ドムスを基盤に穀物を生産する国家臣民の暮らしの鏡像として、これほどみごとなものは想像できない[13]。周王朝の儀式記録である『礼記』は、肉（生ないし焼いたもの）を食べる野蛮人部族と「穀物食」の文明人とを対比している。ローマ人は、自分たちの穀物食とガリア人の肉、乳製品の食餌を引き比べて、文明人である自分たちの地位を示す重要なしるしとしていた。野蛮人は分散していて移動性が高く、小規模な定住地に暮らしていた。耕作農民、遊牧民、漁労民、狩猟採集民、採食者、あるいは小規模な収集－交易民に姿を変えることもあった。なにかの穀物を植えて食べることもあったかもしれないが、国家の臣民のように穀物を主食にすることはなかっただろう。彼らはその移動性、多様な暮らし、分散性のゆえに、収奪と国家建設の原材料として不適であり、まさにそうした理由によって、野蛮人とよばれたのだ。こうした区別には程度の違いが認められ、それがこんどは――国家にとっては――文明に向かう候補として妥当な野蛮人とその範囲外の野蛮人との境界線となった。ローマ人から見れば、土地を開き、なんらかの穀物を育て、交易のための町（オッピドゥム）を築くケルト人は「ハイエンド」の野蛮人だったが、明確な中心を持たずに移動していく狩猟民のバンドは救いがたい存在だった。野蛮人の社会にも、オッピドゥムのケルトのようにそれなりの階層性はあるのだが、一般に彼らのヒエラルキは相続資産に基づくものではなく、ふつうは農業王国にみられるものよりフラットだった。

地理の気まぐれによって、中央の穀物コア領域が丘や沼地などで寸断されることも多く、その場合には、まだ「取り込まれていない」野蛮人の地域が国家の中核にいくつも含まれてしまう。国家が近隣の耕作好適地域をつないでいくプロセスでは、扱いにくいゾーンを迂回したり飛び越したりすることも多い。たとえば中国人は、そうした隔離地域にいる「内夷」と国家のフロンティアにいる「外夷」を区別していた。初期国家の文明物語は、一部の原始的な人びとが、幸運からか賢さによってかはわからないが、とにかく動植物を家畜化・作物化し、定住コミュニティを作り、やがて町や国家を作るに至ったことを（直接は述べないまでも）示唆している。原始的な状態を捨て、国家と文明へと向かったということだ。野蛮人とは、この説明にしたがえば、こうした移行をしなかった人びと、その外側にとどまった人びとということになる。この大きな分岐があって以後に二つの世界ができた。一方は定住と町と国家からなる文明世界、他方は移動性で分散性の狩猟民、採集民、遊牧民からなる原始世界だ。二つの世界を隔てる膜には浸透性があるが、一方通行だった。原始的な人びとが文明世界に入ることはできた――結局はそれが大きな物語だ――だが「文明人」が原始状態に逆戻りするなどまったく考えられないことだった。

今はこの見方が、歴史的な証拠に基づいて、根本的に間違っていることがわかっている。誤解には少なくとも三つの理由がある。第一にこの見方は、人が数千年にわたって定住的な生業様式と非定住的な生業様式を往き来してきたこと、両者の中間にもさまざまな組み合わせの多くの選択肢があったことを無視している。固定した場所での定住と鍬を使っての農業は、国家を作るためには必須だが、そうしたものは暮らしていくための数多い選択肢の一部にすぎず、状況の変化に合わせて採用したり放棄したりするものなのだ。第二に、国家を樹立して拡大していくという行為は、それ自体が典型的な強制退去の行為だった。それまでそこにいた人びとは、一部は吸収されたかもしれないが、それ以外のおそらく大多数は、範囲外へ移動させられたはずだ。国家に隣接する野蛮人人口の多くは、事実上、国家作りのプロセスそのものから逃れた難民だったと考えられる。第三に、国家が創られてからも、すでに見たように、たいていは国家に入るのと同じくらい、逃げ出す理由も多かった。仮に、標準的な物語が提示するように、提供される機会と安全に引き寄せられて人が国家に集まったとしても、それは死亡率の高さと国家圏からの逃走によって簡単に相殺されてしまうから、奴隷狩り、捕虜獲得戦争、そして強制的な再定住は、初期国家のマンパワーへのニーズにとって不可欠だったと思われる。

この本でのキーポイントは、国家というものは、いったん確立されてからは、臣民を取り込むだけでなく、吐き出していたという点にある。逃亡の原因は途方もなく多様だ。伝染病、凶作、洪水、土壌の塩類化、課税、戦争、徴兵など、すべてが着実な漏出の理由になるし、ときには大量脱出のきっかけにもなる。逃走して近隣国家へ向かう者もいただろうが、多くは（とくに捕虜と奴隷は）辺境へと逃れて別の生業形態を営んだだろう。彼らは事実上、意図して野蛮人になったのだ。こうして長いあいだには、無国家民のうち、頑なにドムスを拒絶した「純粋な原始人」の割合は減り、かつての国家の臣民から（たいていはやむをえない状況から）選択して国家と距離を置くようになった者の割合がどんどん増えていった。こうしたプロセスは多くの人類学者が詳しく述べていて（最も有名な人物はピエール・クラストルだろう）「第二の原始主義」とよばれている。(14) 国家が長く存続すればするほど、辺境へと吐き出される難民も多くなる。そうした人たちが長いあいだに蓄積していくと、避難場所は「破片地帯」となる。その言語と文化の複雑さは、その場所が、長期にわたって脈打つようにやってきた多様な難民であふれていることを反映している。

この第二の原始主義――「人民のなかへ」ならぬ「野蛮人のなかへ」――のプロセスは、標準的な文明のどんな物語が許すよりも一般的なことだった。このプロセスがとりわけ顕著になるのは、戦争、伝染病、環境劣化などで国家が機能停止したり、空白期が生じたりしたときだ。こうした状況では、それは残念な後退や不足として見られるどころか、安全、栄養、社会秩序の大幅な改善として経験されたことだろう。野蛮人になることは、多くの場合は運命を好転させるための措置だったのだ。

クリストファー・ベックウィズは遊牧民について次のように指摘している。すなわち遊牧民は、

大きな農耕国家の住人よりも食べ物もよく、生活も楽で、長命であった。東部草原の諸王国へは中国から逃れた人びとが常に流れ込み、遊牧の生活スタイルの優位性をほめることをためらわなかった。同様に、多くのギリシア人やローマ人がフンなどの中央ユーラシア諸民族に加わって、故郷よりもよい生活をし、よい待遇を受けていた。[15]

こうした自発的な遊牧民化は、珍しいことでも孤立した例でもなかった。先にもふれたようにオーウェン・ラティモアは、モンゴルと接する中国のフロンティアについてこのうえなく説得力のある主張をしていて、万里の長城の目的は野蛮人の侵入を防ぐのと同じくらい、中国国内の納税者を外へ出さないことにあった、それにもかかわらず、納税者である多くの漢人耕作民が――とりわけ政治的、経済的混乱期には――国家空間から「身を遠ざけ」「容易に野蛮人の支配に加わった」と述べている。[16] フロンティア一般の研究者としてラティモアは、同じパターンを指摘した西ローマ帝国末期の学者を引用し、こう述べている。「非情な税の取り立てと金持ちの法律違反を前にした無力さから、ローマ市民はアッティラのフン族の保護を求めるようになった[17]」。「言い換えれば」「野蛮人の法と秩序の方が文明の法と秩序より優れていた時期があったと

いうことである[18]」

野蛮人のなかへというこの習慣は、文明の「なぜなぜ」物語と真っ向から対立する。そして、まさにそのことが理由で、この物語は宮廷の年代記や公式の歴史には見つからない。これは、最も深い意味で体制破壊的なのだ。紀元6世紀のゴート族の魅力は、少なくともそれ以前のフン族の魅力に優るとも劣らなかった。東ゴート族の王トーティラ（在位５４１―５５２年）は奴隷やコロヌス〔ローマ帝政末期の小作人。古代の奴隷と中世の農奴の中間的形態〕をゴート族の軍隊に受け入れたばかりか、自由と土地所有を約束することで、元老院にいる主人たちに背かせた。「その際、彼は、そうするなかで、ローマの下級階層が3世紀から望んできたことを許し、その口実を与えた。それは、経済的状況に対する絶望から「ゴート人になること」であった[19]」

だとすれば、野蛮人の大多数は、遅れたり取り残されたりした原始人ではなく、むしろ国家が誘発する貧困、課税、束縛、戦争を逃れて周縁地へ逃げてきた政治難民、経済難民だったことになる。国家が時とともに自己増殖し、成長するにつれて、自分の足で意見表明する者の数はどんどん増えていった。広大なフロンティアへの脱出は、19世紀から20世紀の初めに貧しいヨーロッパ人が新世界へ移民していったのにも似て、反乱より危険の少ない救済の道を提供してくれた[20]。ベックウィズ、ラティモアらが、野蛮人の支配する辺境での暮らしをロマン化することなしに明確にしているように、国家空間を離れて周縁へ向かうことは、外部の闇に身を任せるというより、むしろ（解放とはいわないまでも）状況を緩和する行為として経験された。国家が弱体化し、脅威にさらされれば、コアでは損失を補うために圧力を厳しくしようとする誘惑が生まれる。するとこんどは、それが理由でさらに逃亡が増えるという悪循環の危険が生じてくる。この種のシナリオは、紀元前１１００年頃にクレタやミュケナイの中央集権的宮廷国家が崩壊した一因だったようだ。「収穫を増やせという官僚からの圧力の下で小農が絶望し、身を守るために逃げ出したせいで、王宮の支配する領土には人がいなくなった」とカンリフは述べている。そして「まさに考古学の証拠が示唆するように、崩壊はすぐにやってきた」のである。(21)

ここで、不可欠な要素であるマンパワーを簡単にふり返ってみよう。初期国家は成功を収め、穀物栽培に当たる人びとを生産性の高い土壌にまとめて詰め込んだ収奪ゾーンを作り上げるまでになった。その人口をそのまま維持すること、それができないなら損失分を補塡することが国政術の鍵だった。閉じ込めは役に立っただろう。「人口、勢力、そして富を中央ユーラシアに持っていかれるのを防ぐ唯一の方法は、長城を造り、国境の町での交易を制限し、必要な限り頻繁に草原の民を攻撃して彼らを粉砕するか遠ざけておくことであった」(22)

部族とは、まずもって国家による行政上のフィクションだ。部族は国家の終わるところから始まる。「部族」の反意語は「小農」で、これはつまり国家の臣民をいう。部族であるとは取りも直さず国家との関係であることを、ローマのある慣習がみごとに捉えている。ローマ人は、反乱を起こして分離独立した属州の人びとを記述する際には、かつての部族名を用いたのだ。国家や帝国の脅威となり、それによって歴史書に登場するようになった野蛮人には、アムル、スキュタイ、匈奴、モンゴル、アレマン、フン、ゴート、ジュンガルなど、はっきりした名称があって、集団としてのまとまりや文化的なアイデンティティがあったような印象を受けるが、これは現実と大きく食い違うのがふつうだ。こうした集団はどれも、まったく異なる人びとの緩やかな同盟であって、軍事的な目的で短期的に集まったものを、脅かされた側の国家が「〇〇人」として特徴づけたものだ。とりわけ遊牧民には驚くほど柔軟な親族構造があって、そのときどきの状況——利用可能な牧草地、家畜の数、軍事任務を含めた手近な仕事の有無など——に合わせて集団のメンバーを受け入れたり放出したりする。国家と同じで、たいていマンパワーには飢えていたから、難民や捕虜は容易にリネージ〔血統〕の親族構造に組み込まれていった。

ローマ帝国や唐王朝にとって、部族は地域的な行政単位であって、指定された人びとの特徴とはほとんど無関係だった。いわゆる部族名の実に多くは単なる地名で、特定の谷やある範囲の山地、川の流域、森林などを表していた（なかには指定される集団の特徴をさすような語もあって、たとえばローマ人が集団をよんだ「キンブリ」は「追いはぎ」「盗賊」という意味だった）。ローマ人にしても中国人にしても、その目的は単に指導者ないし首長を見つけて、あるいはそれができない場合にはこちらから指名して、自分の民の品行に責任をもたせることだった。「夷をもって夷を制す」という中国の土司制度の下では、部族の首長が任命され、称号と特権を与えられて、漢人の役人に「自らの民」について義務を負った。当然のことながら、時が経つうちに、こうした行政上のフィクションはそれ自体で自治的存在になっていく。いちどできてしまえば、フィクションは宮廷、貢納、土着の下級役人、土地記録、公共事業などによって制度化し、国家との接触を含めて、土着民の生活のそうした部分を構築するようになっていく。初めは行政上の布告によって手品のように作られた「○○人」が、そうしたフィクションを意識的な、挑戦的ですらあるアイデンティティとして採用するようになることもあっただろう。先に述べたカエサルの進化論的な枠組みでは、部族は国家へと進歩した。現時点でわかっていることを踏まえれば、こう述べた方が正確だろう――国家は部族に先立つ、現実には、部族の大部分は国家が支配の道具として発明したのだ、と。

略奪

沖積層の向こうの民による襲撃があったのち、ウルの富裕な住人が嘆きのことばを綴っている。

高地からやってきた男がわたしの物を高地へ持って行ってしまった。……沼地がわたしの物を呑み込んでしまった。……銀を知らない男どもがその手をわたしの銀で満たした。宝石を知らない男どもがその首にわたしの宝石を巻き付けた。[23]

穀物と人口と家畜が1カ所に集中していることは、国家にとって権力の源であると同時に、潜在的には、移動性の略奪民に対する致命的な脆弱性の源でもあった。[24] たしかに、国家が周縁と比べて豊かでないことも多かったが、決定的な違いは、国家の――というよりどの定住コミュニティでも――富はすべて狭い空間に都合よく積み上げられていたのに対して、周縁部の富は広い範囲に分散していたことだ。移動性の略奪民には、とくに馬に乗っていた場合には、軍事的な主導権があった。自分たちの選んだ時期、選んだ場所に、十分な人数でやってきて、定住コミュニティの最も弱い部分に殺到したり、交易に向かう隊商を捕らえたりした。人数が多ければ、要塞化したコミュニティを奪うこともできた。その優位は電光石火の襲撃にあった。要塞化した都市を包囲するなどまずないことで、長く留まっていれば、それだけ国家も動員をかけて対抗してくるから、戦術上の優位が無効になってしまう。前近代の――おそらく大砲の時代までの――条件下では、一般に移動性の高い遊牧民の軍の方が、貴族と小農からなる国家の軍よりも優秀だった。[25] 遊牧民も馬もいない地域でさえ、一般的なパターンとして、狩猟採集民や焼畑農民、漂海民など、移動性の高い人たちが、定住した園耕農民や農耕民を支配し、貢納物を抽出しているケースが多い。[26]

この本の序章で引用したベルベル人の「略奪こそわれらの耕作」という有名なセリフは重要だ。これは、略奪の寄生虫的な性質について重要な真実を指し示しているとわたしは思う。定住コミュニティの穀物倉は

2年、3年にわたる苦しい耕作の成果だが、略奪民はそれを一瞬のうちに収奪してしまう。檻や囲いの中の家畜も、その意味では、没収可能な生きた穀物倉だった。また、略奪の戦利品にはふつう、奴隷も含まれた。奴隷はそれで身代金を取ったり、手元に置いておいたり、売ったりしたから、これも価値と生産力が集中的に貯蔵されたものと見ることができるし、たいへんな犠牲を払って育てたものを1日のうちに奪い去られるという点も同じだった。しかし、さらに視野を広げてみれば、これはひとつの寄生虫が別の寄生虫と入れ替わっただけだともいえる。なぜなら、略奪民が奪って分散させる蓄積資産は、それまで国家がそこで集中的な収奪を行い、独占的にため込んでいたものなのだから[27]。

略奪にやってくる野蛮人は、国家による報復を受けにくい、比較的安全な立場にあった。移動性で分散的だから簡単に姿をくらましてしまえる。行き先はだいたいが山地、沼地、足跡の残らない草地などで、国家の軍がこれを追うのは命懸けだ。国家の軍は固定した対象物や定住コミュニティに対しては効果的だが、明確な「頭」のいないバンドの集合体に対する遠征ではほとんど無力だ。中央の権威がないから、交渉することも戦闘で打ち破ることもできない。

これ以外にも、たとえばモンゴルの略奪民は中国の反撃をものともしなかったが、そうした相対的な免疫力の表れとしては、ラティモアが指摘したように、草原での神経中枢の不在を挙げることができる[28]。ヘロドトスが対話篇でスキュタイ王に語らせた言葉を信じるなら、遊牧民の略奪者は、固定資産をもたないことの軍事面での優位をしっかりと意識していたことになる。「我々スキュタイ人は町も持たねば果樹園もない。占拠されたり荒らされたりすることを恐れて直ちに戦いであなたと顔を合わせなければならないということはない[29]」

紀元前1000年代末の地中海世界では、国家の危機は、草原や砂漠よりも海からの方が大きかった。ステップや砂漠と同じく、航海可能な海もまたとない機会を提供することから、海上の略奪者は沿岸のコミュニティを急襲して破壊したり、場合によっては占領して支配したりした。海の遊牧民は、陸の遊牧民が隊商を獲物にしたのと同じように、大きく成長した地中海貿易を襲って獲物にした。現在のシリア・ラタキアの近くにあった都市国家ウガリットの王は、戦車も船もないなかで自らの王国が攻撃を受けるようすを書き綴って隣国の王に助けを求めた。「ご覧ください、敵の船がここにやってきました。わたしの都市は焼かれ、彼らはわたしの国で邪悪を行いました」「敵が七艘の船でやってきてわれらに多大な損害をあたえたのです」[30]。名高いエジプトやレヴァント地方への攻撃だけでなく、クレタ島の王宮や強大なヒッタイトの中心地を破壊したのも、おそらく海の略奪民だ[31]。これは、ヴァイキングや東南アジアの「海のジプシー」オラン・ラウトなど、有名な海上略奪民の先駆けだった。アラビア海で今日見られる海賊行為は、スピーディーに移動しての不意打ちが、現代でも、コンテナ船のような「疑似定住民」に対して、少なくとも一時的には有効な戦術となりうることを示唆している。

こうした「海賊」についてはほとんどなにもわかっていない。多くはキプロス島を拠点に活動し、1世紀以上にわたって何波かの攻撃を行ったのだろう。遊牧民の略奪集団と同じように、彼らもきわめて多様な文化的、言語的な背景をもつ集団だった。国家の文書や年代記では恐怖と不安の源として登場してくる。しかし現代の研究者はこれを見直して、海賊は単なる略奪者ではなく、占領した多くの領域で都市を建設したとしている。

略奪には深い、根本的な矛盾がある。そこが把握できれば、これがきわめて不安定な生業形態だという理由がわかるし、ほとんどの状況下ではまったく異なるものに進化するのだろうとも思われる。結論を先に言えば、論理的に見て、略奪とは自己清算だ。たとえば、もし略奪民が定住コミュニティを攻撃して家畜や穀物、人、貴重品を持ち去ってしまえば、その定住地は破壊されてしまう。そうなることがわかっていれば、ほかの者はそんなところには定住したがらなくなる。略奪民がそんな攻撃を習慣的に行うようになれば、そしてその攻撃が成功すれば、手近にある「獲物」を殺し尽くしてしまうだろう。まさに「金の卵を産むガチョウを殺す」ことになる。ほとんど同じことは、隊商を襲う略奪民や航路を襲う海賊にも当てはまる。もしすべてを奪ってしまったら、交易が消滅してしまうか、それより安全な別ルートを見つけられてしまうだろう。

それがわかっているから、略奪者はむしろ「みかじめ料」を取る方向へ戦略を変更したと考えられる。交易商品、収穫物、家畜、その他の貴重品の一部を受け取る見返りに、交易者やコミュニティをほかの略奪民から――そしてもちろん自分たちから――「守る」というわけだ。この関係は病気の風土性とよく似ている。病原体は、宿主を殺してしまうのではなく、宿主から栄養を吸収して堅実に生きていく。略奪民の集団はいくつもあっただろうから、それぞれの集団が特定のコミュニティに「課税」して保護していたと思われる。それでも略奪は起こるだろうし、破壊的なものも多いだろうが、それはある略奪集団の保護するコミュニティを別の集団が襲う場合がほとんどだ。そうした攻撃は、敵対する略奪集団どうしの、ある種の間接戦争になった。日常的に、途切れないようにみかじめ料を取り立てるとなれば、それは一回きりの略奪ではなく長期的な戦略だし、したがって、まずまず安定した政治的、軍事的環境に依存したものになる。定住コミュニティから持続可能な余剰物を抽出し、外部の攻撃からその基盤を守るということでは、安定的なみかじめ料の取り立ては、実は古代国家のしていることそのもので、両者の区別はほとんどない[32]。

古代国家は、全体として見れば、壁を築いて独自の軍を作ることに加えて、強力な野蛮人に代価を支払って略奪しないよう頼み込むことも多かった。支払いはさまざまな形態をとったことだろう。体面を繕うために、正式な降服と貢納ではなく「贈物」と記されることもあったかもしれない。略奪民の集団に特定の場所での、あるいは特定の商品についての取引の管理を認めることもあっただろう。民兵への支払いを装って国境の平和を保障してもらうこともあったのではないだろうか。そうした支払いの見返りに、略奪民は同盟を結んだ国家の敵だけを襲撃することで合意し、国家の方は、その略奪民に特定の領域での独立を承認するケースが多かった。この合意が長く続けば、略奪民の保護する地域は、時が経つにつれて属州のような、自治政府もどきのものになっていったことだろう[33]。

紀元200年前後の後漢と、その隣人で略奪を繰り返す遊牧民、匈奴との関係は、政治的和解の啓発的な例だ。匈奴は電光のような速さで襲ってきてはステップへと後退するので、国家の軍では反撃できなかった。まもなく、匈奴は漢の宮廷に使いを送り、有利な条件での国境交易か直接援助が得られれば平和を約束すると伝えてきた。合意は調印されて条約となり、匈奴は朝貢国として適切な臣従のふるまいをする見返りに、大きな援助を得ることになった。この「逆向きの」貢納は莫大だった。年間の政府給与の3分の1が遊牧民の買収に回ったのだ。7世紀後の唐王朝の頃にも、同じような条件で、役人たちは絹50万反を毎年ウイグルに送っていた。書類の上では、まるで遊牧民が朝貢国として唐の皇帝の下に付いているように見えるが、実際の収入と商品の流れは、現実が逆だったことを示唆している。遊牧民は事実上、攻撃しないことと引き替えに唐から賄賂を取っていたのだ[34]。

こうしたみかじめ料は、書類に見られる以上に一般的だったと想像される。こういうことは国家機密にしておかないと、すべて明らかになったりしたら、全能の国家という大衆向けの顔が否定されることにもなりかねない。ヘロドトスは、ペルシャの歴代の王がシシア人（メソポタミア沖積層の端にあるザグロス山脈の麓のスーサの住民）に毎年貢ぎ物をして、国の中心部への略奪をしないように、また陸路を行く隊商の交易を危険にさらさないようにしてもらっていたと記している。ローマ人は紀元前4世紀に何度か敗北を喫してからは、略奪を防ぐためにケルト人に1000ポンドの黄金を支払っていた。この慣習は、のちにフン族やゴート族に対しても行われることになる。

少し後ろに下がって視野を広げれば、野蛮人と国家の関係は、定住による穀物−マンパワーモジュールからの余剰物収奪権をめぐる二つの集団の争いだと見ることができる。このモジュールは、国家形成の基盤であるとともに、野蛮人の蓄積にとっても同じように不可欠だった。これこそが目的だったのだ。一時の略奪的な襲撃では宿主を完全に殺してしまいかねないが、安定的なみかじめ料の取り立ては、国家による収奪プロセスの模倣であり、穀物コアの長期的な生産性と比肩しうるものになるのである。

交易ルートと課税可能な穀物コア

ある程度大きなコミュニティは、最初期からすでに他の生態ゾーンとの交易や交換に依存していた。大規模な国家への統合は、そうした依存性を増大したにすぎない。初期の輸送には制約があったから、メソポタミアと肥沃な三日月地帯では、高い台地、山間の渓谷、山麓の大平原、沖積層が併存し、そこに航行可能な水路があったことから、有益な交換による「垂直経済」が可能だった。[35] ウルやウルクが可能となったのは、海抜の高いところからの製品——石、鉱石、オイル、材木、石灰石、石鹼石、銀、鉛、銅、砥石、宝石、金、そしてなによりも奴隷と捕虜——があったからにほかならない。こうした製品は、大部分が水路で下流に流された。川が長いほど、また航行可能な部分が多いほど、潜在的な政体は大きくなる。地中海の小規模な政体はこのパターンのミニチュア複製版だった。たいていは海岸近くの川の沖積層や、そこからすぐ近くの上流部分に位置していて、流域全体の交易と交換を支配することができた。「この組み合わせが長い年月にわたって好まれたのは、海と陸の両方から食料を動員し、富を獲得する機会を利用・統合するという、ほかにはない能力があったからである[36]」

歴史によく知られている野蛮人の「スター」にしても、もっと以前の小規模な無国家民と変わるところはない。昔の狩猟採集民、焼畑農民、沿岸採食民、遊牧民も、小さな国家を略奪したり交易したりしていた。違いは規模で、騎馬戦士の同盟も、低地国家の富も、そして交易の価値と範囲も、前例がないほど大きくなった。ほとんどの歴史書が略奪を強調しているのも、脅かされた国家のエリート層が抱いた恐怖を考えれば理解できることだ（そのおかげで、ともかくもわたしたちは文書ソースを得られている）。しかしこの視点だけでは、交易の重要性と、略奪がどこまで手段だったかを見逃してしまう（略奪はそれ自体が目的ではなく手段のことが多かった）。クリストファー・ベックウィズが交易ルートを強調していることは啓発的だ。

中国、ギリシア、アラブの史料はいずれも、草原の人びとは何よりも交易に関心を持っていたと言っている。中央ユーラシア人が一般に征服を始めるときの慎重なやり方も記している。彼らは争いを避けようとし、町を平和的に服従させようとした。抵抗や反乱が起ったときのみ、当時の法（古代ヨーロッパにもあった法）に従った報復が必要であった。……中央ユーラシア人の征服行為は交易路や交易都市を獲得するために計画されたものである。しかし、なぜ獲得したかったかというと、それは、支配者たちの社会的政治的基盤に対して支払いを行うために課税しうる占領地を守るためであった。これら全てが定住周辺諸国の行っていることと全く同じに聞こえるなら、それは実際同じだからである[37]。

初期の農業国家も野蛮人の政体も、その目的はほぼ似通っていた。どちらも余剰物を生み出す穀物－マンパワーコアを支配しようとしたのだ。（モンゴルは――ほかの略奪遊牧民もそうだが――農業民を動物の「群れ」になぞらえていた）[38]。どちらも勢力範囲内の交易を支配しようとした。どちらも奴隷国家、略奪国家であり、戦争の最大の戦利品、交易の最大の商品は人間だった。この視点では、両者はみかじめ料をめぐる競合関係にあった。

略奪と交易のつながりは、ローマ帝国がケルト人と接する地域、とりわけガリアに反映している。共和政時代のローマでは、ケルト人が、略奪を行わない見返りに黄金の支払いを受けることが多かった。やがてケルト人の町（オッピドゥム）は、複数民族による交易拠点となり、帝国への河川ルート沿いに点在して、この分野の交易を支配するようになった。穀物、オイル、ワイン、高級服、高級商品と引き替えに、原材料、毛織物、革、塩蔵豚肉、訓練したイヌ、チーズなどをローマ人に送っていたと思われる[39]。

陸上、海上交易を支配することの潜在的な報酬は、交易自体が同様の広がりを見せるのにあわせて、飛躍的に拡大した。こうした広がりは、造船術、帆の索具、沿岸が見えない状態での航海術の向上といった技術的な要因にも関係していたし、当然のことながら、なによりも地中海や黒海周辺、およびそこにつながる主要河川での人口と政体の大幅な成長に依存していた。交易が拡大した時期を特定するのはある程度まで恣意的になるが、バリー・カンリフは、紀元前１５００年頃までには、エジプト、メソポタミア、アナトリアの主要な人口中心地が遠隔市場からの製品の大きな消費地になっていたこと、その交易を基礎に、クレタが地中海最大の海軍国になっていたと指摘している[40]。その３００年後、悪名高い「海の民」が登場してキプロスの沿岸都市センターを支配し、交易を支配した古い農業国家群は輝きを失った。当初、金、銀、銅、錫、宝石、高級織物、スギ材、象牙といった高価な商品は、可能な限り、農業国家のエリート層が独占していた。

しかし紀元前1500年までにそうした独占は破られた。またいずれにせよ、商品の量と多様さは確認不能なほど膨れあがっていた。

遠距離交易は決して新しいものではなかった。新石器時代の前ですら、小さくて軽い物であれば、黒曜石、宝石・準宝石、金、カーネリアンのビーズといった高価な商品が長い距離を越えて交換されていた。新しかったのは交易の範囲ではなく、地中海全域にわたって長い距離を運ばれるもののうち、嵩高い商品の割合がどんどん増えていったことだった。エジプトは東地中海の「パン籠」となり、ギリシアへ、のちにはローマへ穀物を送り出した。同じく重要なことは、農業コアの外で育てられ、栽培され、集められ、採集された商品の市場に、はるかに大きな潜在市場があったことだ。山、高い台地、海に面した周縁地域、湿地からの商品など、以前ならその地域だけで流通していたものが、今では「世界中で」取引されるようになった。船のコーキング剤として使われた蜜蠟や瀝青の需要が大きくなった。クスノキやビャクダンといった香木、乳香や没薬（もつやく）などの芳香性の樹脂も高い値が付いた。こうした変容の重要性は過大に評価することが難しいほどだ。初期国家の周縁および準周縁地域が突如として高価値商品の産地となり、大きな市場が開けた。採集、狩猟、海産物採集が儲けの大きい商業活動になったのである。

いくつか簡単な類似を挙げておくのが、この移行の意味を明確にする助けになるかもしれない。紀元9世紀、中国と東南アジアの交易上のつながりが大きくなると、ボルネオの森林での狩猟や採集が爆発的に増えた。それまでほとんど人の住まなかったボルネオ島は、クスノキ、金、サイチョウの嘴、サイの角、蜜蠟、珍しい香料、羽毛、食用になる鳥の巣、カメの甲羅などの交易機会に便乗したいと願う森林採集民であふれかえった。二つめの類似はずっとあとの、世界的な象牙の需要だろう。北大西洋を挟んだ欧米地域では主にピアノの鍵盤とビリヤードの球に使われたのだが、これによって、交易の支配をめぐって数え切れないほどの部族間戦争が起こり、当然のことながら、ゾウの個体数は激減した。北アメリカでのビーバーの皮の取引もそんな例のひとつだ。今日でも中国や日本の市場では朝鮮人参の根、冬虫夏草、松茸の需要があることから、その採集は、ときにカナダ・クロンダイクでのゴールドラッシュを思わせる商業活動となっている(41)。それより規模は小さいが、当時としては決して劣らないほど革命的なことがあった。農業国家の多様な周縁地域が価値のある――見ようによっては沖積層そのものよりも価値の高い――商業景観となり、地中海全域の交易ネットワークにがっちりと組み込まれたのだ。狩猟民、採集民、海産物採集民の可能性はかつてなく有望なものとなった。

中央ユーラシアには、農業国家からの商品と交換するための製品が――とりわけ遠隔地の市場へ出荷できるようになってからは――豊かにあった。ベックウィズは、初期の旅行者がそうした製品を記録した長大なリストを提供してくれている。このリストは膨大なものだが、抜粋だけでもその多様さは伝わるだろう。銅、鉄、ウマ、ラバ、毛皮、革、ロウ、琥珀、剣、甲冑、織物、木綿、羊毛、毛布、フェルト、テント、鐙(あぶみ)、弓、上質の木材、亜麻仁、ナッツ類、そして、こうしたリストで見ないことのないもの――奴隷である(42)。遊牧民集団による略奪は農業国家による戦争のようなもので、朝貢してくるコミュニティを獲得し、そこを循環する交易を支配するための手段として理解するのが最もよい。略奪は、遊牧民が貧しかった結果ではないし、ましてや光り輝くものが欲しかったわけでもない。遊牧民社会はすべて複合体で、どこでもある程度の農業を実践し、家畜を飼い、それなりの職人階級があったから、通常は、主食となる穀物や技術上の専門知識を農業国家から奪ってくる必要などなかった。

おそらく野蛮人は、幅広く理解すれば、交易の爆発的増加を利用できる――そして多くの場合は直接代金を請求できる――またとない立場にあった。詰まるところ、野蛮人はいくつもの生態ゾーンにまたがって移動し、拡散していることによって、各地の穀物集約的定住国家を結合する細胞組織となった。交易が拡大するなかで、移動性の無国家民は交易の動脈と毛細血管を支配し、その見返りに貢納を要求することができた。地中海を渡る海上交易では、この移動性がなおいっそう重要だった。こうした海の遊牧民は、ある考古学者の説明によれば、もともとは確立された農業王国に仕えて「公式の貿易」に従事していた船員だったと見てほぼ間違いない。それが、交易の規模と機会が拡大するのに合わせて急速に独立勢力化し、陸の遊牧民をモデルとして自ら略奪をし、交易をし、貢納を要求する沿岸政体となっていったのである[43]。

闇の双生児

国家民と無国家民、農耕民と狩猟採集民、そして「文明人」と「野蛮人」は、実態においても記号としても双生児だ。どのペアも、一方を取り上げれば必ずもう一方も浮かび上がってくる。そして、豊富な歴史証拠が逆のことを示しているにもかかわらず、それぞれのペアのうち、自分たちは「進化した」方だと歴史的に認識してきた人びと――国家民、農耕民、そして「文明人」――は、自らのアインデンティティこそ本質的、恒常的、優越的だと認識してきた。そして、このなかで最も偏向したペアである文明人と野蛮人は、双生児として同時に生まれた。ラティモアはこの「闇の双生児」論について誰よりも明確に述べている。

文明と野蛮のフロンティアのみならず、野蛮人の社会そのものも、大きく見れば、偉大な古代文明の成長と地理的拡大によって創られたものだ。野蛮人を「原始的」とするのが適切となるのは、一切の文明がまだ存在しない遠い昔、文明人の先祖もまた原始的だった時代においてのみである。文明が進化を始めた瞬間から……

土地を持っていた人びとの一部を文明に採用し、それ以外は強制的に立ち退かせた。立ち退かされた人びとは……自分たちの経済習慣を修正し、新たな種類の専門化を試みた。新たな形態の社会的結合と政治的組織、そして新しい戦闘方法を進化させた。文明自体が、野蛮人という自分自身の疫病を作り出したのである。[44]

ラティモアは、遊牧民以外にも何百万といた無国家の狩猟採集民、移動耕作民、海産物採集民のことを無視してはいるが、遊牧と国家の平行進化は確実に捉えている。こうした遊牧民は——とりわけ国家センターを「苦しめた」騎馬民族は——単純に、農業余剰物の支配をめぐって国家と競合した最強のライバルと見るのが最もよい。[45] 狩猟採集民や焼畑農民は国家を少しずつ囓る程度だったかもしれないが、政治的に動員された騎馬遊牧民の大同盟は、定住国家から富を抽出するために計画されたものだった。彼らは「次なる国家」、バーフィールドのことばを借りれば「影の帝国」だった。[46] 最も強固な例として、チンギス・ハーンが樹立した巡回国家（地続きのものとしては世界史上最大の帝国）や新世界の「コマンチ帝国」などがあるが、これは「馬上国家」と考えた方がよいだろう。[47]

遊牧民の暮らす辺境地帯とそれに隣接する国家との関係には数え切れないほどの形態がありえたし、実際にあったのだが、いずれにせよ非常に不安定だった。極端に捕食的な関係では、ときおり略奪があって、節目節目で国家の軍による報復的な遠征がある程度だった。カエサルの容赦ないガリア遠征では大軍による作戦が成功し、その後も多くの反乱が繰り返されるなかでローマの支配が広がったが、むしろこれはレアケースと考えるのがよいのではないだろうか。それ以外の匈奴、ウイグル、フンなどの例では、遊牧民と国家との関係には賄賂、補助金、そしてある種の逆貢納が含まれていた。こうした協定の下で、野蛮人は略奪をしない見返りとして定住穀物複合体の利益の一部を受け取っているのだから、これは国家と野蛮人による事実上の合同主権と考えられなくもない。比較的安定した状況下でのこうした平衡は、先に述べたフロンティア防衛－みかじめ料モデルに近いともいえる。しかし状況が安定することは、国政術という視点からも、たびたび分裂して対立し合う遊牧民の政体という視点からも、ほとんどなかった。

ほかに可能な「解決策」は二つあって、どちらも事実上、二項対立自体が解消された。第一は、遊牧民である野蛮人が国家ないし帝国を征服して新たな支配階級になることだった。これが実現した例は、中国の歴史で二度あって（元朝と、満州で興った清朝）、それ以外では、オスマン族がオスマン帝国を建てている。このときは、野蛮人が定住国家の新たなエリート層となり、首都に暮らし、国家機構を運営した。中国の諺にあるように「馬上にいても王国を征服することはできるが、支配するには馬を下りなければならない」からだ。第二の選択肢はずっと一般的なのだがあまり取り上げられることのない方法、つまり、野蛮人が国家の騎馬隊ないし傭兵となって湿地をパトロールし、ほかの野蛮人を見張るというものだ。実際に、野蛮人のなかから部隊を採用したことのない国家や帝国の方が珍しいくらいで、たいていは交易上の特権や地域自治を見返りに与えている。カエサルのガリア平定はほとんどがガリア兵を使って達成された。このケースでは、野蛮人は国家を征服するのではなく、むしろ拡大する国家の軍事部門の一部となったわけで、ロシアのコサックやネパールのグルカと同じ路線だ。このパターンは、植民地環境では「土着の亜帝国主義」とよばれている。[48] ただし長い目で見れば、傭兵の使用が定住国家にとってまた新たなリスクとなることは、唐がチュルク系のウイグルを（事実上）雇って安史の乱を鎮圧させたあとの展開をみればわかることではある。

大半の「野蛮人スペシャリスト」のあいだでは、遊牧民は交易拠点としてだけでなく、マンパワーと収入の貯蔵所としても定住コミュニティを必要としたというコンセンサスがあるようだ。遊牧民が、そうした貯蔵所を創るために農耕民を強制的に再定住させたことはすでに知られている。さらにこの見解によれば、野蛮人の同盟は、大規模な定住政体に隣接して寄生する「影の帝国」として運営されている。この派生物のような地位を強調するのが、宿主である国家が崩壊すると野蛮人の同盟もたいてい消滅してしまうという事実だ。ニコライ・クラージンが言っているように「遊牧民のあいだの中央集権化の度合いは、近隣の農耕文明の広がりと正比例する」のである。

ユーラシアの遊牧民による帝国主義的および準帝国主義的な組織が最初に発達したのは、紀元前300年頃からの「枢軸時代」が終わり、強力な農業帝国（中国の秦、インドのマウリヤ王朝、小アジアのヘレニズム国家群、ヨーロッパのローマ帝国）の時代になって以後のことで、こうした地域で……遊牧民は、よく組織された農業都市社会と否応なく接触することになった。(49)

クラージンらは、興亡を共にしたペアとして、匈奴と漢、チュルク系の突厥（とっけつ）と唐、フンとローマ、「海の民」とエジプト、そしておそらくアムル人とメソポタミアの都市国家群を挙げている。当然のことながら、元と清はこのリストには入らない。この二つは、消滅するどころか、定住王国を呑み込んでしまっている。

野蛮人国家とそれに悩まされた帝国のことに多くの紙面が費やされてきたことは、嘆かわしくはあるが、この間の特徴をよく表している。どの国でも首都がニュースを支配しているように、歴史の対象は国家が支配しているのだ。歴史書がもっと公平だったなら、何百という小規模国家とその近隣にある何千という無国家民との関係はもちろん、そうした無国家民どうしの捕食と同盟の関係にまで年代記に綴られるはずだ。たとえばトゥキディデスは、ペロポネソス戦争のときのアテナイの記述で、何十というさまざまな山地渓谷民——王のいるもの、いないもの、アテナイと同盟関係にあるもの、朝貢してくるもの、敵対するもの——について論じているが。こうしたペアのそれぞれの歴史はわかっていない。もしわかれば、国家と近隣無国家民との関係について、わたしたちの理解は計り知れないほど深まるのだが……。

黄金時代だったのか？

わたしは、ある長い時期があると考えている。世紀ではなく千年紀で測るほど長く、最初期の国家の登場からほんの4世紀前まで続いたこの時期は「野蛮人の黄金時代」であるとともに、国家をもたない人びと全般にとっても「黄金時代」だったのではないだろうか。この長い時代の大半、近代の国民国家に代表される政治的囲い込み運動はまだ存在していなかった。物理的な移動、不断の変動、開かれたフロンティア、そして混合した生業戦略が、この時代全体の特徴だった。この期間の例外的な、そして多くは短命に終わった帝国――ローマ、漢、明、新世界ではマヤの同位政体群やインカなど――でさえ、自らの政治領域を出入りする大規模な人口の移動を妨げることはできなかった。何万、何十万というちっぽけな国家が形成され、束の間だけ繁栄しては、村落やリネージやバンドといった基本的な社会単位に分解していった。人びとは、環境が変わって必要に迫られれば、そのつど鍬を捨てて森へ、森を捨てて焼畑へ、焼畑を捨てて遊牧へと、巧みに生業戦略を修正した。人口の増加は、それ自体としてさらに集約的な生業戦略を促しただろうが、国家の脆弱性、伝染病への曝露、そして国家のない巨大な辺縁世界は、国家の覇権を決して許さなかった。そうしたものが明確に見られるようになるのは、どんなに早くても、紀元1600年頃のことだ。それまでは、世界人口の大部分は（日常的に現れる）徴税官など見たことがなかったし、たとえ見たとしても、そのときには財務上の透明人間になってしまうという選択肢があった。

紀元１６００年という半ば恣意的な時期にこだわる必要はとくにない。これはヨーロッパへ押し寄せた野蛮人の大きな波――8―11世紀に海上からやってきたヴァイキング、14世紀後半のティムールの偉大な王国、そしてオスマンとその直後の後継者による征服など――が終わった時期におおむね相当する。こうした波のなかで、大小合わせて何百という政体が破壊され、略奪され、征服されて、何百万という人びとが強制移住させられた。この波は奴隷狩りの大遠征でもあって、そうした遠征での主要な戦利品は、売り物になる貴金属と人間だった。交易と混在したこうした略奪が紀元１６００年を境に消滅したわけではないが、断片的にはなっていった。異教徒の立場をいくらかでも代弁した比較的珍しい人物であるエドワード・ギボンは、18世紀末のヨーロッパにはたして「野蛮人」が残っているのかと疑問を呈している（ギボンはバーバリー〔北アフリカの地中海沿岸地域〕の海賊、マケドニア人、あるいはハイランドのスコットランド人のことを考えていたのだろう。あるいは、ヨーロッパ人が奴隷を求めてアフリカ大陸の奴隷積み出し港をアラブ人と一緒に回っていることに着目したのかもしれない）。ヨーロッパおよび地中海の外では、略奪と交易と奴隷狩りのパターンは、マレー世界や東南アジア高地の山地民のあいだでなお主要な活動として残っていた。国家と頑強な火薬帝国が成長するにつれ、小国家を略奪して支配する無国家民の能力は、地域と地理によってペースに違いはありつつも、縮小していった。

交易の機会が開かれているうえ、略奪ができて、みかじめ料まで取れる最初期の国家は、無国家民にとってまったく新しい環境だった。そこでは周囲の世界の多くが価値あるものとなった。国家の臣民になることなしに、交易のための新しい機会に全面的に参加することができるのだ。時期によっては、国家の臣民が鍬を捨てて狩猟採集、遊牧、海洋採集を始めることが、自由への逃走であるとともに、合理的な経済計算でもあっただろう。そのような瞬間には、国家の臣民に対する野蛮人の比率が大きくなったと考えられる。辺境での暮らしは魅力がないどころか、むしろずっと魅力的だったのだから。

差し引きすれば、こうした「遅れてきた野蛮人」の暮らしはかなりよかったようだ。生業はこの時点でもまだいくつもの食料網にまたがって広がっていたし、分散していたから、ひとつの食料源での失敗に対してそれほど脆弱ではなかった。おそらく健康になって長生きしたことだろう（とくに女性の場合）。有利な条件での交易で余暇が増え、おかげで狩猟採集民と農民のあいだの余暇－苦役比率にはさらに大きな差がついた。最後に、これは決して小さいことではないのだが、野蛮人は、定住農業に伴う階層的な社会秩序や国家に従属することも、飼い馴らされることもなかった。世に知られたイギリスの独立自営農民（ヨーマン）と比べても、ほとんどあらゆる点で自由だった。これは、ずっと前に歴史の波に呑み込まれたはずの野蛮人階級のバランスシートとして、悪いものではない。

しかしそんな野蛮人の黄金時代にも、深くて憂鬱な側面が二つある。どちらも野蛮人の生活が、生態学的な条件から、政治的に断片化していることと直接関係している。交易国家へもたらされる交易品の多くは、当然のことながら、ほかの無国家民だった。彼らは売り飛ばされて、国家の中枢に縛りつけられた。この習慣は東南アジアの大陸全土に広がっていて、戦略的な位置取りをした強力な集団が、弱くて分散した隣人を略奪するという、捕食の連鎖のようなものが認められるほどだ。そのため彼らは、同じ野蛮人を犠牲にして国家の中枢部を強化することになった。

国家が提供する辺境での新しい暮らしの憂鬱な側面の二つめは、すでに指摘したように、彼らが自分たちの軍事技術を傭兵として国家に売ったことだった。自国の軍に無国家民を入れていない初期国家を見つけようとしても難しい。なかにはまるごと無国家民という例もあった。そうして雇われた野蛮人は、逃亡した奴隷を捕らえ、自分たちのなかの反抗的な人びとの反乱を鎮圧した。野蛮人の軍隊は、国家を略奪するのと同じくらい、その建設にも関わっていたのだ。奴隷狩りによって国家のマンパワー基盤を系統的に補充し、軍事面での奉仕で国家を守り、拡大することで、野蛮人は自らすすんで自分たちの墓穴を掘っていたのである。

索引

【か行】

【さ行】

【た行】

【な行】

【は行】

【ま行】

【や行】

【ら行】

【わ行】

原注

序章　ほころびだらけの物語

1. この語を最初に使ったのはオランダの気候学者パウル・クルッツェン（Paul Crutzen）で、2001 年のことだった。
2. 年代の決定はデーヴィッド・ウェングロウ（David Wengrow）との私信による。
3. 「どこで間違ってこうなってしまったのか」という自問は避けがたいのだが、この問いかけは野心的すぎて、とうていわたしの手には負えない。それでも、ひとつはっきりしているのは、わたしたちの困難のほとんどはわたしたち自身が作り出したものだということだ。これは医療に例えるのがわかりやすいだろう。一説では、先進国での入院治療の 3 分の 2 以上は医原性の疾患によるものだという。つまり、多くの病気はそれ以前の医療介入と治療の結果だというのだ。現在の環境病はほとんどが医原性だといえるかもしれない。もしそうだとしたら、第一歩は、医療の歴史を長期にわたって深層まで探ることだろう。そうすることで、現在のわたしたちの苦しみの根源にたどり着けるかもしれない。
4. わたしが焦点を当てている時期よりあとの紀元前 1000 年頃になると、遊牧に馬の飼育が組み合わさるようになって、非定住性の草原帝国という新しいタイプが可能となる。例としてはモンゴルや、ずっと時代は下るが新世界のコマンチが挙げられる。こうしたユニークな政体については、Pekka Hämäläinen, “What's in a Concept? The Kinetic Empire of the Comanches,” *History and Theory* 52, no. 1（2013）: 81–90 および Mitchell, *Horse Nations* を参照。
5. このテーマを細かく掘り下げた文献は、わたしが知る範囲では、ブルース・チャトウィン（Bruce Chatwin）がオーストラリアについて書いた好著 *The Songlines*（London: Cape, 1987）だけである〔邦訳『ソングライン』北田絵里子訳、英治出版、2009 年〕。また、ロマ（ジプシー）は、現代でも断固とした移動性を示している実例だ。その決意はあまりに固く、高名なノルウェーの外交家フリチョフ・ナンセンが第一次世界大戦後にパスポートの発行を提案したときもそれを拒否したほどだった。実現していれば、史上初の「ヨーロッパ」のパスポートとなるところだった。
6. 19 世紀半ばの衛生革命（上下水道の敷設）まで、およびワクチンと抗生物質の登場まで、一般に都市の死亡率はきわめて高く、都市の成長は田園部からの大規模な人口流入によってのみ可能だった。
7. 実際に、こうした野生種や、栽培はされてもまだ作物化されていない穀物が群生する場所で、穀物を定期的に採集して収穫・貯蔵することはふつうに見られた。そのため、そうした場所を、完全に作物化した穀物を育てる恒久的な定住コミュニティだと誤って解釈したようだ。これに関連しては、Asouti and Fuller, “Emergence of Agriculture in Southwest Asia” の慎重な議論を参照。

8. 現時点の知識段階について最良かつ最も詳細な要約と思えるものとしては、Fuller et al., "Cultivation and Domestication Has Multiple Origins" および Asouti and Fuller, "Emergence of Agriculture in Southwest Asia" を参照。
9. Algaze, "Initial Social Complexity in Southwestern Asia."
10. 実際には文字をもつ遊牧民族もかなりいた（たいていは定住民からの借りものだった）のだが、たいていは樹皮や竹、葦などの消えてしまう材質に書かれていたし、目的も、呪文や恋愛詩を暗記することで、国家的なものではなかった。メソポタミア南部の沖積層で発見される重い粘土板は明らかに定住民族の筆記テクノロジーで、だからこそ多くが現在まで生き延びているのだ。
11. Carneiro, "A Theory of the Origin of the State".
12. McAnany and Yoffee, *Questioning Collapse* を参照。
13. Thomas J. Barfield, *The Perilous Frontier: Nomadic Empires and China*（Oxford: Blackwell, 1992）を参照。

第１章　火と植物と動物と……そしてわたしたちの飼い慣らし

1. C. K. Brain, *The Hunters or the Hunted? An Introduction to African Cave Taphonomy*（Chicago: University of Chicago Press, 1981）（Goudsblom, *Fire and Civilization* に引用）。
2. Cronon, *Changes in the Land.*
3. 現在も異論の多いこの主張については、William Ruddiman, "The Anthropogenic Greenhouse Era Began Thousands of Years Ago," *Climatic Change* 16（2003): 261–293 および R. J. Nevle et al., "Ecological-Hydrological Effects of Reduced Biomass Burning in the Neo-Tropics After AD 1600," *Geological Society of America Meeting*, Minneapolis, October 11, 2011, abstract を参照。
4. Zeder, "The Broad Spectrum Revolution at 40." ここでは景観修正、狩猟、調理のための道具としての火に話を絞ったが、火は新石器革命のずっと前から、木製道具を堅くする、石を割る、武器を作る、ハチの巣を襲うといったことの道具としても使われていた。Pyne, *World Fire* を参照。
5. Jones, *Feast*, 107.
6. Wrangham, *Catching Fire*, 40–53.
7. この点で読者は疑問を抱くかもしれない——ホモ・ネアンデルタレンシスも火を使い、調理をしていたのに、なぜホモ・サピエンスの方が侵入生物として成功したのだろうか。ホモ・サピエンスの繁殖力が強かったこと以外では、パット・シップマン（Pat Shipman）が有力な答え提出して、決定的な違いは別の道具にあったとしている。それはオオカミを家畜化したことで、これによってホモ・サピエンスは狩りの効率が大きく向上し、ほとんど屍肉をあさるだけだったのが、大型の獲物を狙えるまでになったのだという。シップマンの主張に説得力があるのは、ホモ・サピエンスが「オオカミ・イヌ」を手なずけたのは——もしくは彼らが自らホモ・サピエンスに寄りそうようになったのは——3万6000年以上前のことで、2種のホミニドが隣接して暮らしていた時期に当たるという点だ。さらにシップマンは、ホモ・サピエンスが狩りにイヌを使い始めたことで、この時期に大型の狩猟動物が急速に数

を減らすか、絶滅したとも述べている。シップマンの議論の多くは、2つの亜種が時間的・空間的に重なっていて、かつ猟場を争っていたことが条件となるが、これ自体には異論がある。もしそうなら、なぜホモ・ネアンデルタレンシスもオオカミを家畜化しなかったのかが、わたしには疑問だ。*The Invaders* を参照。

8. 火と調理のどちらについても Goudsblom, *Fire and Civilization* および Wrangham, *Catching Fire* を参照。
9. Anders E. Carlson, "What Caused the Younger Dryas Cold Event," *Geology* 38, no. 4 (2010): 383–384, http://geology.gsapubs.org/content/38/4/383.short?rss=1&ssource=mfr. ヤンガードリアスの始まった時期と、アガシー湖からの淡水流出がミシシッピ川から東へ向きを変えた時期とは必ずしも一致しないが、氷河融解の拍動が急激な寒冷化をもたらした可能性は高いと思われる。
10. Zeder, "The Origins of Agriculture."
11. Pournelle, "Marshland of Cities." 時期はあとだがやや不完全なものとして Pournelle, Darweesh, and Hritz, "Resilient Landscapes" および Hritz and Pournelle, "Feeding History" を参照。パーネルの論文に先立つものとしては Pollock, *Ancient Mesopotamia*, 65–66 および Matthews, *The Archaeology of Mesopotamia*, 86 などがあるが、証拠の面ではかなり弱い。歴史学的、地理学的に掘り下げた見解や、ゴードン・チャイルド（Gordon Childe）の「文明のオアシス理論」を焼き直したものについては Rose, "New Light on Human Prehistory" を参照。
12. 特に Pollock, *Ancient Mesopotamia*, 32–37 を参照。
13. このプロセスをアッザム・アワシュ（Azzam Awash）が見事に描写している。「沼地を取り囲む草原という、自然に肥沃度が回復する場所で最初の農業が始まったのは偶然ではない。シュメール人がしたことは巧妙な灌漑システムの発明であって、彼らの後継者であるマーシュ・アラブ族は現在もこの方法を用いている。洪水のピークが過ぎ、水が引き始めて最初に現れる高い土地に種を播く。こうした高い土地は1日に2回、水を被る。ペルシャ湾の潮の満ち引きによってティグリス川、ユーフラテス川の流れが遅くなり、水が「渋滞」するためだ。これによって、運河を開いたり水を汲み上げたりしなくても、自動的に灌漑が行われる。しかし、苗が育つ頃には水が引きすぎて灌漑ができなくなる。そこで、高い土地から低地の畑（というか草原）に苗を植え直す。天然の灌漑システムはその後も1日に2回、夏が始まる頃まで十分に水を供給してくれる。洪水の水が完全に引いてしまう頃には、苗の根が自力で地下水を汲み上げるようになるから、灌漑のための重労働は必要ない」。"The Mesopotamian Marshlands: A Personal Recollection," in Crawford, *The Sumerian World*, 640.
14. ラテン・アメリカの専門家なら、隣接する生態圏と生業の保証というこのパターンと、ジョン・V・ムーラ（John V. Murra）で有名になったアンデス国家における生態圏の「垂直列島」という概念との類似性を認識するだろう。たとえば Rowe and Murra, "An Interview with John V. Murra" を参照。
15. Sherratt, "Reviving the Grand Narrative," 13.
16. Heather, *The Fall of the Roman Empire*, 111.

17. H. R. Hall, *A Season's Work at Ur, Al-Ubaid, Abu-Shahrain (Eridu) and Elsewhere . . .*（Pournelle, "Marshland of Cities," 129 に引用）。
18. このプロセスと論理に関する鋭い分析については D'Souza, *Drowned and Dammed* を参照。
19. Smith, "Low Level Food Production."
20. Zeder, "The Origins of Agriculture," S230–S231.
21. Zeder, "After the Revolution," 99.
22. Endicott, "Introduction: Southeast Asia," 275. エンディコット（Endicott）とジェフリー・ベンジャミン（Geoffrey Benjamin）はこの移行を「再特化 respecialization」とよんだ。
23. Febvre, *A Geographical Introduction to History*, 241.
24. この用語はイアン・ホッダーが *The Domestication of Europe* で用いたものだ。ホッダーの「ドムス」の概念は役に立つ考えだとは思うが、故アンドリュー・シェラッドが、ホッダーのいう「定住への意志」を人間社会を動かす原動力だと結論付けることはできないとしたのはまったく正しい。Sherratt, "Reviving the Grand Narrative," 9–10 を参照。
25. Porter, *Mobile Pastoralism*, 351–393.
26. 「貯蔵」の問題は、多様な環境に対処する手段としての「社会的貯蔵」や相互依存を含めて、Halstead and O'Shea, *Bad Year Economics* でさまざまな角度から検証されている。
27. 注意深い分析については Rowley-Conwy and Zvelibil, "Saving It for Later" を参照。
28. Park, "Early Trends Toward Class Stratification."
29. ほかの多くのアイデアと同様に、これもわたしのオリジナルではないことを発見してしまった！　Manning, *Against the Grain*, 28 を参照。

第 2 章　世界の景観修正——ドムス複合体

1. Zeder, "Introduction," 8. ゼダー（Zeder）は、人類が「旧石器時代の終わりに当たる紀元前 15000–13000 年に、アブ・フレイラとその近くのブレイベットで積極的な耕耘を行い、野生のヒトツブコムギやライムギの群生を世話していた」証拠があると主張している。狩猟採集から固定した畑での耕作への移行についての、証拠を挙げての啓発的な見解については Moore, Hillman, and Legge, *Village on the Euphrates* を参照。
2. Moore, Hillman, and Legge, *Village on the Euphrates*, 387. 著者らは、古代の種子の残骸のなかに、ツメクサ、ウマゴヤシ、野生のフェヌグリーク近縁種、ムギクサ、小種子の草類、シバムギ、ムラサキなど「現在でも畑での穀草栽培でよく見る雑草類」が中東で大量に見つかっていることを指摘して、栽培が行われていた確実なしるしだと言い切っている。
3. こうした壮大な物語はホモ・サピエンスに限ったことではない。魚を食べる小型の鳥であるウミスズメは、膨大な数がグリーンランド北部にコロニーを作る。その排泄物が小型哺乳類にとって魅力的な生息環境を作りだし、それがさらに、ホッキョクグマを含めた大型の捕食動物を引きよせている。
4. Catherine Fowler, "Ecological/Cosmological Knowledge and Land Management Among Hunter-Gatherers" を参照（Lee and Daly, *The Cambridge Encyclopedia of Hunters and Gatherers*,

419-425 に所収)。

5. Boserup, *The Conditions of Agricultural Growth.*
6. 交易に重点を置いて農業の起源を考えているものはある。なかでも注目すべき、非常にわかりやすい研究については Sherratt, "The Origins of Farming in South-West Asia" を参照。
7. オーツムギ、ライムギ、ベッチ[ソラマメの一種]、アマナズナ、ニンジン、ダイコン、ヒマワリなど、ドムスの外でも雑草のように繁殖できる植物もあるが、この文脈では、そうしたブタのような脱走種は無視している。
8. Diamond, *Guns, Germs, and Steel*, 172-174.
9. 最初の四足家畜では、ブタとヤギがドムスの範囲を容易に抜け出して「野生化」し、見事に成功している。
10. ヨーロッパという文脈でのドムスの幅広い発展については Hodder, *The Domestication of Europe* を参照。
11. ベリャーエフの実験については Trut, "Early Canine Domestication" を参照。
12. Zeder, "Pathways to Animal Domestication."
13. Zeder et al., "Documenting Domestication," and Zeder, "Pathways to Animal Domestication."
14. R. J. Berry, "The Genetical Implications of Domestication in Animals," in Ucko and Dimbleby, *The Domestication and Exploitation of Plants and Animals*, 207-217.
15. 以下を参照。T. I. Molleson, "The People of Abu Hureyra" in Moore, Hillman, and Legge, *Village on the Euphrates*, 301-324.
16. Leach, "Human Domestication Reconsidered."
17. 農業社会の重要な社会単位としてのドムス理論では、イアン・ホッダー(Ian Hodder)が傑出している。*The Domestication of Europe* でホッダーは、家畜化のプロセスでドムスが中心的な役割を担ったとしているが、これについては Peter J. Wilson, *The Domestication of the Human Species* が予見している。
18. Leach, "Human Domestication Reconsidered," 359.
19. 適応の候補のうち、マラリアに対する防御機能としての鎌状赤血球形質の登場(マラリアは耕作された景観のなかでヒトが変化したことで流行病となった)と、とくにヒツジを飼う遊牧民のあいだでのラクトース耐性の向上の二つは共通している。異論のあるものとしては、A 型、B 型、AB 型という血液型がいつ発達したか、それがどの流行病について一定の防御を提供しているのかについての解釈がある。全般的なことについては Boyden, *The Impact of Civilisation on the Biology of Man* を参照。
20. Pollan, *The Botany of Desire*, xi-xiv.
21. Evans-Pritchard, *The Nuer*, 36.
22. 以下を参照。Conklin, *Hanunóo Agriculture* および Lévi-Strauss, *La Pensée sauvage.*
23. オーウェン・ラティモア(Owen Lattimore)は、モンゴルの遊牧民と中国・漢の農民を比較して、わたし以上にこの問題を強調している。ラティモアは、自身も凡庸な農民として、以下のようなことをマスターするのがいかに複雑かを理解していた。「実際問題として、モンゴル人は子どもの頃から人に頼らない訓練を受けていて、さまざまなことを自分でやり、革やフェルトを加工し、馬車を操ってキャラバンを動

かし、どんな天候でも自分の進路を見つけてはるか遠くまで行き、なによりも、自分のことは自分で決断する。だから競争になれば、どんな環境下であれ、モンゴル人の方が優位になるに決まっている。なにしろ小農の入植者ときたら、一生を泥壁の小屋で過ごし、自発的な行動はなにもせずに、地主と暦に決められた通りに、なにも変わることなく植え付けや収穫を繰り返すだけなのだ」。"On the Wickedness of Being Nomads," p. 422 に引用。

24. Elias, *The Civilizing Process*.
25. Tocqueville, *Democracy in America*, 2: 1067〔邦訳　松本礼二訳、岩波文庫、第 8 章 113 頁〕

第 3 章　動物原性感染症

1. Moore, Hillman, and Legge, *Village on the Euphrates*, 393. この本は、メソポタミアで最も豊かな遺跡について驚くほど包括的で価値ある調査となっている。
2. Burke and Pomeranz, *The Environment and World History*, 91（Peter Christensen, *The Decline of Iranshahr* より引用）。クリステンセンが言及している時期はこれよりあとだが、こうした病気の起源については、まさに新石器時代への移行期だとしている。Chapter 7 and pp. 75 ff. 参照。
3. 遺伝物質の回収が進歩して、近いうちに、こうした疑いについてもっと確固とした証拠が提供される可能性は十分にある。
4. Porter, *Mobile Pastoralism*, 253–254; Radner, "Fressen und gefressen werden"; Karen Radner, "The Assyrian King and His Scholars: The Syrio-Anatolian and Egyptian Schools," in W. Lukic and R. Mattila, eds., *Of Gods, Trees, Kings, and Scholars: Neo Assyrian and Related Studies in Honour of Simo Parpola, Studia Orientalia 106*（Helsinki, 2009）, 221–233; Walter Farber, "How to Marry a Disease: Epidemics, Contagion, and a Magic Ritual Against the 'Hand of the Ghost,'" in H. F. J. Horstmanshoff and M. Stol, eds., *Magic and Rationality in Ancient Near Eastern and Graeco-Roman Medicine*（Leiden: Brill, 2004）, 117–132 などを参照。
5. Farber, "Health Care and Epidemics in Antiquity." ここでの証拠は、主に紀元前 1000 年代初め頃のマリ（ユーフラテス川沿い）およびウルクからのものである。
6. Nemet-Rejat, *Daily Life in Ancient Mesopotamia,* 80.
7. Ibid., 146. ネメット＝レジャットはさらに「あるお告げは、疫病の神々が兵士を従えて進軍していると伝えており、発疹チフスへの言及である可能性が高い」としている。
8. 特に Groube, "The Impact of Diseases"; Burnet and White, *The Natural History of Infectious Disease*, especially chapters 4–6 および McNeill, *Plagues and People* を参照。
9. McNeill, *Plagues and People*, 51.
10. ポリオは、流行病が過剰な衛生状態と関連していることを示す例だ。ムンバイのような南の発展途上国（グローバル・サウス）の大都市では、5 歳未満児童の圧倒的多数が体内にポリオ抗体を持っていて、過去にこの病気に曝露したことを示している。この病気は糞で広がるが、幼児の死亡に至ることは滅多にない。しかし幼い時期に曝露していない者があとでこの病気に罹ると、はるかに重篤な状態に陥る。

11. Moore, Hillman, and Legge, *Village on the Euphrates*, 369.
12. Roosevelt, "Population, Health, and the Evolution of Subsistence."
13. Nissen and Heine, *From Mesopotamia to Iraq*.
14. Dark and Gent, "Pests and Diseases of Prehistoric Crops."
15. Ibid., 60.
16. "Population Growth and the Beginnings of Sedentary Life" を参照。
17. Redman, *Human Impact on Ancient Environments*, 79 and 169 を参照。ここでレッドマンは、最初の受胎年齢を少し変更するか、受胎の間隔を3―4カ月縮めるだけで、やがては人口増加率に大きな違いが出てくると指摘している。仮に100人の小集団（バンド）の成長率を1.4パーセントとすると、50年ごとに5倍になるので、わずか850年で1300万人という計算になる。
18. ヨーロッパ自体では、初期の農民のDNAのうち、近東の農業揺籃地帯から移住してきた痕跡をたどれるのは20―28パーセントにすぎない。このことから、初期の農民の大多数は土着の狩猟採集民の子孫だということが示唆される。*Why the West Rules—for Now*, 112 を参照。

第4章　初期国家の農業生態系

題辞：シュメール語テクストの碑文（Tate Paulette, "Grain, Storage, and State-Making," 85 に引用）。Lawrence, Preface to Dostoevsky's "The Grand Inquisitor"

1. Pournelle, "Marshland of Cities," 255.
2. Pournelle, "Physical Geography," 28.
3. Pournelle and Algaze, "Travels in Edin," 7–9.
4. シュメールの灌漑は、実際に行われていた場所では、これまで考えられていたよりもはるかに中央の管理がゆるく、短い水路の建設は地元コミュニティによって容易に組織されていたと考えられている。Wilkinson, "Hydraulic Landscapes and Irrigation Systems," 48 を参照。エジプトも事情は同じだったようだ。
5. 軍隊を構成するものは厳密になにかという疑問の答えは単純ではない。初期のメソポタミアには、戦闘、兵器、武具、そしてもちろん、遠征の戦利品と捕虜に関する記述がある。テクストからは、徴兵とそれを避けるための幅広い努力の両方があったことがはっきりとわかる。ただし、常備軍に明確に言及した文書が最初に現れるのは、ずっと遅れてアッカドの君主サルゴンの治世（紀元前2334―2279年）になる。Nemet-Rejat, *Daily Life in Ancient Mesopotamia*, 231 を参照
6. Nissen, *The Early History of the Ancient Near East*, 127. エリート層の埋葬について決定的な考古学証拠が現れるのはのちの紀元前2700年頃、王と常備軍の証拠は紀元前2500年頃になってからだ。紀元前2700年より前にはそもそも埋葬として証明されたものがほとんどないので、これは「証拠の不在は不在の証拠ではない」という諺が当てはまる。
7. Nissen and Heine, *From Mesopotamia to Iraq*, 42.
8. Postgate, "A Sumerian City," 83.
9. Nissen, *The Early History of the Ancient Near East*, 130.

10. Nemet-Rejat, *Daily Life in Ancient Mesopotamia*, 100.
11. のちの紀元前1000年代に交易が発達すると、陸路と川岸の交易ルート上にある戦略上のチェックポイントも――農業を営む後背地がなくても――国家作りの場になれるようになった。ずっとあとの、大量の商品を海上輸送する時代になると、交易の結節点としての特権を生かした国家建設が行われるようになり、ウィーン、ジェノヴァ、アムステルダムのような海洋国家を誕生させた。そうした都市は、海上輸送によって遠く離れたところから多くの食料を供給されていた。
12. Owen Lattimore, "The Frontier in History," 475.
13. 沖積層には精錬に必要な高品質の燃料がなかったので、銅と錫は半加工品だったと思われる。
14. 明らかな例外は、峠や浅瀬、砂漠のオアシスなど、陸上交易ルート上の天然の「難所」だろう。東南アジアの国家形成の重要な結節点であるマラッカ海峡は、水上輸送ルートでもあり難所でもあるという古典的な例で、この場合は初期のインド－中国海上輸送ルートに臨んでいた。
15. この主張は19世紀のイギリスに関するある歴史書の冒頭の段落で読んだのだが（わたしははっきり覚えている）、わたしの著書の読者から、それは「都市伝説」ではないかという異議があった。元の引用を再現することはできないが、この主張をもっと実際に即して証明することはできる（まったくというわけではないが、ほぼ正しいと言える！）。

　舗装道路が完備していない当時の長距離馬車は、速い部類に属するもので、平均して1日約32キロメートル走った。ロンドンとエディンバラの距離はおよそ400マイル〔約643キロメートル〕だから、この旅には約20日かかったことになる（繰り返すが、これは道路の建設が完了し、日常的な維持管理が行われる前のことで、馬車の速度も遅く、夜間輸送も避けられていた。これが1830年頃になると道路も良くなり、昼夜兼行、馬の交換50回という「光速」輸送となる。この場合は48時間での輸送が可能だ）。

　一方、サザンプトンからケープタウンまではざっと7039海里〔約1万3036キロメートル〕だ。最速のクリッパー船はもちろんスピード目的で建造されたもので、1800年には1日になんと460マイル〔約740キロメートル〕も進んだらしいが、現実的なクリッパー船の平均速度としては、まず1日300マイル〔約480キロメートル〕というところだろう。この速度だと、所要日数は23－24日になるのである。

　さらに大まかな話だが、ある権威の推定によると、産業革命以前のヨーロッパの水運コストは陸上輸送コストの20分の1だった。たとえば、16世紀に陸路で石炭を送ると1マイル〔約1.6キロキロメートル〕ごとに10パーセントずつ価値が下がったので、10マイル以上遠いところへ石炭を送っても利益がでなかった。単位重量と体積当たりの価値が大きい穀物の輸送では、1マイル移動して失われる価値は0.4パーセントで済んだので、250マイル〔約402キロメートル〕までなら輸送しても採算を取れた。もちろん追いはぎ、盗賊、海賊などによる略奪の怖れもあったから、武装した護衛をつけなければならない。そうなれば、この経済計量学による机上の計算値は目に見えて下がっていくことになる。Meir Kohn, "The Cost of Transportation

in Pre-industrial Europe," chapter 5 of *The Origins of Western Economic Success: Commerce, Finance, and Government in Pre-industrial Europe*, January 2001, http://www.dartmouth.edu/~mkohn/orgins.html, 50–51 を参照。

16. 地理的障壁はほかの視点からも重要だ。国家は耕作者、労働者、兵士、納税者として多くの人口を必要とするが、地理的な障壁があれば、不満があってもどこへも逃げられない。ロバート・カーネイロがメソポタミアについて論じたように、穀物を栽培する農民は沼地、海、荒れ地、山といった辺境地に囲まれていたので、そう簡単には国家から逃れられなかった（カーネイロは「外接していた」という表現を使っているが、これは「囚らわれていた」とも言えるだろう）。国家作りに当たった人びとは捕囚に近かった、とカーネイロは論じている。エジプトや初期の黄河の国家についても同様で、たとえばアマゾン盆地や北アメリカ東部の森林地帯と比べれば、こうした国家の周囲は砂漠だったと主張している。歴史的に見て、人びとが農業から遊牧、焼畑農業、海洋生活、さらには狩猟採集へと移行した証拠は数多くあるが、地理的、生態学的な障壁と、おそらくは敵対的な人びとの存在の両方が理由で、原始国家は容易に人口を沖積層に留めておけたのだろう。メソポタミアの場合の問題は、農民にとっては、それが望ましいときには遊牧に移行することが比較的容易だったことで、その際には、ティグリス川やユーフラテス川沿い沖積層を北へ移動すればよかった。Carneiro, "A Theory of the Origin of the State."
17. 繰り返すが、ここで述べているのは最初の定住ではなく、初めて永続的な人口が集まった、のちに最初の国家を生み出す定住地のことだ。沖積層での最初の定住は、ほかのところで述べたように、採集と狩猟を基礎とする非農業的な定住で、近接する生態系の縫い目に沿って豊富な資源があった。世界最初の定住コミュニティは日本北東部の沿岸縄文文化に属するものだろう。紀元前 1 万 2000 年のことだから、肥沃な三日月地帯のナトゥーフ期と同じか、おそらくそれより前になる。パーネルの記述する生態系と同様に、縄文人が採食していたのは、すぐ近くに豊かな海と森がある環境だった（その点は太平洋岸北西部のネイティヴ・アメリカンと似ている）。
18. Pournelle, "Marshland of Cities," 202.
19. アンデス山脈の作物であるアマランスやキノアは、同じ「疑似穀物」に属するが、主要な税作物として計算されていなかったようだ。おそらく種子が長期間にわたって不定期に熟すからだろう。2015 年 9 月の Alder Keleman との私信による。
20. Febvre, *A Geographical Introduction to History*, part III, 171–200.
21. Manning, *Against the Grain*, chapters 1 and 2 の同様の主張を参照。
22. 水稲の植物栄養の大半は土壌ではなく灌漑用水で届けられるので、このようなコメ栽培では、たとえばコムギやトウモロコシ栽培と比べると、耕耘や動物の糞による肥料が少なくても、長い年月にわたって持続することができる。
23. 一方でイモ類栽培、他方で穀物栽培の政治的意味合いに関するこうした主張については、拙著『ゾミア』で多くの紙面を割いて詳しく述べておいた（*The Art of Not Being Governed*, 64–97, 178–219）〔邦訳　第 3 章、第 6 章〕。そこでは、コメのような「国家」作物と、キャッサバやジャガイモのような「国家逃れ」作物とを区別して、国家が固定した畑での穀草作物に依存していたということと、課税と国家支配を回

避したい人びとが自らを国家管理の外側に身をおくために、すすんでイモ類、焼畑（移動）耕作、狩猟、採集といった生存戦略を採用したということの両方を主張した。ところが最近になって、類似した（しかし同一ではない）主張が J. Mayshar et al., "Cereals, Appropriability, and Hierarchy" でなされている。そこでの著者らも、穀物とイモ類との収奪可能性が大きく違うことを指摘しているのだが、多くの状況において、なにを植えるかが政治的な選択であったこと、萌芽期の国家が穀物の栽培を奨励し、多くの場合は義務づけたことを見逃している。穀草作物を国家および階級制度と、イモ類を無国家と結びつけたところはマイシャーらも正しいのだが、生業戦略を所与の基本原理と捉え、政治制度と政治的選択の産物ではないと考えているのは間違いだ。適切な水とある程度の土壌のあるところなら、多くの選択肢が可能だからである。著者らはさらに——どうやら公共善の提供という制度経済学の理論のみに基づいているようだが——国家の創造は、コミュニティが貯蔵した穀物を「盗賊」から守るためにエリート層が主導した、良性の発明だったと主張している。対照的にわたしは、その地で支配的だった盗賊団が「みかじめ料」を取ったのが国家の発祥だと考えている。栽培品種と国家との重要な関係を捜しあてた研究者が自分以外にもいると知って嬉しくはあるのだが、わたしとしては、狭量と見られるリスクを冒しても、自分がこの主張の父親だと強く主張しないわけにはいかない。なにしろマイシャーらは、自分たちより6年前に、この主張が明確に表明されていたことに気づいていないようなのだから。

24. McNeill, "Frederick the Great and the Propagation of Potatoes."
25. Adams, "An Interdisciplinary Overview of a Mesopotamian City."
26. Lewis, *The Early Chinese Empires*, 6.
27. Heather, *The Fall of the Roman Empire*, 56.
28. Lindner, *Nomads and Ottomans in Medieval Anatolia*, 65.
29. Yoffee and Cowgill, *The Collapse of Ancient States*, 49. セス・リチャードソンは私信で、この引用のテクストは神々に宛てられた文章を記したもので、典型的な例ではないだろうと指摘している。
30. Porter, *Mobile Pastoralism*, 324. ここでの「壁」という語は誤解を招くかもしれない。おそらくこれは定住地の連なりをさしているからだ。要塞化しているかどうかとは無関係に、それが政治支配の限界を示し、国家の境界ないし外周として概念化されたものになるのである。
31. Wang Haicheng, *Writing and the Ancient State*, 98.
32. どうやら国家形成に先立って、大規模な都市型施設——おそらく神殿——では数世紀前から、取引や配給を記録するために楔形文字の原型が使われていたようだ。2015年5月のデーヴィッド・ウェングロウとの私信による。
33. Nissen, "The Emergence of Writing in the Ancient Near East." ニッセンはさらにこう述べている。「ここで述べているような文字の登場を考えれば、文字の発明を、人類が踏み出した偉大な知的ステップのひとつとして称賛することには決してならないはずだ。文字による知的生活への影響はそれほど急激なものではなく、暗黒の「先史」時代を輝ける歴史から区別する根拠とはならない。文字が登場するまでに、文明化され

た高度な生活形態へ向けたステップの大半はすでに踏み出されていた。文字は、町や国家での複雑な生活に向けてさまざまなものが急速に発達するなかで、副産物として登場してきたにすぎない」(360)。Pollock, *Ancient Mesopotamia*, 168 も参照。ポーロックも、少なくとも紀元前2500年までは、楔形文字が神殿の聖歌、神話、諺、神殿の献辞などのために使われることはなかったとしている。

34. Crawford, *Ur*, 88.
35. Algaze, "Initial Social Complexity in Southwestern Asia."
36. 中国の初期の文字に関するこの記述は Wang Haicheng, *Writing and the Ancient State* および Lewis, *The Early Chinese Empires* から多くを引いている。
37. Lewis, *The Early Chinese Empires*, 274.
38. Algaze, "Initial Social Complexity in Southwestern Asia," 220–222 (C. C. Lambert-Karlovsky より引用)。Scott, *The Art of Not Being Governed*, 220–237 も参照〔邦訳　6+1/2 章〕。

第5章　人口の管理——束縛と戦争

1. Steinkeller and Hudson, "Introduction: Labor in the Early States: An Early Mesopotamian Perspective," *Labor in the Ancient World*, 1–35.
2. Sahlins, *Stone Age Economics.*
3. Chayanov, *The Theory of Peasant Economy*, 1–28. 頻繁に観察される「後方屈曲的供給曲線」でも、背後ではほぼ同じ論理が働いている。資本主義以前の人びとは、特定の目的(「目標所得」ともよばれる。結婚費用、ロバの購入など)を念頭に賃労働に従事するのだが、標準的なミクロ経済の論理とは逆に、賃金が高いときにはずっと早く目的を達成できるので、あまり働かなくなる。
4. Boserup, *The Conditions of Agricultural Growth*, 73.
5. 農業社会では、家父長制家族がこの状況での小宇宙のようなものになる。家族内での女性の労働(肉体労働と繁殖)と子どもの労働をつなぎ止めておくことが、家族の成功にとって、そしてとりわけそのCEOである家長の成功にとって重要な鍵となる。
6. Thucydides, *The Peloponnesian War*, 221.
7. Richardson, "Early Mesopotamia," 9, 20. ここで家畜の群れなどに使う「追い込む herd」という動詞が用いられているのも不注意によるものではないと思う。失踪中の臣民は「ちりぢりになったウシの群れ」になぞらえられているからだ(29)。また、大規模国家どうしの戦争でさえ、目的は、敵の国政術成功の鍵であるマンパワーを削減することだった(21–22)。
8. Santos-Granero, *Vital Enemies.*
9. Hochschild, *Bury the Chains*, 2.
10. 国家建設と奴隷制および奴隷狩りとの関係については拙著『ゾミア』(*The Art of Not Being Governed*, 85–94)を参照〔邦訳　85–94〕。
11. Finley, "Was Greek Civilization Based on Slave Labour?"
12. Ibid., 164.
13. このすぐあとの記述は、Yoffee, *Myths of the Archaic State;* Yoffee and Cowgill, *The Collapse*

of the Ancient States and Civilizations; Adams, "An Interdisciplinary Overview of a Mesopotamian City"; Algaze, "Initial Social Complexity in Southwestern Asia"; McCorriston, "The Fiber Revolution" より引いている。

14. しかし、わたしの読みにさらに合致した見解については Diakanoff, *Structure of Society and State in Early Dynastic Sumer* を参照。
15. Gelb, "Prisoners of War in Early Mesopotamia."
16. テート・ポーレット（Tate Paulette）は "Grain, Storage, and State-Making in Mesopotamia" で、こうした査定、徴収、貯蔵のプロセスを、とくに紀元前 2000 年代の沖積層定住地ファラについて、詳細な推定を行っている。
17. Algaze, "The End of Prehistory and the Uruk Period," 81. ここでのアルガゼは R. K. Englund, "Texts from the Late Uruk Period," in Josef Bauer, Robert K. Englund, and Manfred Krebernik, eds., *Mesopotamien: Späturuk-Zeit* und frühdynastische Zeit（Freiburg: Universitätsverlag, 1998）, 236 に依拠している。
18. Algaze, "The End of History and the Uruk Period," 81.
19. 楔形文字で書かれたこの用語を通常のローマ文字で表記すると "[e_2 asīrī]" となる。
20. Seri, *The House of Prisoners*, 259. 時期はウル第三王朝から 2 世紀あとで、状況はやや例外的だが、記述されている慣行の多くには、それ以前の慣行との家族的な類似があるとわたしは推測している。段落の残りの部分の記述はセリの文章から引いている。
21. Nissen and Heine, *From Mesopotamia to Iraq*, 31.
22. Gelb, "Prisoners of War in Early Mesopotamia," 90. また、時代は下るが Tenney, *Life at the Bottom of Babylonian Society*, 114, 133 もこれに関連していると思われる。
23. Tenney, *Life at the Bottom of Babylonian Society*, 105, 107–118.
24. Piotr Steinkeller, "The Employment of Labor on National Building Projects in the Ur III Period"（Steinkeller and Hudson, *Labor in the Ancient World*, 137–236 に所収）。付け加えておくと、シュテインケラーらは主要な記念物建築プロジェクトについて楽観的な見方をしていて、祝祭の幕間劇があって労働者にも十分に食べ物がふるまわれ、たくさんの娯楽と飲み物が与えられるとしている。これはむしろ人類学の文献に見られる協調的な収穫儀式に近い。
25. たとえば Menu, "Captifs de guerre et dépendance rurale dans l'Égypte du Nouvel Empire"; Lehner, "Labor and the Pyramids" および Goelet, "Problems of Authority, Compulsion, and Compensation" を参照。
26. Goelet, "Problems of Authority, Compulsion, and Compensation," 570 に引用。
27. Nemet-Rejat, *Daily Life in Ancient Mesopotamia*, 188.
28. この事件はラムセス 3 世の治世で起こった。Maria Golia, "After Tahrir," *Times Literary Supplement*, February 12, 2016, p. 14 に引用。
29. このすぐあとで述べることは Lewis, *The Early Chinese Empires;* Keightley, *The Origins of Chinese Civilization* および Yates, "Slavery in Early China" に多くを負っている。
30. たとえば Yates, "Slavery in Early China" を参照。
31. 読者はすでに気づいていると思うが、ほかの場所で育ち、訓練された人びとの生産的生活を定住先の土地でも利用できるようにするという点では、北ヨーロッパや北

アメリカへの大量移民も——こちらは大部分が自主的なものだったが——ほぼ同じことを達成している。

32. Taylor, "Believing the Ancients." この立場と反対の意見については Scheidel, "Quantifying the Sources of Slaves" を参照。
33. 「アルマゲドン」という語はこのときの衝突から来ているが、実際の戦いは、勝利というより膠着状態だったようだ。
34. Thucydides, *The Peloponnesian War*, 173.
35. Cameron, "Captives and Culture Change."
36. Steinkeller, "The Employment of Labor on National Building Projects"; Richardson, "Building Larsa" および Dietler and Herbich, "Feasts and Labor Mobilization" を参照。リチャードソンは、たとえば都市の城壁を建てるのに必要な労働量が一般に考えられているよりかなり少ないことを確認している。しかしその一方で、神殿完成時の豪華な祝宴に参加できる「人びと」の数は、公式発表では自ずと膨らむものなので、そこから日々の労働条件を決定するのは不可能だ。こうした議論は、不満をもった臣民は比較的容易に逃亡できたという点に社会基盤を置いている。この見方では、逃亡を防ぐための手段のことや、戦争や購入によって容易に代替できた可能性が見過ごされてしまう。
37. Algaze, "The Uruk Expansion."
38. Oded, *Mass Deportations and Deportees*. 初期メソポタミアでの習慣については Gelb, "Prisoners of War in Early Mesopotamia" を参照。
39. Oded, *Mass Deportations and Deportees*, 20. 書記官は 300 年にわたって 4-5 億人が国外退去になったとしている。ただし、こうした数字は帝国を大きく見せるために大幅に水増しされていると思われる。
40. Nissen and Heine, *From Mesopotamia to Iraq*, 80.
41. Tocqueville, *Democracy in America*, 544（Darwin, *After Tamerlane*, 24 に引用）。トクヴィルはさらに「圧制は、アフリカの子孫たちから人間のほとんどすべての特権を一撃の下に奪ってしまった」とも述べている。動物と人間の家畜化のアナロジーについては、これも優れた著書である Reviel Netz, *Barbed Wire*, 15 を参照。南北戦争以前のアメリカ合衆国南部における家畜動物と奴隷のアナロジーに関するすばらしい分析については Jacoby, "Slaves by Nature" を参照。

第 6 章　初期国家の脆弱さ

1. Adams, "Strategies of Maximization, Stability, and Resilience."
2. Yoffee and Cowgill, *The Collapse of Ancient States and Civilizations* および McAnany and Yoffee, *Questioning Collapse*.
3. Broodbank, *The Making of the Middle Sea*, 356.
4. "Surviving the Collapse." ギリシアのミュケナイ文化についてデーヴィッド・スモールは、いわゆる「崩壊」は、実際には小さくて安定した単位への「継承」であって、そうした無傷で残った小規模なリネージが構成要素となって、大きな政体が形成されるのだと主張している。

5. Yoffee and Cowgill, *The Collapse of Ancient States and Civilizations*, 30, 60.
6. Nissen, *The Early History of the Ancient Near East*, 187.
7. Brinkman, "Settlement Surveys and Documentary Evidence."
8. Algaze, "The Uruk Expansion" および Wengrow, *What Makes Civilization*, 75–82.
9. 隔離の歴史については Harrison, *Contagion* を参照。
10. Morris, *Why the West Rules—for Now*, 217.
11. アントニヌスの疫病という名称の方がよく知られている。Cunliffe, *Europe Between the Oceans*, 393.
12. このつながりでは Radkau, *Nature and Power*; Meiggs, *Trees and Timber in the Ancient Mediterranean World* および Hughes, *The Mediterranean* といった重要な研究を参照。
13. McMahon, "North Mesopotamia in the Third Millennium BC." ユーフラテス川上流の森林地帯での人と作物、家畜の集合体については Moore, Hillman, and Legge, *Village on the Euphrates*, 51-63 を参照。
14. Deacon, "Deforestation and Ownership." 273
15. Mithen, *After the Ice*, 87.
16.「剥き出しの土壌」「雑穀を播いた土地」「草地」「放牧をしていない茂み」の相対的な土壌損失や降雨の流出の比較については Redman, *Human Impact on Ancient Environments*, 101 の数値を参照。
17. Mithen, *After the Ice*, 50.
18. McNeill, *Mountains of the Mediterranean World*, 73–75.
19. Artzy and Hillel, "A Defense of the Theory of Progressive Salinization."
20. Adams, "Strategies of Maximization, Stability, and Resilience."
21. Nissen and Heine, *From Mesopotamia to Iraq*, 71.
22. Thucydides, *The Peloponnesian War*, 485. トゥキディデスは、この遠征では戦わなくても金を稼げると考えていた兵士が幻滅して離脱したことにも言及している。
23. アテナイ同盟は 10 年以上前の自滅的行為で危機に陥ったという主張もできるかもしれない。紀元前 425 年に、アテナイは属国から人や物で取り立てる税を 3 倍に増やしていて、それが逃亡の確率を高めたと思われる。
24. この洞察は Victor Lieberman に負っている。Lieberman, *Strange Parallels*, 1: 1–40 を参照。
25. 元同僚である Ed Lindblom の有名な喩え。
26. Yoffee and Cowgill, *The Collapse of Ancient States and Civilizations*, 260.
27. Morris, *Why the West Rules—for Now*, 194 に引用。
28. David O'Connor, "Society and Individual in Early Egypt," in Richards and van Buren, *Order, Legitimacy, and Wealth in Ancient States*, 21–35.
29. Ibid., and Broodbank, *The Making of the Middle Sea*, 277.
30. ここで述べていることは Yoffee and Cowgill, *The Collapse of Ancient States and Civilizations* および McAnany and Yoffee, *Questioning Collapse* で最初に展開された懐疑主義の全般的な流れに沿っている。
31. Tainter, *The Collapse of Complex Societies*.
32. G. W. Bowersock, "The Dissolution of the Roman Empire," in Yoffee and Cowgill, *The Collapse*

of Ancient States and Civilizations, 165–175 を参照。バウアーソックは、ローマ帝国が消滅したのは後年のアラブの侵略によるのだと主張している。

33. Cunliffe, *Europe Between the Oceans*, 364.
34. Riehl, "Variability in Ancient Near Eastern Environmental and Agricultural Development."
35. Adams, "Strategies of Maximization, Stability, and Resilience," 334.
36. Adams, *The Land Behind Bagdad*, 55.
37. Broodbank, *The Making of the Middle Sea*, 349.
38. Richardson, "Early Mesopotamia," 16.
39. 「実際に、大地は轆轤（ろくろ）のようにぐるぐる回っている。強盗が富を所有している。……」Bell, "The Dark Ages in Ancient History," 75.
40. McNeill, *Plagues and People*, 58–71. デーヴィッド・ウェングロウは、地域全体での交易や交換を通じた接触は人口の孤立と逆の機能を果たしたと思われるので、そこから、遺伝学的に見て「素朴な」人びとのあいだでの流行病が可能になると考えている（私信）。この考えは、大規模な人口中心地とそれを結ぶ交易ルートについてはその通りだろうが、主要な交易ルートから離れたところで暮らす無国家民には当てはまらないのではないだろうか。人口が小規模なところでは、一般的な感染性疾患の多くは流行病といえるほどは広がらなかっただろう。マクニールの推測はまだ推測の段階であり、さらなる調査が待たれる。

第７章　野蛮人の黄金時代

1. ここでいう「課税」は、臣民の生産、労働力、あるいは収入に対して大なり小なり定期的に課されるものを意味している。初期国家の「税」は、おそらく作物の収穫などから現物を取り立てるか、労働（賦役）の形態をとっていたと考えられる。
2. わたしの同僚で、中国の国境地帯や無国家民一般のエキスパートであるピーター・パーデューなら、終着点を後ろへずらせて18世紀末にするだろう。パーデューの見方では、その頃になってようやく「地球上の辺境地帯のほぼすべてを定住者と商人が占拠し、世界規模の商品交易業者が主要大陸のすべてから資源を引きだすようになった」のだという（私信）。
3. J. N. Postgate（ポストゲート）は、「遊牧民」の略奪を「山地民」の略奪と区別し、両者を比較したうえで、メソポタミアの場合、国家を破壊したのは「遊牧民」の方だろうとしている。*Early Mesopotamia*, 9.
4. Skaria, *Hybrid Histories*, 132.
5. Cunliffe, *Europe Between the Oceans*, 229.
6. 「海の民」についてわかっていること、議論のあることについての有益な要約は Gitin, Mazar, and Stern, *Mediterranean Peoples in Transition* を参照。
7. Cunliffe, *Europe Between the Oceans*, 331.
8. Bronson, "The Role of Barbarians in the Fall of States," 208.
9. Lattimore, "The Frontier in History," 486.
10. Bronson, "The Role of Barbarians in the Fall of States," 200.
11. Porter, *Mobile Pastoralism*, 324. ポーターは、アムル人がメソポタミア社会の一分派で

あって「野蛮人」ではなかったことも示している。たしかに挑戦者であり王位簒奪者ではあったが、決して「よそ者」ではなかったということだ（61）。

12. Burns, *Rome and the Barbarians*, 150.
13. Volume 1 of Coatsworth et al., *Global Connections*, 76 に引用。
14. Clastres, *La Société contre l'État.*
15. Beckwith, *Empires of the Silk Road*, 76.
16. Lattimore, "The Frontier in History," 476–481.
17. Ibid., E. A. Thompson, *A History of Attila and the Huns*（Oxford: Oxford University Press, 1948), 185–186 に引用。
18. Lattimore, "The Frontier in History," 481.
19. Herwig Wolfram, *History of the Goths*, trans. Thomas J. Dunlap（Berkeley: University of California Press, 1988), 8. Beckwith, *Empires of the Silk Road*, 333 に引用。
20. スパルタカスをはじめとする反逆者は、初めはイタリアを出ようとしたことを指摘しておくべきだろう。それが裏切りによって、そして最後にはスッラの軍によって阻まれたのだった。東南アジア高地での国家からの逃亡習慣の歴史については拙著『ゾミア』を参照。
21. Cunliffe, *Europe Between the Oceans*, 238.
22. Beckwith, *Empires of the Silk Road*, 333–334.
23. Wengrow, *What Makes Civilization*, 99.
24. 同じような見方をすれば、大型の群生動物はほかの動物と比べて「定住性」があり、1 年の特定の時期に大きな数で集まってくるので、とりわけイヌを連れ、槍や弓をもったホモ・サピエンスによる略奪（狩猟）に対して潜在的に脆弱であり、したがって、こうした狩猟民の人口が増えてきたときに真っ先に絶滅の危機にさらされた種のひとつだったといえるかもしれない。
25. Beckwith, *Empires of the Silk Road*, 321. 276
26. Santos-Granero, *Vital Enemies.*
27. パーデュー（Perdue）は、移動性の略奪民と定住民の関係が動物界や昆虫界にも見られることを思い起こさせてくれる。これらは異なった、そしてある程度まで競合的な生業戦略となる。
28. Owen Lattimore, "On the Wickedness of Being Nomads."
29. Beckwith, *Empires of the Silk Road*, 69 に引用。
30. Paul Astrom, "Continuity and Discontinuity: Indigenous and Foreign Elements in Cyprus Around 1200 BC," in Gitin, Mazar, and Stern, *Mediterranean Peoples in Transition*, 80–86（83 ページに引用）。
31. Susan Sherratt, "'Sea Peoples' and the Economic Structure of the Late Second Millennium in the Eastern Mediterranean," in Gitin, Mazar, and Stern, *Mediterranean Peoples in Transition*, 292–313（305 ページに引用）。
32. この論理はチャールズ・ティリー（Charles Tilly）が "War Making and State Making as Organized Crime" で見事に展開している。
33. William Irons, "Cultural Capital, Livestock Raiding."

34. Barfield, "Tribe and State Relations," 169–170.
35. Flannery, "Origins and Ecological Effect of Early Domestication."
36. Broodbank, *The Making of the Middle Sea*, 358. マレー世界の伝統的な河川小国家にこの論理を図式として見事に適用した例については Bronson, "Exchange at the Upstream and Downstream Ends" も参照。
37. Beckwith, *Empires of the Silk Road*, 328–329. Di Cosmo, *Ancient China and Its Enemies* も参照。
38. Fletcher, "The Mongols," 42.
39. Cunliffe, *Europe Between the Oceans*, 378.
40. Ibid. とくに第7章。
41. Tsing, *The Mushroom at the End of the World.*
42. Beckwith, *Empires of the Silk Road*, 327–328.
43. Artzy, "Routes, Trade, Boats and 'Nomads of the Sea,'" 439–448.
44. Lattimore, "The Frontier in History," 504.
45. フレッチャー（Fletcher）は「ステップ」の遊牧民と「砂漠」の遊牧民とを区別して、大草原の遊牧民は定住民や農業国家との交流がはるかに少なく、略奪が交易と同じくらい重要なのに対して、砂漠の遊牧民は定住コミュニティや都市社会と日常的な交易関係にあることが多いとしている。Fletcher, "The Mongols," 41 を参照。
46. Barfield, "The Shadow Empires."
47. これに関連しては Ratchnevsky, *Genghis Khan* および Hämäläinen, *Comanche Empire* を参照。
48. Ferguson and Whitehead, "The Violent Edge of Empire," 23.
49. Kradin, "Nomadic Empires in Evolutionary Perspective," 504. 類似した見解については Barfield, "Tribe and State Relations" も参照。

参考文献

Adams, Robert McC. "Agriculture and Urban Life in Early Southwestern Iran." *Science* 136, no. 3511 (1962): 109–122.

———. *The Land Behind Baghdad: A History of Settlement on the Diyala Plains*. Chicago: University of Chicago Press, 1965.

———. "Anthropological Perspectives on Ancient Trade." *Current Anthropology* 15, no. 3 (1974): 141–160.

———. *Heartland of Cities: Surveys of Ancient Settlements and Land Use on the Central Floodplain of the Euphrates*. Chicago: University of Chicago Press, 1974.

———. "Strategies of Maximization, Stability, and Resilience in Mesopotamian Society, Settlement, and Agriculture." *Proceedings of the American Philosophical Society* 122, no. 5 (1978): 329–335.

———. "The Limits of State Power on the Mesopotamian Plain." *Cuneiform Digital Library Bulletin* 1 (2007).

———. "An Interdisciplinary Overview of a Mesopotamian City and Its Hinterland." *Cuneiform Digital Library Journal* 1 (2008): 1–23.

Algaze, Guillermo. "The Uruk Expansion: Cross Cultural Exchange in Early Mesopotamian Civilization." *Current Anthropology* 30, no. 5 (1989): 571–608.

———. "Initial Social Complexity in Southwestern Asia: The Mesopotamian Advantage." *Current Anthropology* 42, no. 2 (2001): 199–233.

———. "The End of Prehistory and the Uruk Period." In Crawford, *The Sumerian World*, 68–94.

Appuhn, Karl. "Inventing Nature: Forests, Forestry, and State Power in Renaissance Venice." *Journal of Modern History* 72, no. 4 (2000): 861–889.

Armelagos, George J., and Alan McArdle. "Population, Disease, and Evolution." *Memoirs of the Society of American Archaeology*, no. 30 (1975), *Population Studies in Archaeology and Biological Anthropology: A Symposium*, 1–10.

Armelagos, George J., et al. "The Origins of Agriculture: Population Growth During a Period of Declining Health." *Population and Environment: A Journal of Interdisciplinary Studies* 13, no. 1 (1981): 9–22.

Artzy, Michal. "Routes, Trade, Boats and 'Nomads of the Sea.'" In Gitin et al., *Mediterranean Peoples in Transition*, 439–448.

Artzy, Michal, and Daniel Hillel. "A Defense of the Theory of Progressive Salinization in Ancient Southern Mesopotamia." *Geoarchaeology* 3, no. 3 (1988): 235–238.

Asher-Greve, Julia M. "Women and Agency: A Survey from Late Uruk to the End of Ur III." In Crawford, *The Sumerian World*, 345–358.

Asouti, Eleni, and Dorian Q. Fuller. "A Contextual Approach to the Emergence of Agriculture in

Southwest Asia: Reconstructing Early Neolithic Plant-food Production." *Current Anthropology* 54, no. 3 (2013): 299–345.

Axtell, James. "The White Indians of Colonial America." *William and Mary Quarterly* 3rd ser. 32 (1975): 55–88.

Bairoch, Paul. *Cities and Economic Development: From the Dawn of History to the Present*. Trans. Christopher Braider. Chicago: University of Chicago Press, 1988.

Baker, Paul T., and William T. Sanders. "Demographic Studies in Anthropology." *Annual Review of Anthropology* 1 (1972): 151–178.

Barfield, Thomas J. "Tribe and State Relations: The Inner Asian Perspective." In Philip S. Khoury and Joseph Kostiner, eds., *Tribes and State Formation in the Middle East*, 153–182. Berkeley: University of California Press, 1990.

———. "The Shadow Empires: Imperial State Formation Along the Chinese Nomad Frontier." In Susan E. Alcock, Terrance N. D'Altroy, et al., eds. *Empires: Perspectives from Archaeology and History*, 11–41. Cambridge: Cambridge University Press, 2001.

Beckwith, Christopher. *Empires of the Silk Road: A History of Central Eurasia from the Bronze Age to the Present*. Princeton: Princeton University Press, 2009〔邦訳『ユーラシア帝国の興亡——世界史四〇〇〇年の震源地』斎藤純男訳、筑摩書房、2017 年〕

Bell, Barbara. "The Dark Ages in Ancient History: 1. The First Dark Age in Egypt." *American Journal of Archaeology* 75, no. 1 (1971): 1–26.

Bellwood, Peter. *First Farmers: The Origins of Agricultural Societies*. Oxford: Blackwell, 2005〔邦訳『農耕起源の人類史』地球研ライブラリー No.6、京都大学学術出版会、2008 年〕

Bennet, John. "The Aegean Bronze Age." In Scheidel et al., *Cambridge Economic History*, 175–210.

Berelov, Ilya. "Signs of Sedentism and Mobility in Agro-Pastoral Community During the Levantine Middle Bronze Age: Interpreting Site Function and Occupation Strategy at Zahrat adh-Dhra 1. *Journal of Anthropological Archaeology* 25 (2006): 117–143.

Bernbeck, Reinhard. "Lasting Alliances and Emerging Competition: Economics Developments in Early Mesopotamia." *Journal of Anthropological Archaeology* 14 (1995): 1–25.

Blanton, Richard, and Lane Fargher. *Collective Action in the Formation of Pre-Modern States*. New York: Springer, 2008.

Blinman, Eric. "2000 Years of Cultural Adaptation to Climate Change in the Southwestern United States." *AMBO: A Journal of the Human Environment* 37, sp. 14 (2000): 489–497.

Bocquet-Appel, Jean-Pierre. "Paleoanthropological Traces of a Neolithic Demographic Transition." *Current Anthropology* 43, no. 4 (2002): 637–650.

———. "The Agricultural Demographic Transition (ADT) During and After the Agricultural Inventions." *Current Anthropology* 52, no. S4 (2011): 497–510.

Boone, James L. "Subsistence Strategies and Early Human Population History: An Evolutionary Perspective." *World Archaeology* 34, no. 1 (2002): 6–25.

Boserup, Ester. *The Conditions of Agricultural Growth: The Economics of Agrarian Change Under Population Pressure*. Chicago: Aldine, 1965〔邦訳『農業成長の諸条件——人口圧による農業変化の経済学』安澤秀一・安澤みね訳、ミネルヴァ書房、1975 年〕

Boyden, S. V. *The Impact of Civilisation on the Biology of Man*. Toronto: University of Toronto Press, 1970.

Braund, D. C., and G. R. Tsetkhladze. "The Export of Slaves from Colchis." *Classical Quarterly* new ser. 39, no. 1 (1988): 114–125.

Brinkman, John Anthony. "Settlement Surveys and Documentary Evidence: Regional Variation and Secular Trends in Mesopotamian Demography." *Journal of Near Eastern Studies* 43, no. 3 (1984): 169–180.

Brody, Hugh. *The Other Side of Eden: Hunters, Farmers, and the Shaping of the World*. Vancouver: Douglas and McIntyre, 2002〔邦訳『エデンの彼方——狩猟採集民・農耕民・人類の歴史』池央耿訳、草思社、2004年〕

Bronson, Bennett. "Exchange at the Upstream and Downstream Ends: Notes Toward a Functional Model of the Coastal State in Southeast Asia." In Karl Hutterer, ed., *Economic Exchange and Social Interaction in Southeast Asia: Perspectives from Prehistory, History, and Ethnography*, 39–52. Ann Arbor: Center for South and Southeast Asian Studies, University of Michigan, 1977.

———. "The Role of Barbarians in the Fall of States." In Yoffee and Cowgill, *Collapse of Ancient States*, 196–218.

Broodbank, Cyprian. *The Making of the Middle Sea: A History of the Mediterranean from the Beginning to the Emergence of the Classical World*. London: Thames and Hudson, 2013.

Burke, Edmund, and Kenneth Pomeranz, eds. *The Environment and World History*. Berkeley: University of California Press, 2009.

Burnet, Sir MacFarlane, and David O. White. *The Natural History of Infectious Disease*, 4th ed. Cambridge: Cambridge University Press, 1972.

Burns, Thomas S. *Rome and the Barbarians, 100 BC–AD 400*. Baltimore: Johns Hopkins University Press, 2003.

Cameron, Catherine M. "Captives and Culture Change." *Current Anthropology* 52, no. 2 (2011): 169–209.

Cameron, Catherine M., and Steve A. Tomka. *Abandonment of Settlements and Regions: Ethnoarchaeological and Archaeological Approaches*. New Directions in Archaeology. Cambridge: Cambridge University Press, 1996.

Carmichael, G. "Infection, Hidden Hunger, and History." In "Hunger and History: The Impact of Changing Food Production and Consumption Patterns on Society," *Journal of Interdisciplinary History* 14, no. 2 (1983): 249–264.

Carmona, Salvador, and Mahmoud Ezzamel. "Accounting and Forms of Accountability in Ancient Civilizations: Mesopotamia and Ancient Egypt." Working Paper, Annual Conference of the European Accounting Association, Goteborg, Sweden, 2005.

Carneiro, R. "A Theory of the Origin of the State." *Science* 169 (1970): 733–739.

Chakrabarty, Dipesh. "The Climate of History: Four Theses." *Critical Inquiry* 35 (2009): 197–222.

Chang, Kwang-chih. "Ancient Trade as Economics or as Ecology." In Jeremy Sabloff and C. C. Lamberg-Karlovsky, eds., *Ancient Civilization and Trade*, 211–224. Albuquerque: School of American Research, University of New Mexico Press, 1975.

Chapman, Robert. *Archaeology of Complexity*. London: Routledge, 2003.

Chayanov, A. V. *The Theory of Peasant Economy*. Ed. Daniel Thorner, Basile Kerblay, and R. E. F. Smith. Homewood, Ill.: Richard D. Irwin for the American Economic Association, 1966.

Christensen, Peter. *The Decline of Iranshahr: Irrigation and Environments in the History of the Middle East, 500 BC to AD 1500*. Copenhagen: Museum Tusculanum, 1993.

Christian, David. *Maps of Time: An Introduction to Big History*. Berkeley: University of California Press, 2004

Clarke, Joanne, ed. *Archaeological Perspectives on the Transmission and Transformation of Culture in the Eastern Mediterranean*. Levant Supplementary Series 2. Oxford: Oxbow, 2005.

Clastres, Pierre. *La Société contre l'État——recherches d'anthropologie politique*. Paris: Editions de Minuit, 1974〔邦訳『国家に抗する社会——政治人類学研究』渡辺公三訳、書肆風の薔薇、1987 年〕

Coatsworth, John, Juan Cole, et al. *Global Connections: Politics, Exchange, and Social Life in World History*, vol. 1, To 1500. Cambridge: Cambridge University Press, 2015.

Cockburn, I. Aiden. "Infectious Diseases in Ancient Populations." *Current Anthropology* 12, no. 1 (1971): 45–62.

Conklin, Harold C. *Hanunóo Agriculture: A Report on an Integral System of Shifting-Agriculture in the Philippines*. Rome: Food and Agriculture Organization of the United Nations, 1957.

Cowgill, George L. "On Causes and Consequences of Ancient and Modern Population Changes." *American Anthropologist* 77, no. 3 (1975): 505–525.

Crawford, Harriet, ed. *The Sumerian World*. London: Routledge, 2013.

———. *Ur: The City of the Moon God*. London: Bloomsbury, 2015.

Cronon, William. *Changes in the Land: Indians, Colonists, and the Ecology of New England*, rev. ed. New York: Hill and Wang, 2003〔邦訳『変貌する大地——インディアンと植民者の環境史』佐野敏行・藤田真理子訳、勁草書房、1995 年〕

Crossley, Pamela Kyle, Helen Siu, and Donald Sutton, eds., *Empire at the Margins: Culture and Frontier in Early Modern China*. Berkeley: University of California Press, 2006.

Crouch, Barry A. "Booty Capitalism and Capitalism's Booty: Slaves and Slavery in Ancient Rome and the American South." *Slavery and Abolition: A Journal of Slave and Post-Slave Studies* 6, no. 1 (1985): 3–24.

Crumley, Carol L. "The Ecology of Conquest: Contrasting Agropastoral and Agricultural Societies' Adaptation to Climatic Change." In Carol L. Crumley, ed., *Historical Ecology: Cultural Knowledge and Changing Landscapes*, 183–201. School of American Research Advanced Seminar Series. Santa Fe, N.M.: School of American Research Press, 1994.

Cunliffe, Barry. *Europe Between the Oceans: Themes and Variations: 9000 BC–AD 1000*. New Haven: Yale University Press, 2008.

Dalfes, H. Nüzhet, George Kukla, and Harvey Weiss. *Third Millennium BC Climate Change and Old World Collapse*. NATO Advanced Science Institutes Series, Series I, Global Environmental Change 49 (2013).

Dark, Petra, and Henry Gent. "Pests and Diseases of Prehistoric Crops: A Yield 'Honeymoon' for

Early Grain Crops in Europe?" *Oxford Journal of Archaeology* 20, no. 1 (2001): 59–78.

Darwin, John. *After Tamerlane: The Rise and Fall of Global Empires, 1400–2000*. London: Penguin, 2007.

Deacon, Robert T. "Deforestation and Ownership: Evidence from Historical Accounts and Contemporary Data." *Land Economics* 75, no. 3 (1999): 341–359.

Diakanoff, M. *Structure of Society and State in Early Dynastic Sumer*. Malibu, Calif.: Monographs of the Ancient Near East, 1, no. 3 (1974).

Diamond, Jared. *Guns, Germs, and Steel: The Fates of Human Societies*. New York: Norton, 1977〔邦訳『銃・病原菌・鉄』倉骨彰訳、草思社文庫、2012 年〕

Dickson, D. Bruce. "Circumscription by Anthropogenic Environmental Destruction: An Expansion of Carneiro's (1970) Theory of the Origin of the State." *American Antiquity* 52, no. 4 (1987): 709–716.

Di Cosmo, Nicola. "State Formation and Periodization in Inner Asian History." *Journal of World History* 10, no. 1 (1999): 1–40.

———. *Ancient China and Its Enemies: The Rise of Nomadic Power in East Asian History*. Cambridge: Cambridge University Press, 2011.

Dietler, Michael. "The Iron Age in the Western Mediterranean." In Scheidel et al., *Cambridge Economic History*, 242–276.

Dietler, Michael, and Ingrid Herbich. "Feasts and Labor Mobilization: Dissecting a Fundamental Economic Practice." In M. Dietler and Brian Hayden, eds., *Feasts: Archaeological and Ethnographic Perspectives on Food, Politics, and Power*, 240–264. Washington, D.C.: Smithsonian Institution Press, 2001.

Donaldson, Adam. "Peasant and Slave Rebellions in the Roman Republic." Ph.D. diss., University of Arizona, 2012.

D'Souza, Rohan. *Drowned and Dammed: Colonial Capitalism and Flood Control in Eastern India*. New Delhi: Oxford University Press, 2006.

Dyson-Hudson, Rada, and Eric Alden Smith. "Human Territoriality: An Ecological Reassessment." *American Anthropologist* new ser. 890, no. 1 (1973): 21–41.

Eaton, S. Boyd, and Melvin Konner. "Paleolithic Nutrition." *New England Journal of Medicine* 312, no. 5 (1985): 283–290.

Ebrey, Patricia Buckley. *The Cambridge Illustrated History of China*. Cambridge: Cambridge University Press, 1996.

Elias, Norbert. *The Civilizing Process: Sociogenic and Psychogenic Investigations*, rev. ed. Oxford: Blackwell, 1994.

Ellis, Maria de J. "Taxation in Ancient Mesopotamia: The History of the Term Miksu." *Journal of Cuneiform Studies* 26, no. 4 (1974): 211–250.

Elvin, Mark. *Retreat of the Elephants: An Environmental History of Chin*a. New Haven: Yale University Press, 2004.

Endicott, Kirk. "Introduction: Southeast Asia." In Richard B. Lee and Richard Daly, eds., *The Cambridge Encyclopedia of Hunters and Gatherers*, 275–283. Cambridge: Cambridge University

Press, 1999.

Eshed, Vered, et al. "Has the Transition to Agriculture Reshaped the Demographic Structure of Prehistoric Populations? New Evidence from the Levant." *American Journal of Physical Anthropology* 124 (2004): 315–329.

Evans-Pritchard, E. E. *The Nuer: A Description of the Modes of Livelihood and Political Institutions of a Nilotic People*. Oxford: Clarendon, 1940.

Evin, Allowen, et al. "The Long and Winding Road: Identifying Pig Domestication Through Molar Size and Shape." *Journal of Archaeological Science* 40 (2013): 735–742.

Farber, Walter. "Health Care and Epidemics in Antiquity: The Example of Ancient Mesopotamia." Lecture, Oriental Institute, June 26, 2006, CHIASMOS, https://www.youtube.com/watch?v=Y-w_4Cghic_w.

Febvre, Lucien. *A Geographical Introduction to History*. Trans. E. G. Mountford and J. H. Paxton. London: Routledge Kegan Paul, 1923.

Feinman, Gary M., and Joyce Marcus. *Archaic States*. Santa Fe, N.M.: School of American Research, 1998.

Fenner, Frank. "The Effects of Changing Social Organization on the Infectious Diseases of Man." In Boyden, *Impact of Civilisation on the Biology of Man*, 48–68.

Ferguson, R. Brian, and Neil L. Whitehead. "The Violent Edge of Empire." In R. Brian Ferguson and Neil L. Whitehead, eds., *War in the Tribal Zone: Expanding States and Indigenous Warfare*, 1–30. Santa Fe, N.M.: School of American Research, 1992.

Fiennes, R. N. *Zoonoses and the Origins and Ecology of Human Disease*. London: Academic Press, 1978〔邦訳『感染症――病気の起源と歴史』谷荘吉訳、廣川書店、1983年〕

Finley, M. I. "Was Greek Civilization Based on Slave Labour?" *Historia: Zeitschrift fur alte geschichte* 8, no. 2 (1959): 145–164.

Fiskesjo, Magnus. "The Barbarian Borderland and the Chinese Imagination: Travelers in Wa Country." *Inner Asia* 5, no. 1 (2002): 81–99.

Flannery, Kent V. "Origins and Ecological Effect of Early Domestication in Iran and the Middle East." In Ucko and Dimbleby, *Domestication and Exploitation*, 73–100.

Fletcher, Joseph. "The Mongols: Ecological and Social Perspectives." *Harvard Journal of Asiatic Studies* 46, no. 1 (1986): 11–50.

French, E. B., and K. A. Wardle, eds. *Problems in Greek Prehistory: Papers Presented at the Centenary Conference of the British School of Archaeology at Athens*. Manchester: Bristol Classical Press, 1986.

Friedman, Jonathan. "Tribes, States, and Transformations: An Association for Social Anthropology Study." In Maurice Bloch, ed., *Marxist Analyses and Social Anthropology*, 161–200. New York: Wiley, 1975.

Fukuyama, Francis. *The Origins of Political Order: From Prehuman Times to the French Revolution*. New York: Farrar, Straus and Giroux, 2011〔邦訳『政治の起源――人類以前からフランス革命まで』会田弘継訳、講談社、2013年〕

Fuller, Dorian Q., et al. "Cultivation and Domestication Has Multiple Origins: Arguments Against

the Core Area Hypothesis for the Origins of Agriculture in the Near East." *World Archaeology* 43, no. 4, special issue, Debates in World Archaeology (2011): 628–652.

Gelb, J. J. "Prisoners of War in Early Mesopotamia." *Journal of Near Eastern Studies* 32, no. 12 (1973): 70–98.

Gibson, McGuire, and Robert D. Briggs. "The Organization of Power: Aspects of Bureaucracy in the Ancient Near East." *Studies in Ancient Oriental Civilization*, no. 46. Chicago: Oriental Institute of the University of Chicago, 1987.

Gilbert, Allan S. "Modern Nomads and Prehistoric Pastoralists: The Limits of Analogy." *Journal of the Ancient Near Eastern Society* 7 (1975): 53–71.

Gilman, A. "The Development of Social Stratification in Bronze Age Europe." *Current Anthropology* 22 (1981): 1–23.

Gitin, Seymour, Amihai Mazar, and Ephraim Stern, eds. *Mediterranean Peoples in Transition: Thirteenth to Early Tenth Centuries BCE*. In Honor of Professor Trude Dothan. Jerusalem: Israel Exploration Society, 1998.

Goelet, Ogden. "Problems of Authority, Compulsion, and Compensation in Ancient Egyptian Labor Practices." In Steinkeller and Hudson, *Labor in the Ancient World*, 523–582.

Goring-Morris, A. Nigel, and Anna Belfer-Cohen. "Neolithization Processes in the Levant: The Outer Envelope." *Current Anthropology* 52, no. S4, The Origins of Agriculture: New Data, New Ideas (2011): S195-S208.

Goudsblom, Johan. *Fire and Civilization*. London: Penguin, 1992〔邦訳『火と文明化』大平章訳、法政大学出版局、1999年〕

Graeber, David. *Debt: The First 5,000 Years*. London: Melville House, 2011〔邦訳『負債論——貨幣と暴力の5000年』高祖岩三郎・佐々木夏子訳、以文社、2016年〕

Greger, Michael. "The Human/Animal Interface: Emergence and Resurgence of Zoonotic Infectious Diseases." *Critical Reviews in Microbiology* 33 (2007): 243–299.

Grinin, Leonid E., et al., eds. *The Early State, Its Alternatives and Analogues*. Volgograd: "Uchitel," 2004.

Groenen, Martien A. M., et al. "Analysis of Pig Genome Provides Insight into Porcine Domestication and Evolution." *Nature* 491 (2012): 391–398.

Groube, Les. "The Impact of Diseases upon the Emergence of Agriculture." In D. R. Harris, ed., *The Origins and Spread of Agriculture and Pastoralism in Eurasia*, 101–129. Washington, D.C.: Smithsonian Institution Press, 1996.

Halstead, Paul, and John O'Shea, eds. *Bad Year Economics: Cultural Responses to Risk and Uncertainty*. Cambridge: Cambridge University Press, 1989.

Hämäläinen, Pekka. *Comanche Empire*. New Haven: Yale University Press, 2009.

Harari, Yuval Noah. *Sapiens: A Brief History of Humankind*. London: Harvill Secker, 2011〔邦訳『サピエンス全史——文明の構造と人類の幸福』柴田裕之訳、河出書房新社、2016年〕

Harlan, Jack R. *Crops and Man*, 2nd ed. Madison, Wis.: American Society of Agronomy, Crop Science Society of America, 1992.

Harris, David R. *Settling Down and Breaking Ground: Rethinking the Neolithic Revolution*. Amsterdam: Kroon-Voordrachte 12, 1990.

Harris, David R., and Gordon C. Hillman, eds. *Foraging and Farming: The Evolution of Plant Exploitation*. London: Unwin Hyman, 1989.

Harrison, Mark. *Contagion: How Commerce Has Spread Disease*. New Haven: Yale University Press, 2012.

Headland, T. N., "Revisionism in Ecological Anthropology." *Current Anthropology* 38, no. 4 (1997): 43–66.

Headland, T. N. and L. A. Reid. "Hunter-Gatherers and Their Neighbors from Prehistory to the Present." *Current Anthropology* 30, no. 1 (1989): 43–66.

Heather, Peter. *The Fall of the Roman Empire: A New History of Rome and the Barbarians*. Oxford: Oxford University Press, 2006.

Hendrickson, Elizabeth, and Ingolf Thuesen, eds. *Upon This Foundation: The Ubaid Reconsidered*. Copenhagen: Museum Tusculanum Press, Carsten Niebuhr Institute of Ancient Near Eastern Studies.

Hillman, Gordon. "Traditional Husbandry and Processing of Archaic Cereals in Recent Time: The Operations, Products, and Equipment Which Might Feature in Sumerian Texts." *Bulletin of Sumerian Agriculture* 1 (1984): 114–172.

Hochschild, Adam. *Bury the Chains: Prophets and Rebels in the Fight to Free an Empire's Slaves*. New York: Houghton Mifflin, 2015.

Hodder, Ian. *The Domestication of Europe: Structure and Contingency in Neolithic Societies*. Oxford: Blackwell, 1990.

Hole, Frank. "A Monumental Failure: The Collapse of Susa." In Robin A. Carter and Graham Philip, eds., *Beyond the Ubaid: Transformation and Integration of Late Prehistoric Societies of the Middle East*, 221–226. *Studies in Oriental Civilization*, no. 653. Chicago: Oriental Institute of the University of Chicago, 2010.

Houston, Stephen. *The First Writing: Script Invention as History and Process*. Cambridge: Cambridge University Press, 2004.

Hritz, Carrie, and Jennifer Pournelle. "Feeding History: Deltaic Resiliene Inherited Practice and Millennia-scale Sustainability." In H. Thomas Foster II, David John Goldstein, and Lisa M. Paciulli, eds., *The Future in the Past: Historical Ecology Applied to Environmental Issues*, 59–85. Columbia: University of South Carolina Press, 2015.

Hughes, J. Donald. *The Mediterranean: An Environmental History*. Santa Barbara: ABC-CLIO, 2005.

Ingold, T. "Foraging for Data, Camping with Theories: Hunter-Gatherers and Nomadic Pastoralists in Archaeology and Anthropology." *Antiquity* 66 (1992): 790–803.

Irons, William G. "Livestock Raiding Among Pastoralists: An Adaptive Interpretation." In *Papers of the Michigan Academy of Science, Arts, and Letters* 383–414. Ann Arbor: University of Michigan Press, 1965.

———. "Cultural Capital, Livestock Raiding, and the Military Advantage of Traditional Pastoral-

ists." In Grinin et al., *The Early State*, 466–475.

Jacobs, Jane. *The Economy of Cities*. New York: Vintage, 1969〔邦訳『都市の原理』中江利忠・加賀谷洋一訳、鹿島出版会、2011 年〕

Jacoby, Karl. "Slaves by Nature? Domestic Animals and Human Slaves." *Slavery and Abolition* 18, no. 1 (1994): 89–98.

Jameson, Michael H. "Agriculture and Slavery in Classical Athens." *Classical Journal* 73, no. 2 (1977): 122–145.

Jones, David S. "Virgin Soils Revisited." *William and Mary Quarterly* 3rd ser. 60, no. 4 (2003): 703–742.

Jones, Martin. *Feast: Why Humans Share Food*. Oxford: Oxford University Press, 2007.

Kealhofer, Lisa. "Changing Perceptions of Risk: The Development of Agro-Ecosystems in Southeast Asia." *American Anthropologist* new ser. 104, no. 1 (2002): 178–194.

Keightley, David N., ed. *The Origins of Chinese Civilization*. Berkeley: University of California Press, 1983.

Kennett, Douglas J., and James P. Kennett. "Early State-Formation in Southern Mesopotamia: Sea Levels, Shorelines, and Climate Change." *Journal of Island and Coastal Archaeology* 1 (2006): 67–99.

Khazanov, Anatoly M. "Nomads of the Eurasian Steppes in Historical Retrospective." In Grinin et al., *The Early State*, 476–499.

Kleinman, Arthur M., et al. "Introduction: Avian and Pandemic Influenza: A Bio-Social Approach." *Journal of Infectious Diseases* 197, supplement 1 (2008): S1–S3.

Kovacs, Maureen Gallery, trans. *The Epic of Gilgamesh*. Stanford: Stanford University Press, 1985.

Kradin, Nikolay N. "Nomadic Empires in Evolutionary Perspective." In Grinin et al., *The Early State*, 501–523.

Larson, Gregor. "Ancient DNA, Pig Domestication, and the Spread of the Neolithic into Europe." *Proceedings of the National Academy of Sciences* 104, no. 39 (2007): 15276–15281.

———. "Patterns of East Asian Pig Domestication, Migration, and Turnover Revealed by Modern and Ancient DNA." *Proceedings of the National Academy of Sciences* 107, no. 17 (2010): 7686–7691.

Larson, Gregor, and Dorian Q. Fuller. "The Evolution of Animal Domestication." *Annual Review of Ecology, Evolution, and Systematics* 45 (2014): 115–136.

Lattimore, Owen. "The Frontier in History" and "On the Wickedness of Being Nomads." In *Studies in Frontier History: Collected Papers*, 1928–1958, 469–491 and 415–426, respectively. London: Oxford University Press, 1962.

Leach, Helen M. "Human Domestication Reconsidered." *Current Anthropology* 44, no. 3 (2003): 349–368.

Lee, Richard B. "Population Growth and the Beginnings of Sedentary Life Among the !Kung Bushmen." In Brian Spooner, ed., *Population Growth: Anthropological Implications*, 301–324. Cambridge: MIT Press, 1972. http://www.popline.org/node/517639.

Lee, Richard B., and Richard Daly. *The Cambridge Encyclopedia of Hunters and Gatherers*. Cam-

bridge: Cambridge University Press, 1999.

Lefebvre, Henri. *The Production of Space.* New York: Wiley-Blackwell, 1992.

Lehner, Mark. "Labor and the Pyramids: The Hiet el-Ghurab 'Workers Town' at Giza." In Steinkeller and Hudson, *Labor in the Ancient World,* 396–522.

Lévi-Strauss, Claude. *La Pensée sauvage.* Paris: Plon, 1962〔邦訳『野生の思考』大橋保夫訳、みすず書房、1976 年〕

Lewis, Mark Edward. *The Early Chinese Empires: Qin and Han*. Cambridge: Belknap Press of Harvard University Press, 2007.

Lieberman, Victor. *Strange Parallels: Southeast Asia in Global Context, c. 800–1830*, vol. 1, *Integration on the Mainland.* Cambridge: Cambridge University Press, 2003; vol. 2, *Mainland Mirrors: Europe, Japan, China, Southeast Asia and the Islands.* Cambridge: Cambridge University Press, 2009.

Lindner, Rudi Paul. *Nomads and Ottomans in Medieval Anatolia*. Indiana University Uralic and Altaic Series 144, Stephen Halkovic, ed. Bloomington: Research Institute for Inner Asian Studies, Indiana University, 1983.

Mann, Charles C. *1491: New Revelations of the Americas Before Columbus.* New York: Knopf, 2005〔邦訳『1491 ——先コロンブス期アメリカ大陸をめぐる新発見』布施由紀子訳、日本放送出版協会、2007 年〕

Manning, Richard. *Against the Grain: How Agriculture Has Hijacked Civilization*. New York: Northpoint, 2004.

Marston, John M. "Archaeological Markers of Agricultural Risk Management." *Journal of Archaeological Anthropology* 30 (2011): 190–205.

Matthews, Roger. *The Archaeology of Mesopotamia: Theories and Approaches.* Oxford: Routledge, 2003.

Mayshar, Joram, Omer Moav, Zvika Neeman, and Luigi Pascali. "Cereals, Appropriability, and Hierarchy." CEPR Discussion Paper 10742 (2015). www.cepr.org/active/publications/discussion_papers/dp.ph p?dpno=10742.

McAnany, Patricia, and Norman Yoffee, eds. *Questioning Collapse: Human Resilience, Ecological Vulnerability, and the Aftermath of Empire.* Cambridge: Cambridge University Press, 2009.

McCorriston, Joy. "The Fiber Revolution: Textile Extensification, Alienation, and Social Stratification in Ancient Mesopotamia." *Current Anthropology* 38, no. 4 (1997): 517–535.

McKeown, Thomas. *The Origins of Human Disease.* Oxford: Blackwell, 1988〔邦訳『病気の起源——貧しさ病と豊かさ病』酒井シヅ・田中靖夫訳、朝倉書店、1992 年〕

McLean, Rose B. "Cultural Exchange in Roman Society: Freed Slaves and Social Value." Ph.D. thesis, Princeton University, 2012.

McMahon, Augusta. "North Mesopotamia in the Third Millennium BC." In Crawford, *The Sumerian World*, 462–475.

McNeill, J. R. *Mountains of the Mediterranean World: An Environmental History.* Cambridge: Cambridge University Press, 1992.

———. "The Anthropocene Debates: What, When, Who, and Why?" Paper Presented to the Pro-

gram in Agrarian Studies Colloquium, Yale University, September 11, 2015.

McNeill, W. H. *Plagues and People*. New York: Monticello Editions, History Book Club, 1976〔邦訳『疫病と世界史』佐々木昭夫訳、中央公論新社、2007 年〕

———. *The Human Condition: An Ideological and Historical View*. Princeton: Princeton University Press, 1980.

———. "Frederick the Great and the Propagation of Potatoes." In Byron Hollinshead and Theodore K. Rabb, eds., *I Wish I'd Have Been There: Twenty Historians Revisit Key Moments in History*, 176–189. New York: Vintage, 2007.

Meek, R. *Social Science and the Ignoble Savage*. Cambridge: Cambridge University Press, 1976〔邦訳『社会科学と高貴ならざる未開人—— 18 世紀ヨーロッパにおける四段階理論の出現』田中秀夫・村井路子・野原慎司訳、昭和堂、2015 年〕

Meiggs, Russell. *Trees and Timber in the Ancient Mediterranean World*. Oxford: Oxford University Press, 1982.

Menu, Bernadette. "Captifs de guerre et dépendance rurale dans l'Égypte du Nouvel Empire." In Bernadette Menu, ed., *La Dépendance rurale dans l'Antiquité égyptienne et proche-orientale*. Cairo: Institut Français d'archéologie orientale, 2004.

Mitchell, Peter. *Horse Nations: The Worldwide Impact of the Horse on Indigenous Societies Post 1492*. Oxford: Oxford University Press, 2015.

Mithen, Steven. *After the Ice: A Global Human History, 20,000–5000 BC*. Cambridge: Harvard University Press, 2003〔邦訳『氷河期以後——紀元前二万年からはじまる人類史』久保儀明訳、青土社、2015 年〕

Moore, A. M. T., G. C. Hillman, and A. J. Legge. *Village on the Euphrates*. Oxford: Oxford University Press, 2000.

Morris, Ian. "Early Iron Age Greece." In Scheidel et al., *Cambridge Economic History*, 211–241.

———. *Why the West Rules—for Now: The Patterns of History and What They Reveal About the Future*. New York: Farrar, Straus and Giroux, 2010〔邦訳『人類 5 万年文明の興亡——なぜ西洋が世界を支配しているのか』北川知子訳、筑摩書房、2014 年〕

Mumford, Jeremy Ravi. *Vertical Empire: The General Resettlement of the Andes*. Durham, N.C.: Duke University Press, 2012.

Nemet-Rejat, Karen Rhea. *Daily Life in Ancient Mesopotamia*. Peabody, Mass.: Hendrickson, 2002.

Netz, Reviel. *Barbed Wire: An Ecology of Modernity*. Middletown, Conn.: Wesleyan University Press, 2004.

Nissen, Hans J. "The Emergence of Writing in the Ancient Near East." *Interdisciplinary Science Reviews* 10, no. 4 (1985): 349–361.

———. *The Early History of the Ancient Near East, 9000–2000 BC*. Chicago: University of Chicago Press, 1988.

Nissen, Hans J., Peter Damerow, and Robert S. Englund. *Ancient Bookkeeping: Early Writing and Techniques of Administration in the Ancient Near East*. Chicago: University of Chicago Press, 1993.

Nissen, Hans J., and Peter Heine. *From Mesopotamia to Iraq: A Concise History*. Trans. Hans J. Nis-

sen. Chicago: University of Chicago Press, 2009.

O'Connor, Richard A. "Agricultural Change and Ethnic Succession in Southeast Asian States: A Case for Regional Anthropology." *Journal of Asian Studies* 54, no. 4 (1995): 968–996.

Oded, Bustenay. *Mass Deportations and Deportees in the Neo Assyrian Empire.* Weisbaden: Reichert, 1979.

Ottoni, Claudio, et al. "Pig Domestication and Human-Mediated Dispersal in Western Eurasia Revealed Through Ancient DNA and Geometric Morphometrics." *Molecular Biology and Evolution* 30, no. 4 (2012): 824–832.

Padgug, Robert A. "Problems in the Theory of Slavery and Slave Society." *Science and Society* 49, no. 1 (1976): 3–27.

Panter-Brick, Catherina, Robert H. Layton, and Peter Rowley-Conwy, eds. *Hunter-Gatherers: An Interdisciplinary Perspective.* Cambridge: Cambridge University Press, 2001.

Park, Thomas. "Early Trends Toward Class Stratification: Chaos, Common Property, and Flood Recession Agriculture." *American Anthropologist* 94 (1992): 90–117.

Paulette, Tate. "Grain, Storage, and State-Making in Mesopotamia, 3200–2000 BC." In Linda R. Manzanilla and Mitchel S. Rothman, eds., *Storage in Ancient Complex Societies: Administration, Organization, and Control*, 85–109. London: Routledge, 2016.

Perdue, Peter C. *Exhausting the Earth: State and Peasant in Hunan, 1500–1850 AD.* Cambridge: Harvard University Press, 1987.

———. *China Marches West: The Ching Conquest of Central Eurasia.* Cambridge: Harvard University Press, 2005.

Pinker, Steven. *The Better Angels of Our Nature: Why Violence Has Declined.* New York: Penguin, 2011〔邦訳『暴力の人類史』幾島幸子・塩原通緒訳、青土社、2015 年〕

Pollan, Michael. *The Botany of Desire: A Plant's-Eye View of the World.* New York: Random House, 2001〔邦訳『欲望の植物誌——人をあやつる 4 つの植物』西田佐知子訳、八坂書房、2012 年〕

Pollock, Susan. "Bureaucrats and Managers, Peasants and Pastoralists, Imperialists and Traders: Research on the Uruk and Jemdet Nasr Periods in Mesopotamia." *Journal of World Prehistory* 6, no. 3 (1992): 297–336.

———. *Ancient Mesopotamia: The Eden That Never Was.* Cambridge: Cambridge University Press, 1999.

Ponting, Clive. *A Green History of the World: The Environment and the Collapse of Great Civilizations.* New York: Penguin, 1993〔邦訳『緑の世界史』石弘之・京都大学環境史研究会訳、朝日新聞社、1994 年〕

Porter, Anne. *Mobile Pastoralism and the Formation of Near Eastern Civilization: Weaving Together Societies.* Cambridge: Cambridge University Press, 2012.

Possehl, Gregory L. "The Mohenjo-Daro Floods: A Reply." *American Anthropologist* 69, no. 1 (1967): 32–40.

Postgate, J. N. *Early Mesopotamia: Society and Economy at the Dawn of History.* London: Routledge, 1992.

———. "A Sumerian City: Town and Country in the 3rd Millennium B.C." *Scienza dell'Antichita Storia Archaeologia* 6-7 (1996): 409–435.

Pournelle, Jennifer. "Marshland of Cities: Deltaic Landscapes and the Evolution of Early Mesopotamian Civilization." Ph.D. thesis, University of California at San Diego, 2003.

———. "Physical Geography." In Crawford, *The Sumerian World*, 13–32.

Pournelle, Jennifer, and Guillermo Algaze. "Travels in Edin: Deltaic Resilience and Early Urbanism in Greater Mesopotamia." In H. Crawford et al., eds., *Preludes to Urbanism: Studies in the Late Chalcolithic of Mesopotamia in Honour of Joan Oates*, 7–34. Oxford: Archaeopress, 2010.

Pournelle, Jennifer, Nagham Darweesh, and Carrie Hritz. "Resilient Landscapes: Riparian Evolution in the Wetlands of Southern Iraq." In Dan Lawrence, Mark Altaweel, and Graham Philip, eds., *New Agendas in Remote Sensing and Landscape Archaeology in the Near East*. Chicago: Oriental Institute of the University of Chicago, forthcoming.

Price, Richard. *Maroon Societies: Rebel Slave Communities in the Americas*, 2nd ed. Baltimore: Johns Hopkins University Press, 1979.

Pyne, Stephen. *World Fire: The Culture of Fire on Earth*. Seattle: University of Washington Press, 1977〔邦訳『火——その創造性と破壊性』大平章訳、法政大学出版局、2003 年〕

Radkau, Joachim. *Nature and Power: A Global History of the Environment*. Cambridge: Cambridge University Press, 2008〔邦訳『自然と権力——環境の世界史』海老根剛・森田直子訳、みすず書房、2012 年〕

Radner, Karen. "Fressen und gefressen werden: Heuschrecken als Katastrophe und Delikatesse im altern Vorderen Orient." *Welt des Orients* 34 (2004): 7–22.

Ratchnevsky, Paul. *Genghis Khan: His Life and Legacy*. Trans. T. N. Haining. London: Wiley-Blackwell, 1993.

Redman, Charles. *Human Impact on Ancient Environments*. Tucson: University of Arizona Press, 1999.

Reid, Anthony. *Southeast Asia in the Age of Commerce*, vol. 1, *The Lands Below the Winds*. New Haven: Yale University Press, 1988〔邦訳『大航海時代の東南アジア 1　貿易風の下で』平野秀秋・田中優子訳、法政大学出版局、2002 年〕

Renfrew, Colin, and John F. Cherry, eds. *Peer Polity Interaction and Socio-Political Change*. New Directions in Archaeology. Cambridge: Cambridge University Press, 1986.

Richards, Janet, and Mary van Buren. *Order, Legitimacy, and Wealth in Ancient States*. Cambridge: Cambridge University Press, 2000.

Richardson, Seth, ed. *Rebellions and Peripheries in the Cuneiform World*. American Oriental Series 91. New Haven: American Oriental Society, 2010.

———. "Early Mesopotamia: The Presumptive State." *Past and Present*, no. 215 (2012): 3–48.

———. "Building Larsa: Labor-Value, Scale, and Scope-of-Economy in Ancient Mesopotamia." In Steinkeller and Hudson, *Labor in the Ancient World*, 237–328.

Riehl, S. "Variability in Ancient Near Eastern Environmental and Agricultural Development." *Journal of Arid Environments* 86 (2011): 1–9.

Rigg, Jonathan. *The Gift of Water: Water Management, Cosmology, and the State in Southeast Asia*.

London: School of Oriental and African Studies, 1992.

Rindos, David. *The Origins of Agriculture: An Evolutionary Perspective*. San Diego: Academic Press, 1984.

Roosevelt, Anna Curtenius. "Population, Health, and the Evolution of Subsistence: Conclusions from the Conference." In M. N. Cohen and G. J. Armelagos, eds., *Paleopathology and the Origins of Agriculture*, 259–283. Orlando: Academic Press, 1984.

Rose, Jeffrey I. "New Light on Human Prehistory in the Arabo-Persian Gulf Oasis." *Current Anthropology* 51, no. 6 (2010): 849–883.

Roth, Eric A. "A Note on the Demographic Concomitants of Sedentism." *American Anthropologist* 87, no. 2 (1985): 380–382.

Rowe, J. H., and John V. Murra. "An Interview with John V. Murra." *Hispanic American Historical Review* 64, no. 4 (1984): 633–653.

Rowley-Conwy, Peter, and Mark Zvelibil. "Saving It for Later: Storage by Prehistoric Hunter-Gatherers in Europe." In Halstead and O'Shea, *Bad Year Economics*, 40–56.

Runnels, Curtis, et al. "Warfare in Neolithic Thessaly: A Case Study." *Hesperia* 78 (2009): 165–194.

Sahlins, Marshall. *Stone Age Economics*. Chicago: Aldine, 1974〔邦訳『石器時代の経済学』山内昶訳、法政大学出版局、2012 年〕

Saller, Richard P. "Household and Gender." In Scheidel et al., *Cambridge Economic History*, 87–112.

Sallers, Robert. "Ecology." In Scheidel et al., *Cambridge Economic History*, 15–37.

Santos-Granero, Fernando. *Vital Enemies: Slavery, Predation, and the Amerindian Political-Economy of Life*. Austin: University of Texas Press, 2009.

Sawyer, Peter. "The Viking Perspective." *Journal of Baltic Studies* 13, no. 3 (1982): 177–184.

Scheidel, Walter. "Quantifying the Sources of Slaves in the Early Roman Empire." *Journal of Roman Studies* 87, no. 19 (1997): 156–169.

———. "Demography." In Scheidel et al., *Cambridge Economic History*, 38–86.

Scheidel, Walter, Ian Morris, and Richard Saller, eds. *The Cambridge Economic History of the Greco-Roman World*. Cambridge: Cambridge University Press, 2007.

Schwartz, Glenn M., and John J. Nichols, eds. *After Collapse: The Regeneration of Complex Societies*. Tucson: University of Arizona Press, 2006.

Scott, James C. *The Art of Not Being Governed: An Anarchist History of Upland Southeast Asia*. New Haven: Yale University Press, 2009〔邦訳『ゾミア——脱国家の世界史』佐藤仁監訳、みすず書房、2013 年〕

Seri, Andrea. *The House of Prisoners: Slaves and State in Uruk During the Revolt Against Samsu-iluna*. Boston: de Gruyter, 2013.

Sherratt, Andrew. "Reviving the Grand Narrative: Archaeology and Long-term Change," *Journal of European Archaeology* (1995): 1–32.

———. *Economy and Society in Prehistoric Europe: Changing Perspectives*. Edinburgh: Edinburgh University Press, 1997.

———. "The Origins of Farming in South-West Asia." Archatlas 4.1 (2005), http://www.archatlas.dept.shef.ac.uk/OriginsFarming/Farming.php〔2019 年 9 月 13 日現在アクセス不可〕

Shipman, Pat. *The Invaders: How Humans and Their Dogs Drove Neanderthals to Extinction*. Cambridge: Belknap Press of Harvard University Press, 2015〔邦訳『ヒトとイヌがネアンデルタール人を絶滅させた』河合信和・柴田譲治訳、原書房、2015 年〕

Skaria, Ajay. *Hybrid Histories: Forests, Frontiers, and Wildness in Western India*. Oxford: Oxford University Press, 1999.

Skrynnikova, Tatanya D. "Mongolian Nomadic Society of the Empire Period." In Grinin et al., *The Early State*, 525–535.

Small, David. "Surviving the Collapse: The Oikos and Structural Continuity Between Late Bronze Age and Later Greece." In Gitin et al., *Mediterranean Peoples in Transition*, 283–291.

Smith, Adam T. "Barbarians, Backwaters, and the Civilization Machine: Integration and Interruption Across Asia's Early Bronze Age Landscapes." Keynote Presentation at Asian Dynamics Conference, University of Copenhagen, October 22–24, 2014.

Smith, Bruce D. *The Emergence of Agriculture*. New York: Scientific American Library, 1995.

———. "Low Level Food Production." *Journal of Archaeological Research* 9, no. 1 (2001): 1–43.

Smith, Monica L. "How Ancient Agriculturalists Managed Yield Fluctuations Through Crop Selection and Reliance on Wild Plants: An Example from Central India." *Economic Botany* 60, no. 1 (2006): 39–48.

Starr, Harry. "Subsistence Models and Metaphors for the Transition to Agriculture in Northwestern Europe." *Michigan Discussions* in An15, no. 1 (2005).

Steinkeller, Piotr, and Michael Hudson, eds. *Labor in the Ancient World*, vol. 5, International Scholars Conference on Ancient Near Eastern Economies. Dresden: LISLET Verlag, 2015.

Tainter, Joseph A. *The Collapse of Complex Societies*. Cambridge: Cambridge University Press, 1988.

———. "Archaeology of Overshoot and Collapse." *Annual Review of Anthropology* 35 (2006): 59–74.

Taylor, Timothy. "Believing the Ancients: Quantitative and Qualitative Dimensions of Slavery and the Slave Trade in Later Premodern Eurasia." *World Archaeology* 33, no. 1 (2001): 27–43.

Tenney, Jonathan S. *Life at the Bottom of Babylonian Society: Servile Laborers at Nippur in the 14th and 13th Centuries BC*. Leiden: Brill, 2011.

Thucydides. *The Peloponnesian War*. Trans. Rex Warner. New York: Penguin, 1972〔邦訳『歴史』藤縄謙三・城江良和訳、京都大学学術出版会、2000—2003 年〕

Tilly, Charles. "War Making and State Making as Organized Crime." In Peter Evans, Dietrich Rueschmeyer, and Theda Skocpol, eds., *Bringing the State Back In*, 169–191. Cambridge: Cambridge University Press, 1985.

Tocqueville, Alexis de. *Democracy in America*, vol. 2. New York: Vintage, 1945〔邦訳『アメリカのデモクラシー』松本礼二訳、岩波書店、2008 年〕

Trigger, Bruce G. *Understanding Early Civilizations: A Comparative Study*. Cambridge: Cambridge University Press, 2003〔邦訳『世界の初期文明』下垣仁志訳、同成社、2019 年〕

Trut, Lyudmilla. "Early Canine Domestication: The Farm Fox Experiments." *Scientific American* 87, no. 2 (1999): 160–169.

Tsing, Anna Lowenhaupt. *The Mushroom at the End of the World: On the Possibility of Life in Capi-*

talist Ruins. Princeton: Princeton University Press, 2015.〔邦訳『マツタケ』赤嶺淳訳、みすず書房、2019 年〕

Ucko, Peter J., and G. W. Dimbleby, eds. *The Domestication and Exploitation of Plants and Animals*. Proceedings of a Meeting of the Research Seminar in Archaeology and Related Subjects held at the Institute of Archaeology, London University. Chicago: Aldine, 1969.

Vansina, Jan. *How Societies Are Born: Governance in West Central Africa before 1600*. Charlottesville: University of Virginia Press, 2004.

Walker, Phillip L. "The Causes of Porotic Hyperostosis and Cribra Orbitalia: A Reappraisal of the Iron-Deficiency-Anemia Hypothesis." *American Journal of Physical Anthropology* 139 (2009): 109–125.

Wang Haicheng. *Writing and the Ancient State: Early China in Comparative Perspective*. Cambridge: Cambridge University Press, 2014.

Weber, David. *Barbaros: Spaniards and Their Savages in the Age of Enlightenment*. New Haven: Yale University Press, 2005.

Weiss, H., et. al. "The Genesis and Collapse of Third Millennium North Mesopotamian Civilization," *Science* 261 (1993): 995–1004.

Wengrow, David. *The Archaeology of Early Egypt: Social Transformation in North-East Africa, 10,000 to 2,650 BC*. Cambridge: Cambridge University Press, 2006.

———. *What Makes Civilization: The Ancient Near East and the Future of the West*. Oxford: Oxford University Press, 2010.

Wilkinson, Toby C., Susan Sherratt, and John Bennet, eds. *Interweaving Worlds: Systemic Interactions in Eurasia, 7th to 1st Millennia BC*. Oxford: Oxbow, 2011.

Wilkinson, Tony J. "Hydraulic Landscapes and Irrigation Systems of Sumer." In Crawford, *The Sumerian World*, 33–54.

Wilson, Peter J. *The Domestication of the Human Species*. New Haven: Yale University Press, 1988.

Woods, Christopher. *Visible Writing: The Invention of Writing in the Ancient Middle-East and Beyond*. Chicago: University of Chicago Press, 2010.

Wrangham, Richard. *Catching Fire: How Cooking Made Us Human*. New York: Basic, 2009〔邦訳『火の賜物——ヒトは料理で進化した』依田卓巳訳、NTT 出版、2010 年〕

Yates, Robin D. S. "Slavery in Early China: A Socio-Cultural Approach." *Journal of East Asian Archaeology* 5, nos. 1–2 (2001): 283–331.

Yoffee, Norman. *Myths of the Archaic State: Evolution of the Earliest Cities, States, and Civilizations*. Cambridge: Cambridge University Press, 2005.

Yoffee, Norman, and George L. Cowgill, eds. *The Collapse of Ancient States and Civilizations*. Tucson: University of Arizona Press, 1988.

Yoffee, Norman, and Brad Crowell, eds., *Excavating Asian History: Interdisciplinary Studies in History and Archaeology*. Tucson: University of Arizona Press, 2006.

Yoffee, Norman, and Andrew Sherratt, eds. *Archaeological Theory: Who Sets the Agenda*. Cambridge: Cambridge University Press, 1993.

Zeder, Melinda A. *Feeding Cities; Specialized Animal Economy in the Ancient Middle East*. Washing-

ton, D.C.: Smithsonian Institution Press, 1991.

———. "After the Revolution: Post Neolithic Subsistence in Northern Mesopotamia." *American Anthropologist* new ser. 96, no. 1 (1994): 97–126.

———. "The Origins of Agriculture in the Near East." *Current Anthropology* 52, no. S4 (2011): S221-S235.

———. "The Broad Spectrum Revolution at 40: Resource Diversity, Intensification, and an Alternative to Optimum Foraging Explanations." *Journal of Anthropological Archaeology* 321 (2012): 241–264.

———. "Pathways to Animal Domestication." In P. Gepts, T. R. Famula, R. L. Bettinger, et al., eds., *Biodiversity in Agriculture: Domestication, Evolution, and Sustainability*, 227–259. Cambridge: Cambridge University Press, 2012.

Zeder, Melinda A., Eve Emshwiller, Bruce D. Smith, and Daniel Bradley. "Documenting Domestication: The Intersection of Genetics and Archaeology." *Trends in Genetics* 22, no. 3 (2016): 139–155.

著者略歴

(James C. Scott)

1936-2024年．イェール大学政治学部・人類学部教授．農村研究プログラム主宰．全米芸術科学アカデミーのフェローであり，自宅で農業，養蜂も営む．東南アジアをフィールドに，地主や国家の権力に対する農民の日常的抵抗論を学問的に展開した．ウィリアムズ大学を卒業後，1967年にイェール大学より政治学の博士号を取得．ウィスコンシン大学マディソン校政治学部助教授を経て，1976年より現職．第21回(2010年) 福岡アジア文化賞受賞．邦訳『実践 日々のアナキズム』(清水展他訳，岩波書店，2017)『ゾミア』(佐藤仁監訳，みすず書房，2013)『モーラル・エコノミー』(高橋彰訳，勁草書房，1999)，著書 *Seeing Like a State: How Certain Schemes to Improve the Human Condition Have Failed* (Yale University Press, 1998) ほか．

訳者略歴

立木勝〈たちき・まさる〉翻訳家．訳書シーヴ他『金持ち課税』(2018) ミラノヴィッチ『大不平等』(以上みすず書房，2017) アルメンダリズほか『マイクロファイナンス事典』(明石書店，2016) ほか．

ジェームズ・C・スコット
反穀物の人類史
国家誕生のディープヒストリー
立木勝訳

2019年12月19日　第1刷発行
2025年3月25日　第13刷発行

発行所 株式会社 みすず書房
〒113-0033 東京都文京区本郷2丁目20-7
電話 03-3814-0131（営業） 03-3815-9181（編集）
www.msz.co.jp

本文組版 キャップス
本文印刷所 萩原印刷
扉・表紙・カバー印刷所 リヒトプランニング
製本所 誠製本

ISBN 978-4-622-08865-3
［はんこくもつのじんるいし］